# 生涯之光

## 继光高级中学
## 生涯探索成果集

金晓文 黄玉文 编著

上海交通大学出版社
SHANGHAI JIAO TONG UNIVERSITY PRESS

**内容提要**

　　本书详细记载了自 2012 年起，继光高级中学在生涯教育方面的探索全过程。不仅分享了该校对生涯和生涯教育以及当前教育变革的认识和理解，同时还详述了该校的生涯教育在不同时期所采取的不同策略，所面临的挑战和解决的问题。与其他生涯著作不同的是，本书还做了生涯教育效果评估的探索，期待这一大胆尝试能为生涯教育的推广补上一块坚实的踏脚石。期待未来能获得更多行动的突破点，为学生提供更适切的生涯教育。

　　本书可供生涯教育工作者和研究人员参考、阅读。

**图书在版编目（CIP）数据**

生涯之光：继光高级中学生涯探索成果集/金晓文，黄玉文编著.—上海：上海交通大学出版社，2019

ISBN 978 - 7 - 313 - 22608 - 2

Ⅰ.①生… Ⅱ.①金…②黄… Ⅲ.①中学生-职业选择-文集

Ⅳ.①G637.3 - 53

中国版本图书馆 CIP 数据核字（2019）第 272106 号

生涯之光：继光高级中学生涯探索成果集

SHENGYA ZHI GUANG：JIGUANG GAOJI ZHONGXUE SHENGYA TANSUO CHENGGUOJI

编　　著：金晓文　黄玉文

| | | | |
|---|---|---|---|
| 出版发行：上海交通大学出版社 | | 地　　址：上海市番禺路 951 号 | |
| 邮政编码：200030 | | 电　　话：021 - 64071208 | |
| 印　　制：北京虎彩文化传播有限公司 | | 经　　销：全国新华书店 | |
| 开　　本：787mm×1092mm　1/16 | | 印　　张：12.5 | |
| 字　　数：256 千字 | | | |
| 版　　次：2019 年 12 月第 1 版 | | 印　　次：2019 年 12 月第 1 次印刷 | |
| 书　　号：ISBN 978 - 7 - 313 - 22608 - 2 | | | |
| 定　　价：68.00 元 | | | |

# 编著委员会

**编著委员会主任**

金晓文

**编著委员会副主任**

黄玉文

**编著委员会委员**（按姓氏拼音排序）

戴　妍　陆　琦　倪　竞　潘梦婕　王　林

王昱恺　吴瑱祯　俞　婕　郑臻宇　朱　琦

**参与撰稿人员**（按姓氏拼音排序）

陈　红　戴　妍　樊　校　冯婉华　侯淑峰　金　文　李弘阳

李　俊　刘和平　刘江涛　刘雅馨　刘振华　刘志强　陆　琦

陆文静　倪丽娜　潘梦婕　乔　莉　秦呈妍　邱晓燕　施泓超

谈旻飞　陶旻荻　王富珍　王文秀　王延琴　翁风波　武　冰

吴慧萌　吴佩文　吴瑱祯　徐月红　杨敏妍　张　梅　张　爽

张小红　仲　秋　朱　琦　诸燕萍

# 序 一

## 教育是那一抹光

当今世界正处在大发展、大变革、大调整时期。世界多极化、经济全球化深入发展,科技进步日新月异,由此带来了信息技术、数据技术和人工智能发展的日新月异,给人们的生活带来了惊喜,同时也给未来社会带来了巨大的不确定性。如果说过去的知识是静态或者说是缓慢发展的话,那么今天的知识正以几何级的形态增长和变化,这对我们的教育提出了新的挑战。

在《世界是平的》一书中,作者托马斯·弗里德曼指出,学生必须获得终身学习的能力和决心,以便"真正适应"全球一体化的趋势。21世纪培养的学生将不再是拥有一技之长的学生,而是那些拥有内在学习动力的人才。什么是能够适应未来的人才?应该是那些善于变通,具有批判性思维,会学习,适应性强并有责任心的学生,他们是自主学习者,能够对自己的学习和一生负责。

由此,我们的教育更多是让他们追随内心的声音,亲手塑造未来,而不仅仅是把知识灌入他们的头脑。教育的使命是赋予孩子生命的意义,为孩子的人生赋能。尤其是普通高中阶段,正是一个孩子世界观、人生观、价值观形成的关键时期,我们更应该引导学生用批判的眼光审视人类社会的文明成果,懂得什么是人类真正美好的生活,从中找寻到适合自己的发展路径;引导学生探索今天课堂里的所学与未来的关联,明确学校学习的意义和价值;还要引导学生在不断的尝试、定向、调整中培养自身的决策能力和规划能力。这些正是生涯教育所承担的功能,帮助人们了解所处的外部环境,从而在人-境适配中达成自我实现,做最好的自己。

2019年国务院办公厅颁布的《关于新时代推进普通高中育人方式改革的指导意见》是当前指导高中教育的重要文件。文件提到："加强对学生理想、心理、学习、生活、生涯规划等方面的指导，帮助学生树立正确理想信念、正确认识自我，更好适应高中学习生活，处理好个人兴趣特长与国家和社会需要的关系，提高选修课程、选考科目、报考专业和未来发展方向的自主选择能力。"所有这些，都是生涯教育的内容。

教育部颁的《中小学德育工作指南》和上海市教育委员会颁布的《关于加强中小学生涯教育的指导意见》明确提出：学校要加强生涯教育和指导。从中我们可以看出生涯教育在今天教育中的紧迫性和必要性。而且，放眼世界，几乎所有教育发达国家已经将生涯教育纳入学校的课程体系之中。

回望过去的一段实践，很多高中学校甚至初中学校看到了生涯教育对于育人的价值和意义，将之作为学校育人方式的变革和教育教学改革的抓手，积极推进生涯教育的实践和探索。但是真正让人"眼前一亮"的学校不多。继光高级中学（简称继光高中）是少有的在生涯教育方面成绩突出的学校之一。从我带教这所学校的校长金晓文开始，我近距离地观察这所学校，与老师谈话，和校长聊天，观摩他们的课堂，以浸润式的方式了解和探访继光高级中学的生涯教育实践之道，感到至少有以下四条经验值得借鉴。

第一，继光高级中学的生涯教育立足中国国情，是解决当前所面临的人才培养的问题和高考改革任务的实践。"为谁培养人、培养什么人、怎样培养人"是中国教育改革的核心问题，继光高级中学的生涯教育紧紧围绕这个命题，试着从学校的立场回答和实践这个命题，具有现实性。

第二，继光高级中学的生涯教育遵循教育规律。这个规律是学生成长的规律，是生涯认知的规律。在学校的生涯教育视角下，学生是一个个完整的生命体，他们是学生而不是考生，学校是他们真实生活的地方。因而，继光高级中学的生涯教育由数字、故事、游戏、活动、反思、规划、学科等组成，是立体的、是在生涯教育理论指导下的实践。学生通过丰富多彩又符合规律的生涯教育，认识真实的自我，建构生涯动力系统，具有科学性。

第三，继光高级中学的生涯教育根植办学现实。他们将学生生涯教育根植在学校发展脉络和历史之中，并将生涯教育与学校的教育教学活动有机地整合起来。学校让学生有机会通过生涯教育了解学校的历史、特点，学校的教育定位和历史故事作为生涯教育的切入点，引导学生把自己的生涯发展与现实社会的需求联系起来，以此来探寻生命的价值和意义。我欣喜地看到继光高级中学在生涯教育的实践中促进了学校的转型和变革，具有生命力。

第四，继光高级中学的生涯教育具有国际视野。他们的实践借鉴了世界上生涯教育的先进经验和好的做法，树立"生涯教育是全人教育"的理念，在融合和借鉴中建构属于自己的实践做法，具有国际性。

这本书的主书名是《生涯之光》，这让我想起了一句话：教育是那一抹光。所有教育的使命就是追寻那一抹光,让每个学生拥有照亮人生的光亮,这是教育的使命,也是生涯教育的价值所在。在继光高级中学的生涯教育中,我仿佛看到了"那一抹光"。

上海市教育功臣
上海市七宝中学原校长、党委书记

# 序 二

随着高考制度改革的不断推进,生涯教育越来越受到学校与社会的重视,也越来越得到高中生和家长的认可与关注。然而,如何开展生涯教育,生涯教育与现有的教育框架体系如何结合,生涯教育由谁来负责推动落实,如何评价生涯教育的效果等问题也就随之浮出水面,亟待理论工作者和一线实践者的解答。

在当下的中学实践中,生涯教育的开展常常窄化为自我认知与专业、职业探索,具体的教育环节也局限在选科选考与志愿填报上,形式也大多局限为开设生涯课程这一种方式,生涯教育实施和开展的任务一般落在心理老师或者生涯老师的身上,最终的效果与授课老师的水平高度相关,因而呈现的结果也参差不齐。我们常常会看到学生们乘兴而来、败兴而归,对生涯课程没能真正解决自己的困惑和需求而感到失望。

那么,好的生涯教育是什么样子的呢?要回答这个问题,需要我们对生涯教育的时代性有深入的理解。在过去一个世纪,生涯教育的主要是像上述那样开展的,但我们必须意识到,时代已经发生了根本和深刻的变化,过去生涯的线性发展模式已经消解,社会上的职业形态也迥然不同,职业的个性化特征、无边界特征和创新性越来越明显,工作者的自主性、独立性、意义追求变得越来越重要。在这种背景下,生涯教育的目标不再是基于自我了解和职业(专业)了解来做一个理性的决策,而是挖掘个体内在的动力,善用环境中的资源,不断适应社会并且不断改造社会,走出一条既独立自主又符合社会规范的独特道路。生涯教育不再强调静态地了解自我,而是要给予受教育者更优质、更多元的体验,使得他们不只是发现现有的我,更要去拓展未知的我。生涯教育不再强调了解当下的职业,更要理解未来的职业,为将来的生存与发展奠定基础。

　　基于对当代职业特征的理解，高中的生涯教育应当重视学生多元体验的获得，重视学生内在自主性的培养，重视学生外在行为与内在感受的整体性，这意味着生涯教育不是孤立于现有教育体系的新增模块，而是要以学生成长成才的需要为引领，整体改造现有的教育模式。

　　我欣喜地看到，上海市继光高级中学已经在这个思路上探索了好几年，并形成了不少的成果。他们改造军训与学雷锋活动，让这些传统的常规活动增添生涯特色；他们整合现有的综合实践活动，用生涯发展来引领，形成包含"走进梦想""青春约见"两大版块的CEPC活动性课程；更有特色的是，他们以"梦想教育"为特色，开设了私人订制课程，真正致力于提升学生的自我效能感，激发学生发展的"野心"，这种设计无疑是非常符合当代社会特征的。他们将传统的学农课改造成为大型实景模拟课程，让学生们体验从求学到退休的人生经历，体验生命的过程，包括学习、工作、生活、生存，以及社会中的种种挑战和生老病死。

　　毋庸置疑，这种生涯教育的效果是精彩而高效的，也一定需要一支高水平的教师团队来实施。继光高级中学为此引进了专职的生涯教师队伍，也培训了全体教师作为导师的指导能力。成立了学校的生涯指导中心，开发了继光生涯APP。他们的工作令人振奋，他们对生涯教育的重视令人感动。

　　祝愿继光高级中学的生涯教育更上一层楼，也祝愿继光经验发扬光大！

乔志宏

北京师范大学心理学部党委书记

## 前言　魔法的转变

小王(化名),是大家心目中的"学霸"。进入继光高级中学时的成绩高出其他同学一截,之后三年里更是多次拿下年级第一。而且她思维敏捷,表达能力很强,别看她上课时常趴在那儿,你若是突袭点名要她回答问题,她总能对答如流,见解也颇深刻。即便周围投来欣赏与肯定的目光,她却总是对自己持怀疑与否定的态度。原因是她中考的分数足以上市重点高中,进入继光高级中学纯属"发挥失常"。很长一段时间里,中考的阴影一直笼罩着她。刚上高中的时候,小A有点孤僻,有点萎靡,对周遭的活动、班务一概不感兴趣——只有画画和随手涂鸦是她当时比较外显的兴趣爱好。"迷茫",是很多老师对高一的她最集中的评价。

到了高三,她的迷茫消失了。她摆脱了高一"愤怒青年"的标签,甩掉了学霸的包袱和压力,除了继续努力学习之外,还担任了三年的班长以及团学联里的组织部部长,和伙伴们一起创办了"继光dreaming2015校园FM",成为校园的"风云人物"。高三自主招生填志愿时,她告诉老师,自己想选择东华大学的新闻与传播学专业,老师很好奇地问她:"你不是很喜欢画画吗?东华的服装设计专业是强项,怎么不选它呀?"她却这样回答:"不了,那只是我的一个兴趣而已,若要选将来的从业方向,我更希望是做自媒体,创办校园FM的那段经历让我明白自己未来到底更想走哪条路。"那一瞬间,她的话语里再也没有迷茫,而是充满了坚定与自信。

小李(化名),平时比较沉默寡言,与同学的关系平淡,成绩中等而且不是很稳定,主要是加试科目波动较大。总的来说,高一的小B在人群中显得很普通。但就是这么一个不起眼的男生,却有着他非常"智慧"的一面:他对机械原理及电子信息抱有浓厚的兴趣，也很清楚自己在动手方面的专长，因此一进高中就参加了学校的单片机小组，研拓课也主动选择通用技术领域，最终在高二获得上海市未来工程师比赛的一等奖；他认真地分析了自己的学习状况，认为自己学习成绩波动较大，有爆发力，但总是不能保持良好的学习状态，再加上需要兼顾另外三门等级考科目，因此很难发挥出自己的优势，他非常果断地决定加入春考班，专攻语数外以及认真对待合格考科目；他对春考的专业进行了深入的了解，形成了大致的专业选择，并且春考面试前主动前往学校的生涯中心寻求帮助，通过老师的辅导，最终在面试中获得高分。小 B 自己总结说："放弃一个选择不会使自己变得更轻松，反而会让全部的压力都落到了余下的选择上，倘若有足够的能力并坚定目标、孤注一掷，这种压力则会变为更大的动力，不断推着你向目标前进，但最根本的是要认清目标，把更多的时间放在有意义的努力上。"

小吴（化名），不善言辞，喜欢用文字来记录和表达心情，待人有礼，乐于助人，同学们很喜欢他，但他始终和别人保持一定的距离。外表谦逊的他，其实内心非常敏感，内心的丰富、封闭与外界联系之间形成了强烈的冲突，再加上他追求完美，有点强迫症倾向，成绩中等偏上，学习挺努力但成绩提高并不显著，因此他一直很痛苦。高一的时候，他查出患有"中度抑郁"，使得他一度成为学校危机干预的重点对象，他的周记里曾经出现了"每天的日常，基本都是令我痛苦伤心自卑的事件之连续""择日自杀"等词句。

但是家长和教师担心的事情并没有发生。他在升入高三前就有了明确的方向——材料学、工业设计和计算机；整个高三的学习虽然压力很大，但他却情绪很稳定，出乎家长和老师意料的是，高考他最终取得了意料之外的好成绩，顺利考取了上海海事大学工业设计专业。等到高三结束的时候，那个阴郁、痛苦的男孩早已不在，站在老师们面前的是一个阳光、自信，对未来充满憧憬的大男生。

小王、小李和小吴，是我们继光高级中学成千上万历届学生的缩影，但是他们三人的经历却非常有代表性。那么，究竟是什么东西，让他们在继光高级中学获得了新的成长，突破了原有的限制呢？我们希望通过本书的介绍与总结，能够回答这个问题。

# 目 录

**第七章**

成熟的转变（2018 年至今）/ 050

**第八章**

教师的努力 / 057

**第三篇　生涯的烙印** / 133

**第九章**

生涯教育效果评估概述 / 135

**第十章**

生涯教育成果 / 138

## 第四篇　生涯的前路 / 163

### 第十一章
### 复盘与未来 / 165

### 附录
### 生涯测评问卷（部分）/ 175

# 第一篇

# 生涯与新高考

　　行军出征,亦须熟知地理;叠床架屋,必要打好根基。在初始篇中,我们将先从宏观的角度,简单介绍一下我们对生涯和生涯教育的理解,以及对当前教育变革的认识和理解,从而为后续的行动和成果的介绍建立一个框架,帮助读者了解我们进行生涯教育的理论基础。

# 第一章
# 生涯：一段有目标的漫长旅程

子曰："吾十有五而志于学,三十而立,四十而不惑,五十而知天命,六十而耳顺,七十而从心所欲,不逾矩。"——《论语·为政》

对于很多人来说,"生涯"(career)是一个既熟悉又陌生的词。说它熟悉,是因为不少人都听说过"职业生涯""学术生涯""演艺生涯"等名词,甚至常常挂在嘴边;说它陌生,则是因为,很难说出一个对于"生涯"的准确定义。比如,我们的秦呈妍老师就写道:

初次接触"生涯教育"这个名词大约是在三四年前。初接触时以为生涯教育就是问小孩子:"长大了想干什么"的。对于高中生有必要问吗? 有点可笑吧! 然而随着接受了一系列的培训,渐渐明白了"长大了想干什么"这个问题其实是无比艰深的。也许有人一辈子都没有想明白,哪怕是现在的我,也不一定想明白了。

事实上,即便是对于专业的研究者或者生涯教育的实践从业者来说,想要清晰准确地理解"生涯"的含义,也是一件非常困难的事。接下来,我们将先对生涯的概念做一个简单的介绍。

## 第一节 "生涯"源于"职业"

20 世纪初期,在"职业指导之父"弗兰克·帕森斯(Frank Parsons)眼中,是只有"职业"没有"生涯"的。那时候的"生涯指导""生涯教育"就是指"职业指导"。在他人生的最后一本也是生涯领域的第一本专著《选择职业》(Choosing a Vocation)中,他详细说明了如何通

过系统的步骤去辅导前来寻求帮助的求职者。因此,在这一过程中所建立的选择生涯的基本模型就是完全围绕职业展开的:

（1）要清清楚楚地了解自己,包括了解自己的能力倾向、能力、兴趣、雄心、资源及限制,以及这些特质的成因。

（2）要明明白白地知道各种工作成功所必须具备的条件和要求、优点与缺点、待遇、就业机会与发展前途。

（3）要实实在在地推论以上这两组事实之间的相关情形。

这三个经典的步骤,催生出了经典的"人-环境匹配"(Person-Environment Fit)框架下的一系列著名理论(如霍兰德职业兴趣理论、工作适应理论、认知信息加工理论等)。"职业选择三步法"的影子在后续的众多生涯领域的理论和实践中都可以看到,也让"职业选择"成为当时乃至之后50年专业人员关注的焦点。而这种对于"职业选择"的强调,也被早期国内的专业人士所接受。所以,在很多人的眼中,"职业"和"生涯"似乎是固定搭配,甚至很多人有可能会认为"职业生涯"就是一个词。

然而,"生涯＝职业",这样的公式真的成立吗?

## 第二节 "生涯"取代"职业"

尽管"职业选择"的基本步骤和"职业"对于个体的生涯发展有着重要的意义,但是随着相关研究和实践的持续推进,越来越多的研究者和理论家发现,如果只将关注点放在"职业"上,就会极大地限制人们的视野和选择,甚至有可能会造成一些偏差和错误。于是,越来越多的学者开始对"职业选择"前后的过程感兴趣。而在这些学者中,最突出的就是生涯领域的著名专家唐纳德·E.舒伯(Donald E. Super),他对于生涯,有着一份独特的理解:

生涯是生活里各种事态的连续演进方向;它统合了人一生中依序发展的各种职业和生活的角色,由个人对工作的投入而流露出独特的自我发展形式;它也是人生自青春期至退休之后,一连串有酬或无酬职位的综合,除了职业之外,还包括任何和工作有关的角色,如学生、受雇者、退休者,甚至也包含了副业、家庭、公民的角色。生涯是以人为中心的,只有在个人寻求它的时候,它才存在。

舒伯对于"生涯"的阐述,得到了领域内更多人的认可。因为他的理论使"生涯"成为一个更有深度和广度的概念。不过,舒伯的定义对于大多数人来说,仍然显得过于晦涩难懂,从舒伯对生涯的一个比喻**"生涯，是一段有目标的漫长旅程"**中我们可以看到，"生涯"概念具有两个最重要的特点。

## 一、 生涯是有方向、有目标的，这个方向与目标就是"幸福与满意"

这是"生涯"与"人生"最大的不同：人生可以随波逐流，可以浑浑噩噩，不管主动还是被动，积极还是悲观，绚烂抑或悲惨，都是人生。但是那样的人生并不是生涯，因为生涯一定是朝着一个比较明确的方向坚定地前进，个体必然要是主动的。

不过，生涯的方向，既因时而异，又因人而异。

所谓因时而异，指的是每个人在生命的不同阶段所追求的"幸福与满意"，是会有所变化的。所以，生涯这段旅程，并不是像坐火车、坐飞机那样，终点就在那一动不动，明确而固定；生涯更像是海上的旅行，驾驶着你自己的帆船，去追寻不断变化的目标。不过，虽然这个过程看似飘忽不定，其行动却是有规律的，这些规律就形成了生涯前行的大致方向。

所谓因人而异，指的是每个人对"幸福与满意"的定义不同：如果只是工作上的成功，那所有公务员的"幸福与满意"都一样，所有商人都一样，所有老师也都一样。但是，事实显然并非如此。就像扬帆出海一样，有的人追寻蓝鲸，有的人追寻白鲨，有的人追寻海豚，有的人追寻企鹅。每个人在生涯中所追求的"幸福与满意"，其实都包含着他们自己的理解。

为了描绘这种生涯方向的变动，舒伯另辟蹊径，提出了一个在当时造成轰动效果的论述：生涯是由多个角色所组成的，职业只是其中一个角色。所以，生涯目标中所谈的幸福与满意，不仅仅是工作或职位上的成功，因为生涯里也包含了人生其他的重要内容（如爱情、家庭）。舒伯将人生中重要的角色归纳为九个，依次是：儿童（子/女）、学生、休闲者、公民、工作者、夫/妻（爱人）、持家者、父/母、退休者。

尽管这些角色本身会受到一些质疑（比如，我们认为退休者可能不是一个独立的角色），但是这个"角色"概念是突破性的。因为这样一来，生涯方向在时间上的差异，就能得到一个有效的解释：每个人的追求，都是在不同的角色之间转换。

比如，当我们还在学校读书的时候，我们更多的是追求学生角色上的成功；初入职场，更多关心工作者角色，也就是事业上的成就；但是人到中年，就需要平衡工作者、夫/妻、父/母、子/女等多个角色之间的冲突，甚至有可能会追求其他角色（比如休闲者）。而每个人的生涯方向的不同，也源自不同角色之间因重要性不同所形成的组合。比如，相比于男性来说，女性的生涯发展过程会面临更大的挑战，会面临更多的不确定性。通过角色，我们就能对此有更准确的理解：因为女性所要考虑的角色更多，精力受到了分散，不像男性只需集中在有限的几个角色上。我们的吴瑱祯老师对这个问题阐述了自己的理解：

作为班主任，是孩子们在学校里的家长。最近班级里很多孩子有沉迷于游戏的倾向，就是休闲和学习的不平衡，不懂得休闲，也不懂得学习。这属于生涯平衡的问题，即面临一些重要的生涯角色的冲突，如果能够处理好这些角色之间的关系，就能够得到改善。尝试在一节主题班会课上让同学们绘制角色饼图，梳理一个阶段内的角色，如学习者、工作者、子/女、休闲者等，将这些角色按时间投入比例在角色饼图（现实饼图）上画出来。思考看到这张图的感触，再绘制理想状态的角色饼图（理想饼图）。直观地、清晰地看到各角色的比例，通过角色投入比例觉察阶段重心，通过现状与理想的对比，更容易找到现实与理想状态的差距和调整的关键点。为了达到理想状态，制订行动计划。列出未来一个月内要完成的事件、时间，记录完成的情况。利用生涯平衡轮帮助学生认清自己的现状，察觉到平时忽略的部分，找出希望有所改变的关键点。学生只有找到了学习和工作之间的平衡点，才能在不耽误学习的前提下玩得尽兴。

"角色"概念的提出，是对"生涯"概念最重要的拓展之一。自此之后，"生涯"逐渐替代"职业"，成为这一领域的专业名称。这种转变，不仅仅是一个词语上的变化，同样也反映了整个生涯教育领域的共识：当我们在谈生涯的时候，不仅仅是谈工作，而是在说相关的其他所有重要角色，而它们都会对你的生涯发展产生独特的影响力。

## 二、 生涯是贯穿一生而连续不断的过程，并不是只有工作的人才有生涯

从"职业"到"生涯"的转变，不仅仅拓展了"生涯"的宽度，同时也延长了"生涯"的长度。在现行的社会制度下，从事相关职业的时间是有限的：一般始于基础教育完成之时（20 岁左右），终结于退休（60 岁左右）。因此，传统的生涯理论和相关指导，针对的都是正要进入工作或已经工作的人士。然而，既然"生涯"不仅仅包括职业，也包括其他重要的角色，那么对应的，这些角色也是生涯的一部分，从而相应地延长了生涯的时间跨度，拓展到了人的一生。这种拓展对两部分人有特别的意义：

第一类人是离工作还非常遥远的低年级学生，如高中生、初中生，甚至小学生。在现实的生涯教育中，老师们常常提出这样的疑惑：这些学生离工作还远着呢，为什么现在就要实施什么生涯教育？以后的事情，谁又能预言？现在给他们做探索，是不是太早了一点？我们的李俊老师就曾表达过这样的困惑：

> 我第一次听到"生涯"这个词，是在 2010 年的时候。那时的我认为生涯规划离高中生还比较远，因为在我的意识里，生涯规划应该从大学阶段开始，在高中阶段，高考才是重点。但是在我心中也一直有一个困惑，就是不少的学生一旦顺利通过高考进入大学就无所事事，人生仿佛失去了目标，一些学生在高考填报志愿时就存在一定的盲目性，选择了自己不喜欢或不擅长的专业，使自己大学四年都在痛苦中挣扎。

如果你认可的是传统的、以"职业"为核心的理念，那么类似的这些问题就非常难回答；不过，如果你像继光高级中学的老师们一样，认可的是我们上面提到的更宽泛的"生涯"概念的话，那么答案就变得非常简单了：生涯并不遥远，即便是初中生和小学生，也在进行着他们的生涯之旅，在学生、子/女甚至爱人角色的协调与冲突中（早熟的少男少女们偶尔会有"早恋"这样的困扰），探索着自己的未来之路。

第二类人，则是脱离了工作的老年人，也就是退休者。退休意味着从繁重工作中解脱：退休的人不仅远离了工作、远离了重要的人脉关系，似乎也随之远离了尊严，失去了人生的方向，变成了依靠养老金而"无所事事"的人。于是，有的人天天忙于柴米油盐等家庭琐事，有的人总是出门游山玩水，有的抚养孙辈，有的写字跳舞。虽然看起来都非常悠闲，但是在当事人看来，似乎只是为了打发时间而"不得不"采取的行动。

生涯的概念给退休者提供了一个新的视角来看待自己的退休生活：不再是被动地"消磨时间"，而是主动地选择与享受休闲者或持家者的角色，或是其他的角色，如公民角色、新的工作者角色等。随着人均寿命的逐渐延长，退休之后的时光也越来越长，退休者普遍可以追求新的生涯方向，创造或延续自己的生涯体验。

### 三、 生涯是一种主观、主动的体验，每个人的生涯都是由自己打造的独一无二的经历

传统的职业选择理论，依赖的是客观的、固定的路径。比如，报考公务员，就要按照乡科级、县处级、厅局级、省部级、国家级的顺序，一步步往上攀登；在学校里面工作，也有相应的教师级别，需要你逐步晋升；在公司里工作，则需要从一般职员升级到总经理，才算是功德圆满……有谚语称"女怕嫁错郎，男怕入错行"，职业选择被很多人视作一件与结婚相媲美的"终身大事"，因为选择一份职业，不仅仅是选择了现在的职位，也是为自己选定了一条可能未来 30 年必须走下去的路。

然而从生涯的角度来说，客观的职位变动固然存在，却不是最重要的，因为生涯更强调的是主观的感受：前者是"工作是怎么样的"，后者则是"人如何做工作"，甚至于"工作如何成就一个人"。因此，对于同一个职位来说，不同的人可以而且一定有不一样的表现形式。譬如，同样是美国总统，里根和特朗普在任内的表现完全不同，得到的评价也不同，个人的生涯经验也有着巨大的差别。

生涯的主观性，在当前的社会文化下有着重要的意义。随着社会的不断发展，职业世界出现了进一步的分化，可选择的职业越来越多。与此同时，随着互联网的普及与全球化的深入，个体在不同职业之间的流动性也越来越强。传统的"千人一面""一条路走到底"的职业发展路径，被频繁的工作转换或同时存在的多重兼职所代替，从而使得人们的生涯表

现越来越千姿百态。

　　正因为生涯是一种主观的体验，因此其塑造更加依赖个体主动的行为。走一步看一步、随机应变、见招拆招，那只是被动地响应基因与环境对我们的影响（先天生理条件、社会阶层、国家政策、偶然机会）。只有主动地去思考、去计划，利用环境、改变环境甚至创造环境，才能真正地发现和创造属于自己的生涯。

　　生涯不完全等于职业，而是一段有目标的漫长旅程。这段旅程具有三个重要的重要特点：第一，生涯是有方向的，有目标的，这个方向与目标，就是"幸福与满意"；第二，生涯是贯穿人一生连续不断的过程，并不是只有工作的人才有生涯；第三，生涯是一种主观、主动的体验，每个人的生涯都是由自己打造的独一无二的经历。

# 第二章
## 生涯教育：全人教育

生涯教育是一种综合性的教育计划，其重点为人的全部生涯，即从幼儿园到成年，按照生涯认知、生涯探索、生涯定向、生涯准备、生涯熟练等步骤逐一实施，使学生获得谋生技能并建立个人的生活形态。——原美国联邦教育总署署长西德尼·P. 马兰（Sidney P. Marland）博士，1971 年

原则上来说，任何有助于个体生涯发展的教育都属于生涯教育，这当然也包括了目前在学校里占据主体地位的学科教学。不过从狭义上来说，生涯教育的内容还是更偏向于"生涯"的具体内容——这也是为什么我们先要了解"生涯"具体概念的原因。只有了解了生涯的含义，我们才能准确地理解什么是生涯教育。

## 第一节　生涯教育的目标

如前所述，既然"生涯是一段有目标的漫长旅程"，生涯教育的主要目的也就只有两件事。

### 一、 教授一些方法，让学生更清楚自己想要的是什么

生涯的目标虽然有迹可循，但是仍然具有一定的变动性。这种变动性当然因人而异，但是比较明显的规律是，相较于年长的人而言，年轻人（比如高中生和初中生）拥有更大的变动性，因为后者更倾向于认为自己具有无限的未来，而"无限的未来"就意味着，任何一个未来都没有那么清晰和稳定。甚至有些学生，会因为这种"无限的未来"而放弃思考。因

此,生涯教育的第一个主要目的就是帮助他们找到一个或几个前进的方向。正如刘和平老师所理解的那样:

> 现实中,"生涯"看似很近,但那其实可能只是"考试"。看似明确的奋斗方向,但那未必是理想的彼岸。忽然间,"如果你不知道你要到哪儿去,那通常你哪儿也去不了"这句话再次在我脑海浮现,我想对于一艘没有航向的船来说,任何方向的风都是逆风。
>
> 而生涯教育的意义与价值是引导学生明白学习的意义,并合理地规划学习,平衡现阶段考试与未来生活状态的关系,找到"现在"与"未来"两者之间的平衡点;找到父母的期待、老师的期待与自我期待之间的交叉点……这些或许是今后导师制活动可以努力的方向和工作的着力点。
>
> 生涯教育的必要性在于指引学生认识到学习的意义,明确努力的方向,有规划地前行。凡·高将生活比作一趟"单程火车":"你飞速前进,但却无法辨别任何近在咫尺的东西,特别是,你看不到火车头。"有时,我甚至觉得,即使你知道你要到哪儿去,你却不知道为什么要到那儿去,这才是人生最大的不幸。迷途中的他需要找到"火车头",让他们能够跳出考试去看待自己的人生,让他明白自己在做什么的同时明白为什么要这样做,即唤醒其生涯目标意识,这项行动的意义远远不是一个很高的分数能够比拟的,而这正是生涯教育的使命。
>
> 当生涯很"近"时,我们才可以把考试置于"未来"的视角来看待。当生涯意识唤醒时,即使你飞奔前进,也能把"考试"看得很清楚,因为你已经知道了火车头的方向。

## 二、 教授一些方法,让学生更容易得到自己想要的东西

生涯教育与传统选科或选专业指导的重要差别在于如何看待"选择之外"的事情。传统选科或选专业指导,颇有点"瞻前不顾后"的味道,在教师的主导下做出的选择往往是单次的,而在这一选择之后的结果,就看学生自己的努力了,教师在其中发挥的作用很有限。

在以学科学习为主的传统教育中,这种思路也不能算错,因为学生的"努力"主要由学科老师予以引导和监督。然而,既然"生涯"的目标更为复杂(包含了除了学生角色之外的其他多个角色,如子女、朋友等),学生想要的东西很多,相对应的,追求生涯目标的过程也变得更加艰难和曲折,因此需要的指导和努力也更多,而这些更多样化的指导,则归于生涯教育的范畴。

# 第二节　生涯教育的任务

从上面两个目的出发，生涯教育形成了它的三个重要任务。其中第一个就是：**教会学生选择**。生涯教育里的选择与传统的选科或选专业指导有着本质上的区别。对后者来说，选择是一个相对机械化的匹配过程：根据自己的一些特质以及科目和专业的特征，进行合理的匹配。因此，这种选择过程更看重的是当下的情况，更看重现实的影响因素。

正是因为这种思路，传统的选科或选专业指导，通常是由较为资深的教师主持，需要借助他们对学生的了解、对学科及专业的了解，以及在进行选择时的丰富经验。然而，教师主导的选择过程，存在两个重要的问题：第一，教师是否对学生有着充分的了解？在我国的教育形式下，一名教师通常要面对几十名甚至上百名学生，教师能否保证对学生都有清楚的认识，这是很重要的问题。第二，也许教师做决定的过程是理性而现实的，但是这个由他人做出的决定，能否让学生真正地认同，并将之作为未来的重要目标而努力奋斗？对于处于青春期、具备叛逆心理的中学生来说，也是个很关键的问题。

这两个传统选科或选专业指导中棘手的难题，对于生涯教育中的"教会选择"来说，却只不过是小事一桩。因为生涯教育中的选择并不是单纯的选择，而是通过一整套行之有效的方法授之以渔，引导学生自主地进行决定。因此，学生将在教师的引导下，学习如何自我探索，加深对自己的了解，并据此做出决定——只有这种决定，才是最有价值的决定。关于这一点，秦呈妍老师有非常切身的理解：

在我看来，生涯教育可以有很多理论指导，但最终学生自己的选择和想法才是最重要的，能为自己生涯负责的只有自己。

前些年做班主任时，曾有学生 A，他高一、高二时学习刻苦努力、成绩优异、为人诚恳踏实。高二面临选课，他曾经很想选物理。然而在我看来他是一个勤奋大于天资的学生，选物理作为加试学科并非最优选择，而且他的家长也不赞成他选物理。所以在学校、我和家长的共同努力下，或者是"逼迫"下，这个学生最终选择了化学作为加试学科。然而到高三之后，经常听到有关他有情绪或成绩下滑的消息，最终高考他也上了本科，但和原来的预期相比，着实有些距离。我当时是否做错了？由于忙于生活和工作，这份藏在我心中的疑问以及歉意，直到他毕业了，也没有问出口。前些日子学校校庆，终于又遇见了 A，犹豫再三还是将疑问和歉意向他表达，他沉默几秒后向我投来了一个微笑。

他未来的成长会是如何，谁也不知道，但高中的学习生活肯定是有遗憾的吧！这份遗憾里，有多少是当时作为班主任的我造成的呢？

这或许是一个失败的生涯教育的案例。在以后的工作中能否避免再发生这样的事呢？我不知道。通过各种学习和进修，我学习了很多的理论知识，可以相当理性地思考，帮助学生做出最优的选择。我可以告知学生自己的经验和知识，但最终选择应当是学生自己做的。想选什么课，想做什么样的工作，想成为什么样的人，应当充分体现学生个人的意志。在其中，教师除了培养学生理性的思维方式之外，更应当尊重学生的想法和选择，教导他们为自己的选择负责，并承担相应的责任。

人生如果是一本书，生涯教育则是写作技巧。如何写这本书？写的是小说、散文还是科学著作，则是个人意志和选择的体现。这就是我目前对生涯教育的一点理解。

生涯教育的第二个任务则是：**教会学生发展（努力）**。过去常常听人说，"选择比努力重要"，然而在生涯教育中，选择固然重要，努力却占据着更高的地位，因为努力从两方面影响着"选择"的结果。

在选择之前，发展决定了选择的范围。努力发展是为了什么？有些人认为，努力就是为了得到更好的东西，比如考高分就是为了上更好的大学，赚钱就是为了买奢侈品……这其实是曲解了努力的真正含义：努力，让你有了更多的选择自由。

努力赚钱，是让你想要吃昂贵美食的时候能吃得起，并不是说顿顿都要吃山珍海味，或便宜的美食就不能吃。同样的，在学习上的成就，也并不是说你一定要"一分都不浪费"地上最好的大学，而是让你有了更多挑选的范围，不至于去不了自己想去的地方。

更重要的是，在选择之后，发展实现了选择。生涯目标的实现，并不仅仅依赖于选择的方向，也依赖于后续的努力。如果一开始选择对了，但是却不能很好地实施，那么最终还会是错的。比如，和相处很融洽的伴侣做出了结婚的决定，但是最终却以离婚收场，未必是因为当初的选择就错了，而是在后续的相处中，两个人没有努力地去磨合。

反过来说，也许一开始的选择看起来并不完美，但是通过不懈的努力，也有可能使之成为现实。在建国初期，以钱学森为代表的海外学者们纷纷归国参与建设。以当时的情况来说，这个选择不是一个很好的选择，然而正是因为他们的不懈努力，才让当初看起来"傻傻"的选择，变成了最有意义的事情。王富珍老师用一个数学比喻说明了这一点：

生涯是一个有目标的漫长旅途，道远而任重。对学生或者说对每个个体而言，未来不应该是脚踩西瓜皮的滑行轨迹，未来是由无数个现在叠加起来而构成的……在生涯规划的时代，学生的未来，无须再做猜测和预判，毕竟没有一劳永逸的事，因为，未来是由无数个现在叠加而成的，$\sum$现在＝未来。

选择和发展，构成了生涯教育的两个主基调。但是，在选择和发展之下，隐藏着生涯教育最核心的任务：**教会学生适应**。

　　有的学者认为：生涯之学，即应变之学。其实，不管是选择也好，发展也罢，本质上都是一种适应的过程。不过，以往的社会比较稳定、变化较少，因此在选择的过程中，人们会认为许多影响选择的因素处于一种较为固定的状态（比如整体就业环境）。而在发展的过程中，由于不可预见的因素变多，人们也会更多偏向于去培养一些固定的、公认为有用的能力，比如高考的应试能力、求职技巧，等等。

　　然而，随着社会的发展，职业世界的变动也越来越快。过去十分保险的"铁饭碗"，有可能在短短几年之内就无人问津；而从未出现过的新兴职业，却能在刚刚兴起的时候，就成为人人趋之若鹜的"香饽饽"。此外，随着科技的发展（比如互联网的出现），信息的交流变得极为方便快捷，因此使得个体在不同工作间的流动也越来越频繁。过去几乎被认为是美德的"从一而终"式的长期雇用，越来越多地被短期雇用、频繁转职或多重兼职所取代，著名的"无边界生涯"（borderless career）所描绘的，正是这样一种全新的生涯发展方式。

　　这种剧烈的变动，在为人们的生涯发展注入全新活力的同时，也为他们带来了巨大的困扰，让他们在做选择和发展自己的能力时，变得更加不自信和犹豫，因为他们随时都担心这些选择或者能力会因为外部世界的变动而失去意义。如今的生涯教育越来越看重培养人们的应对能力，这就是目前生涯领域最前沿的概念：生涯适应力（career adaptability；详细介绍参见第十章）。

　　选择、发展和适应，共同组成了生涯教育的核心任务。

## 第三节　生涯教育的主要内容

　　与生涯教育的三大重要任务（选择、发展和适应）相对应，生涯教育中包含的内容是非常多的。具体到高中阶段，生涯教育应当包含几大重要的部分：

　　第一，意识觉醒。前面我们提到了，生涯是个人的生涯，是人们自己所经历的各种事件的集合。但是如果缺少了主观能动性，那么生涯教育就变得没有意义了。很多老师抱怨学生"上生涯课好像旅游一样，兴高采烈，一无所得"，说的就是这种情况。所以，在生涯的教育中，我们要做的最重要的事就是让学生们意识到，我们所进行的各种探索，都会对自己未来的生涯产生帮助。生涯意识的觉醒，既可以通过潜移默化的引导来实现，也可以专门针对"梦想""未来"等主题的探讨而引发。

　　第二，自我探索。经典的自我探索内容主要包括兴趣、能力和价值观，这源自生涯领域最流行的人-环境匹配理论（包括霍兰德兴趣类型理论、工作适应理论）。对自我的了解，不仅仅是进行恰当的生涯选择的基础，同时也是生涯发展的重要开端，因为高中生并不是白纸一张，而是已经形成了自己特点的绘卷。因此，对于高中生来说，自我探索的内容除了强调"现在"，更要强调"未来的发展和变化"。

第三，外部探索。生涯领域的外部探索，主要集中在对职业世界的探索。对于生涯教育来说，职业并不仅仅是一种养家糊口、赚取工资的劳动，更是一个人塑造自我、实现自我价值的舞台，同时也会对人生中其他的各种重要角色（比如爱人、休闲者）产生重要的影响。因此，在外部探索中，除了介绍职业的工作内容、收入、要求等基本信息之外，生涯教育还特别重视对职业的多层次、全面化的了解，包括职业所带来的生活方式以及职业本身的演变。

第四，生涯决策。决策是"选择"任务的最后一步，生涯教育十分重视决策的作用，正如著名的存在主义哲学家萨特所言："我们的决定，决定了我们。"但是前面我们提到，生涯教育中的选择，并不是单纯的选择，而是通过一整套行之有效的方法授之以渔，引导学生自主地进行决定。因此，比起选择的结果，生涯教育中更看重选择的过程，而生涯选择的相关理论（如认知信息加工模型）也为我们提供了许多有效的工具。

第五，能力与适应。最后，为了帮助学生学会发展和适应，生涯教育中应该包含各种提升学生能力的内容。不过，对于高中生来说，他们要学习的并不是未来从事某职业的特定知识或能力，而是不管从事任何职业都需要用到的通用能力，比如人际交往、合作等，其中非常重要的就是各种自我管理能力，包括时间管理、精力管理、情绪管理等。

# 第四节　生涯教育的实施方式

从上面对生涯教育的分析中，我们就可以看到，生涯教育是一个庞大的工程，不是单纯地依靠一两门生涯课程就可以取得突破性的进展。通过学习其他学校的经验以及自己的思考，我们认为生涯教育的实施至少需要七方面的共同配合。

第一，资源积累。生涯教育的效果非常依赖于资源。比如，同样是了解一个职业，学生有很多不同的渠道，如听老师讲解、看小说、看视频、听从业人员讲解、实地参观、亲身参与，等等。这些不同的渠道，带给学生的收获和感觉是完全不一样的。因此，为了提升生涯教育的效果，学校要致力于整合各方面的资源，比如鼓励学生参与现实工作、建设更适合生涯教学的生涯中心、利用家长资源、利用互联网工具等。

第二，生涯平台搭建。生涯平台的主要作用之一就是实现各种信息的共享，比如关于不同专业、职业的信息，各种测评工具或者是教师们的课件、授课资料的分享。此外，生涯平台还能够利用其大数据的优势，处理一些普通老师没有办法处理的"麻烦"问题，比如利用对学生选科的智能推荐，或者利用生涯平台为学生出具测评结果报告。当然，生涯平台的这些推荐和测评报告并不是最终的结果，但是它们将专业人员从繁杂的、高重复性的工作中解脱出来，从而让他们有更多的精力去创造性地帮助学生理解自己独特的生涯。

第三，学科浸润。学科浸润是威力最大的生涯教育形式。顾名思义，就是在学科课程的教学里面，将生涯的相关元素与学科知识予以结合。比如，在讲授到某一知识点时，讲解该知识点对我们日常生活的影响，或者是该知识点与相关职业的联系。学科浸润利用了学校中最主要的群体——学科教学老师的力量，通过润物细无声式的渗透浸润教学，让学生潜移默化地开始思考自己的未来。因此，对于学生来说，学科浸润可能会在生涯的教育中产生更大的影响。

第四，实践活动。在进行传统或是新开辟的各项校内外活动中，穿插相应的生涯教育内容，赋予生涯教育全新的意义。这是一种与学科融合非常相似的形式，可以算作一种"课外"版的学科融合。不同之处在于，校内活动常常有非常明确的主题，因此将生涯因素的融合可能面对更大的挑战。

第五，生涯课程。这是最传统的生涯教育方式，也是提到生涯教育时最先会被人想到的生涯教育形式。生涯课程以专业的生涯教师或心理学教师为核心，通过系统的课程内容设置和专业的授课方式，帮助学生了解自己的生涯，并对未来的生涯发展进行良好的规划，其优点在于系统性和专业性。

第六，生涯讲座。这是覆盖面最大的生涯教育形式之一。虽然讲座之间的连贯性通常是个难题；但是针对某些特别专题（比如考试焦虑、面试技巧等）的小型讲座，会在短时间内产生比较好的效果。

第七，生涯辅导。生涯辅导在很多学校称为"生涯导师制"，是以传统的师徒制为蓝本，通过教师与学生之间的频繁互动，促进学生的生涯发展。生涯辅导是最个性化的生涯教育方式，因为在面对面的互动中，教师将对学生面临的独特困难、疑惑或进步有更深入的了解，从而能够因材施教，对不同学生提供相应的生涯指导。不过，生涯辅导的难点在于对教师的要求非常高。

以上列举的这些生涯教育方式，涵盖了学校教育的各个层次：资源积累主要是学校整体的规划，生涯平台可以由各级行政人员予以管理，学科浸润、校内活动与生涯辅导由学科课教师负责，生涯课程（以及生涯辅导的督导）则交给更为专业的生涯教育工作者。从上到下，面面俱到，只有各个层面通力合作，才能将生涯教育融入传统的学科教育中。

在很多学校中，生涯教育常常归置于德育部门之下，用于替代德育部门成为"德育"的进阶版，这其实是一种非常大的误解。生涯教育并不是德育，而是一种全人教育。生涯教育的目的是促进学生的生涯发展，这主要由两个目的组成：教授一些方法，让学生更清楚自己想要的是什么；教授一些方法，让学生能更容易得到自己想要的东西。从这两个目的出发，生涯教育有三个非常重要的任务，分别是：教会学生选择，教会学生发展（努力），教会学生适应。结合高中的主要任务，高中的生涯教育内容则应该包括五个方面，分别是：意识觉醒、自我探索、外部探索、生涯决策和能力与适应。最后，为了更好地实施生涯教育，应该从资源积累、生涯平台搭建、学科浸润、实践活动、生涯课程、生涯讲座和生涯辅导七个角度，从上到下，通力合作，将生涯教育融合进传统的学科教育中，实现生涯教育的最大价值。

# 第三章

## 解读新高考

一定要从社会、学校和家长等多方入手，千方百计把孩子从分数中解放出来。要让他们明白，人生道路千万条，各行各业都能成才。只要矢志追求、努力拼搏，照样可以实现人生抱负和目标。——习近平《之江新语》

如果要讨论近年来的高中教育，高考招生制度改革（以下将按照习惯简称为"新高考"）是一个绕不开的话题。作为全国新高考的先锋，上海的新高考改革从 2014 年就逐步开始实行，到本书成书之时，已经进行了 5 年。而根据教育部的计划，到 2020 年全国都将全面建立新高考制度，可以说，新高考将成为 21 世纪初中国教育的一个转折点。那么，新高考究竟是什么？它跟生涯教育之间有什么样的关系呢？

## 第一节　新高考的前因

很多人都听过一句话，"高考是教育的指挥棒"。高考作为最公平的人才选拔方式之一，使得我们的基础教育，我们学校的老师，我们的家长和孩子，我们的大多数教育活动都围绕着这根指挥棒在转。但是，大多数人不知道的是，这根强力的指挥棒其实握在一只更强力的手中，这只手叫作：人才培养目标。

在恢复高考的 1977 年，社会经济发展水平不足，百废待兴，而相对应的从业人员却极度匮乏。为了让各项工作顺利进行，促进国家与社会的发展，那时的人才培养目标就定位在具备基本科学、文学素质的"专业型人才"上。在这样的前提下，"1.0 版本"的高考横空出世，其特点是：重视最基本的思考能力，以高考分数为唯一衡量标准，从而促进对学生的基本科学、文学素质的培养。那时候的经典口号"学好数理化，走遍天下都不怕"就是对这一培养目标的最好注脚。在当时，这一政策为国家输送了大批适用的人才，对国家的建设起到了巨大的推动作用。而对于个人来说，只要在高考中脱颖而出成为大学生，也就是成为"天之骄子"，实现"鲤鱼跃龙门"，完全不用担心工作的问题。因此，"1.0版本"的高考，曾经是一个非常合理的选才机制。

然而，随着社会的进步，这一人才培养目标也渐渐变得不合时宜起来：只掌握基本科学和文学素养的人才越来越多，足够满足原有的需求；但是社会上的很多工作，如果想要取得更好的成果、提供更好的服务，只靠这些基本素养已经不够了。因此，新的人才标准变成需要学生具备更多的能力或者更强的综合素质（比如领导力、表达能力、团队合作能力、创造性思维等）。在这样的形势转变下，高考升级为"2.0版本"，被打上了补丁，比如"特长加分""自主招生"等政策，其实都是围绕培养"通用型人才"这一人才培养目标而设置的。

俗话说的好，计划永远赶不上变化。"1.0版本"和"2.0版本"的高考仍在路上，尚未功德圆满（甚至"2.0版本"的高考还在摸索中），社会的进一步发展，又再一次提出了新的人才培养要求。随着"专业型人才"和"通用型人才"的爆发式增长，原有路径上的工作职位已经逐渐饱和了，必须是非常优秀的人才才能获得那些传统意义上的"好工作"，这就必然造成了大批人才的浪费。幸运的是，社会资源的极大丰富，为学生提供了更多选择和创造的机会，只需要学生自己具备相应的意识和能力即可。这就提出了一种全新的人才培养目标，姑且称之为"适应型人才"。这种人才需要在纷繁复杂、变化加速的社会中，学会认识自我，学会体察环境，学会做出适宜的选择，学会根据具体情况予以适应和改变，甚至创造新的方向。

近年来在大学中反复强调的"大众创业、万众创新"，其实就是这种人才培养目标的体现。但是到了大学再开始培养这种人才为时已晚；而且，既然"高考是教育的指挥棒"，为什么不利用高考的力量，从根本上引导教育的改变呢？这就是新高考出现的原因，也是为什么新高考会有这些变化（扩大选择权、进一步强调综合素质）的原因。

# 第二节　新高考改革的内容

新高考改革主要依于三个重要文件，它们分别是：《国务院关于深化考试招生制度改革的实施意见》（国发〔2014〕35号）、《教育部关于普通高中学业水平考试的实施意见》（教基二〔2014〕10号）以及《教育部关于加强和改进普通高中学生综合素质评价的意见》（教基二〔2014〕11号）。具体的文件内容我们在此无须赘述，因为各地还会从三个文件出发，制定更加详细的地区性文件。不过，这些地区性文件大同小异，因为它们都包含了新高考改革的几大核心变化。

第一，自由选择考试科目。这是新高考相比于"旧高考"最大的变化之一。过去的高考科目是相对固定的，除了"语数外"这三大门，学生只有两种选择：理科生考物理、化学、生物，文科生则考政治、历史、地理。但是，新高考给了学生更大的选择权。在一开始，教育部发布的文件支持学生从 6 门课程中任意选择 3 门作为考试科目（称之为"3＋3"），那么学生的选择范围就从过去的 2 种组合，上升到了 20 种组合。现在很多省份则采取另外一种方式，限制要求学生必须选择物理或历史中的 1 门，而剩下 4 门则可以随意搭配（称之为"3＋1＋2"），那么可能的选择也有 12 种，是"旧高考"选择的 6 倍。

第二，考试变为等级制。过去的高考成绩，依据的是原始分，也就是学生卷面考了多少分，最终成绩就按多少分计算。但是在新高考的规则下，学生所选考的科目（除了"语数外"之外的科目）的得分，是通过比较所有人的原始分，然后将每个人的原始分数换算成等级分。尽管各地的具体赋分计算比例有所不同，但是思路是一致的：比如，你的原始分是 70 分，但是 70 分已经处于 1‰ 的梯队，那么 70 分就会被换算成 100 分；但是也有可能反过来，你的原始分考了 90 分，但是因为试卷比较简单，90 分处于最后 1‰ 的梯队，那么你的 90 分就会被换算成 60 分，并最终计入高考成绩。

第三，注重全面素质的提升。新高考改革特别强调了综合素质评价，以思想道德、学业水平、身心健康、艺术修养和社会实践 5 个方面为考查对象，尝试将综合素质纳入高考招生的考评当中。目前已有不少大学，每年拿出专门的招生名额进行综合素质录取，即不单单以考试成绩为依据，更综合考查了考生的学业水平考试的成绩、学校的面试成绩以及各中学对考生做出的综合素质评价等多个方面。

## 第三节　新高考的影响

新高考的这些变动，给学校、教师、同学都带来了不小的影响。

对于学校来说，过去只需要区分出文科班和理科班即可，但现在却需要考虑学生的选科情况和学生的不同学习水平，为学生排出不同的班级，因而在分层走班制的选排课问题上大伤脑筋。此外，由于学生的选择存在波动性和不平衡性，就会出现有些教师供不应求、有些教师却无事可做的情况，如何开展教学质量评价和教师绩效管理，也是一个不小的问题。

对于教师来说，过去只需给出"是/否"的选科建议（要么选文科，要么选理科），现在却要指导学生根据自身情况合理选科，这对很多老师来说是一个重大的挑战；而除了选科之外，很多科目由于重要性下降，分配到的学习时间压缩，如何保证学生的学习质量，提升学生的学习兴趣，也成了摆在老师们面前的一道难题。

对于同学来说，选择权扩大虽然让他们更加自由，但是这份自由却让很多人觉得手足无措,陷入了选择的焦虑中;另外,前面提到,为了应对不同的选科,很多学校都选择了走班制(甚至是分层走班制),学生不再像以前那样坐在班级里等着老师来,而是根据选科的不同,流动到不同的班级,因此教师对学生的约束大减,学生则需要适应这种新的上课方式,学会有效地进行自我管理。

## 第四节 新高考与生涯教育

新高考的出现,在带给学校、老师和学生冲击的同时,也"捧红"了生涯教育。并不是说生涯教育不值得做,恰恰相反,如前所述,生涯教育对于高中、初中甚至小学学生来说,都具有重要的意义。但是新高考的出现,使得生涯教育不仅是"重要",而且变得"急迫"了起来。

大多数教育主要面对的问题有三个:内容,也就是"学什么";形式,也就是"怎么学";动机,也就是"为什么学"。高考的前两个版本,更多"操心"的是前两个问题:1.0版本,强调学习的内容,因此由国家编制教育大纲,引导学生学习基本的知识;2.0版本,开始重视学习的形式,由此催生了各种课堂教学改革(比如合作式学习、翻转课堂、第二课堂等),旨在让学生在学习的同时,掌握各种能力,提升综合素养。但是第三个问题,对于很多学校、老师和学生来说,始终是隐藏起来、避而不谈的。就算有人表达疑惑,也不过是一句"能通过高考就行了,其他的事,等高考之后再说",因为前两个版本的高考,虽然也进行了文理分科,但只是出于人才分类的一种习惯,并不怎么真正关心生涯这个问题。

但是,新高考来了,不仅让"选择"正式变成了高考的一部分,而且是最重要的一部分。而且这种选择,还不仅仅是个人主观意愿的一种选择,必须同时考虑到现实的因素,因为等级制的考试机制告诉我们,你的最终表现不仅仅取决于你,还取决于你的竞争对手们。这样一来,新高考就把"为什么学"这个问题从"高考"的海底里捞出来,呈现在家长与学生面前;而如果回答不了这个问题,高中的教育甚至有进行不下去的风险。

正是在这种危急时刻,"生涯教育"成了一条重要的"救生索"。如前所述,生涯教育最关心的三大任务分别是"选择""发展"和"适应",这简直就是为新高考量身定制的:选择,帮助学生应对新高考中的选科问题,建立属于自己的学习途径;发展和适应,帮助学生在后续的学习中进一步提升自己,并积极应对各种新的挑战,比如分层走班之后的自我激励。正是因为如此,随着新高考的逐步建立,生涯教育成了全国高中都趋之若鹜的教育界"新宠"。

新高考带来了自由选择考试科目、等级制评分、综合素质评价等新内容。这些变化虽然为学校、教师和学生带来了不少的"麻烦",但却是必需的麻烦。因为随着人才培养目标的变化,过去的高考形式已经无法满足当前社会对人才的要求和渴望,而新高考的变革都是为了在"专业型人才""通用型人才"的基础上,培养更多的"适应型人才"。面对新高考的这些变化,生涯教育成了教育界的"新宠",因为生涯教育的理念可以很好地应对新高考,解决教育中的核心问题:"为什么要学。"

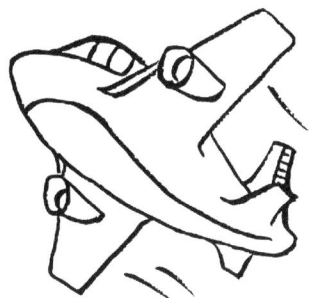

第二篇

# 生涯在行动

本篇将详细介绍和记录继光高级中学在生涯教育方面的探索。由于这一过程颇为漫长,为了方便读者理解,我们将之划分为三个不同的阶段,但是请记住,这只是一种方便区分的方法而已,并不意味着这些阶段之间是割裂的——恰恰相反,它们之间具有必然的联系。

每个阶段,我们都将全面地描述我们所面对的情况、所采取的措施、所面临的挑战和所解决的问题。不同的学校或许可以在我们所面临的挑战中找到熟悉的情景,并从我们的应对方式中,找到一些灵感和启发。

# 第四章

## 校情简介

忠、信、勤、勇　——继光高级中学校训

## 第一节　历史悠久

上海市继光高级中学的前身为麦伦书院，是一所由英国基督教会伦敦会在清代光绪二十四年（1898 年）创办的教会学校，校史已有 120 年之久。民国之后，才完全成为本国人负责办理的私立中学，改名"私立麦伦中学"。在此期间，经由多位锐意进取校长的努力，学校最终从一所外国教会办的旧式学堂，成为一所不断进步的新式学校，在风起云涌的民国期间和抗战期间，积极参加抗日救亡、"反内战"等运动，享有"民主堡垒""学运先锋"的美誉，形成了"民主、科学、进步"的传统，为新中国的建立和建设培养了大批人才。

1953 年 6 月，学校由上海市教育局接管，改为公办学校。为发扬革命传统，学习志愿军特级英雄黄继光，改名为"继光高级中学"。1954 年，由上海市教育局列为重点中学试点，成为接收归国华侨子女入读的全市十所重点中学之一，首批接纳了 31 名侨生。1959 年被确定为虹口区重点中学。

学校传承优良传统，积极贯彻德智体诸方面全面发展的教育方针，取得了丰硕的成果。如 1961 届，录取哈军工的学生有 12 人，占全市录取人数的 1/10，保送至西安军官学校的优秀毕业生有 16 人之多。1965 年，冯起德老师的语文教学新方法引起全市教育界重视，他的一堂"自由与必然"公开课，引来各方观摩与学习。

学校尤其重视开展学生课外活动与科技活动，并在长期实践中形成了优良的传统。1963 年《人民画报》第三期以整整两个版面全面介绍继光高级中学的课外科技活动。高勤飞同学曾获全国航空模型比赛第一名。《解放日报》《文汇报》相继对学校的国防体育与民兵训练专题加以报道。1970年民办虹光中学并入继光高级中学,学校规模达到顶峰,学生一度有4 000多人。其间,学校仍保持科技活动及国防军体特色,在全市队列会操中亦名列前茅,各校频繁前来观摩。学生自制的16英寸电视机获市一等奖,研制的"自动报靶仪"获全国二等奖。1976年《体育报》整版报道《能文能武、朝气蓬勃》。学校每月都有几批外国朋友来校参观访问,1976年,美国前总统艾森豪威尔的孙子、尼克松的女儿亦来校参访。

党的十一届三中全会后,继光高级中学各项工作蒸蒸日上。学校以"教学为中心"拨乱反正,以重建师资队伍为切入口,引进了一批教师作为各教研组的骨干,加强教研组建设。在原有的基础上狠抓科技教育,取得了很好的成绩。1979起连续五年被评为上海市科技先进单位。1980年后,学校系列化的爱国主义教育、国防军体教育、课外科技活动的传统得到进一步发扬。1985年成为上海市开展国防教育试点学校(全市普教只有两所),同年校团委被共青团中央表彰为"活跃的中学生活"先进集体,1989年校少先队被命名为"全国红旗大队"。学校先后还被评为"上海市航海模型活动的先进单位"。

1986年后,周承谟、胡美高两位校长提出新的办学思路,即"抓住三个基地、建立四个中心"的办学框架。一是抓建设爱国主义教育基地:1996年在校园内建成黄继光烈士塑像,此塑像连接铜像前的草坪,组成黄继光广场,2003年被评为"虹口区爱国主义教育基地",同年又在体兰馆前建成沈体兰先生的塑像,标志着"民主、科学、进步"。2008年又建成"百年风云"浮雕墙,展现继光高级中学的百年风云历史。学校以此开展一系列爱国主义教育。二是紧抓"青年教师培养基地"的建设,着力培养青年教师成为学校骨干和栋梁。学校相继培养出像黄山明、陈寅、胡凌等一批出类拔萃的青年教师。周承谟校长在全区做了培养青年教师的经验介绍。三是抓住建设"教育课程改革基地",鼓励教师开设研究型课程与拓展型课程。市和区教育局多次在校召开素质教育成果展示现场会。此外,继1985年成立了"国防教育中心"后,学校先后成立了"科技教育中心""劳技教育中心""电子信息中心"。这四个中心的建成,对学校开展学生课外活动,提升素质教育质量起了很好的作用。

1984年四平中学高中部并入继光高级中学。2002年学校初中部划出,在划给高阳路小学(后为二中心小学)的原址上,成立"上海市继光初级中学",2003年5月学校成为完全高中,遂更名为"上海市继光高级中学",2009年被确定为虹口区实验性示范性高中。

## 第二节　焕发新春

2011年金晓文校长到任,在12月16日第九届教代会暨第二次工会会员大会上审议通过《五年发展规划》,提出以"忠、信、勤、勇"(原麦伦的校训)为基石,致力培养"忠于义、信于实、勤于思、勇于行"的继光人,实现"以每一个学生的终身发展为出发点和落脚点,让学生成为未来社会中坚"的办学理念和办学目标,从而迎来了继光高级中学的大发展。

2012 年学校成立"教师专业发展委员会",由校内外资深教师指导教师成长;2013 年"青年教师联合会"成立,通过带教、高三准入制等促进青年教师成长;2014 年建立"课程发展委员会",推进课程建设与特色形成,全面打通三类课程,以创新实验室课程建设为切入点,以两课教学为平台,盘整资源,构建"素养类、社会类、领域类"课程群。为进一步落实新高考改革方案,2015 年学校推行"党员导师制、全员导师制",以师生结对建立"导学"联系,更好地贯彻了全员育人、全过程育人、全方位育人的教育理念。

学校坚持以研促教,2011 年以来,成功申报国家级、市区级、青年教师课题 21 个;在虹口区第 11 届科研成果评比中,有 2 个成果分获一、二等奖。另成功申报市级项目 1 个、区校合作项目 12 个。在解决学校实际问题的进程中有效地推动了学校的整体发展。

学校继承爱国主义教育传统,构建德育课程结构。国旗下讲话、校班会、安全演习、心理健康文化周等纳入必修课程,以"开学第一课""爱心义卖义拍""清明祭扫""让百年校史说话"等综合实践课程落实主题教育,并形成以生涯教育为轴线、不同学段的主题实践活动:"走进梦想"系列,如高二"走进大学"、高三"18 岁成人仪式",帮助学生适应、度过"初中—高中—大学"的求学之路;"青春约见"系列,如高一"东方绿舟素质教育",帮助学生理解个人角色、未来职业、社会责任。2014 年依托上海市教育委员会认定的"高中学校学生生涯辅导试点项目",推行以职业生涯发展教育为核心的系列化、模块化德育课程。

2013 年起学校探索实施体育特色教学,从高一开展足球专项化,学生满意率达 90% 以上。2015 年成为市高中体育专项化教改第二批试点校,又被命名为市 268 所"体育传统项目校"之一,包括足球、篮球、乒乓球、羽毛球、健美操五项。2015 年成为上海体育学院"研究生实践教学基地",还与上海申梵足球俱乐部签订合作协议。目前已构成了项目串联、体育课、社团、活动、运动队联动的"大体育"教学格局;编有校本教材;女足、女篮代表区参加市级比赛;各类获奖无数,学生体质健康达标率超 96%。2016 年 4 月 27 日,市教委召开高中专项化体育课改试点工作现场会,继光高级中学成为大会交流的三所学校之一。

学校立足于上海市科技特色校的传统,形成工程科技素养类课程,每年举办科技节,组织学生参加各级赛事。机器人制作、船模制作等在全国、市区比赛中屡次获奖。作品"电磁炮"荣获 2011 年第 30 届全国科技创新大赛一等奖。部分学生作品正在申请上海市学生科技发明专利。

学校致力于培养学生的创新能力,2013 年市、区创新实验室"现代农业科技实验室""数字化物理探索实验室"申报成功。2014 年前者联合上海市细胞学会开发"生命科学校本课程",后者与区"理科国家课程校本化"工作组合作开发物理实验。2015 年学校申请创建化学学科、地球科学创新实验室,最终形成"理科教育系统性工程"。依托这些平台,学校初步形成了继光农场、物理实验、私人订制等 7 个特色科目的校本课程。

硬件方面,学校占地面积为 22 137 平方米,教育教学用房 7 栋,总建筑面积达 16 949 平方米,包括现代化的教学楼、办公楼、实验室、图书馆、校史陈列室、电子阅览室等,还拥有微格教室、生涯辅导中心、报告厅、大礼堂、塑胶田径场、篮球场、室内体育馆等配套的教育教学设施和生活服务设施,其中图书馆于 1994 年成为上海市一级图书馆,2011 年成为中国数字图书馆示范单位,2012 年"虹口区博慧读书俱乐部"也设在继光高级中学。近年来,各项硬件得以不断完善:2011 年 11 月建成室内体育场馆;2013 年 12 月建成物理、生物创新实验室;2014 年 7 月家怀堂、体兰馆完成大修;2014 年 8 月篮球场、足球场翻建,至此室内外运动场地达 9 379 平方米;2015 年 8 月建成新校史陈列室;2015 年 8 月校内管线全部下埋、地面重新铺设;2015 年 10 月生涯辅导中心建成。2016 年 12 月又建成地理创新实验室。校园绿化也颇具规模,面积达 5 049 平方米,占学校总面积的 22.8%,树种繁多、四季飘香,1998 至今一直是上海市花园单位。

软件方面,截至 2015 年年底的统计,学校有教职员工 105 人,其中教师 92 人、职工 13 人,本科以上学历占总数的 90.4%;高级职称 37 人,占教师总数的 40.2%;中级职称 41 人,占教师总数的 44.6%。学校鼓励教师积极参加高层次专业进修,学校现有硕士学位教师 17 位,另有 2 位教师研究生在读。现有国家二级心理咨询师 6 名,生涯规划师 7 名。在新一轮区人才梯队评选过程中,学校共有 8 位骨干教师,7 位教学能手,2 位教学新秀入选。学校班级数为 19 个,在籍学生数为 526 人。

总的来说,继光高级中学是一所历史悠久、底蕴深厚、小而精的高素质学校,是上海市较为知名的一所高中,也是在全国范围来说教育资源丰富、教育理念先进的一所中学。这样一所中学,其生涯教育的发展状况如何呢? 接下来,我们将对此进行详细的描述和分析。

# 第五章

## 辛劳的开始(2012—2014 年)

筚路蓝缕,以启山林。——《左传·宣公十二年》

## 第一节　生涯教育的萌芽

2014 年 9 月 18 日,作为新高考的试点地区之一,上海市公布了《深化高等学校考试招生综合改革实施方案》,成为中国新高考的起点。但是,与很多学校从 2014 年才开始被动应对新高考的挑战不同,继光高级中学对生涯教育的摸索更加主动,而且开始得更早。

2011 年金晓文校长到任,提出"以每一个学生的终身发展为出发点和落脚点,让学生成为未来社会中坚"的办学理念和办学目标,萌发了将生涯教育融入教育体系的想法。因此,自 2012 年开始,学校就新增了职业生涯规划指导的相关学习内容,并累积了部分教学经验。

不过,作为国内第一批融合生涯教育的学校,继光高级中学在最初的两年(2012 和 2013 年)是真正地摸着石头过河,对生涯教育尚缺乏系统性思考以及课程的整体性设计,各项生涯教育的活动都比较零散,而且大多数是以"德育＋校内活动"的方式进行。

比如 2013 年,我们给高三的同学们举行了一场"18 岁成人仪式",目的就是树立学生的成人意识,让即将成人的学生明确社会责任感,培养爱国情感,激发他们珍惜青春、发奋学习、积极进取,努力成长为有理想、有道德、有文化、有纪律的合格公民。这是一个非常经典的德育活动,也蕴含了一定的生涯教育意义。

此外,也有一些更偏向生涯教育内容的活动,比如同样在 2013 年年底,学校组织了"走进大学"活动,邀请高二的学生进入上海师范大学,体验一天大学生活,让身处高中的同学体验大学的生活方式,这就是一种非常典型的外部探索。

尽管活动形式很丰富,但是这些尝试都有一个显著的问题,就是仍然沿用了以往的德育思路,而缺乏对生涯的整体认识、生涯教育思维的融入。因此,头两年的生涯教育尝试,给人一种"小打小闹"的感觉,既不全面,也不正式和严谨,更像是理念的传播和扩散：所有的教育都是生涯教育,是学校教育的本源,把以学生发展为本的理念,重新再跟老师强化一遍,然后再去看待学生自身发展的需求。

不过,这种形式也有它的好处：在国内尚无"生涯风潮"的大背景下,缓慢而稳重地为全校营造了一种"生涯教育"的氛围,不管是一线教师、中层管理人员还是学生,让他们感受到这种变化,为接下来的正式启动做好充分的准备。

## 第二节　生涯教育的总体设计

2014年是生涯教育在继光高级中学正式启动的一年。这一年发生了两件重要的事情：

(1) 2013年年底,继光高级中学引入了一位专门从事生涯教育的心理老师——黄玉文老师。如果把生涯教育比作大海,继光高级中学就是一艘前行的巨轮,而黄玉文老师就是最重要的大副助手。作为未来几年继光高级中学生涯教育的总负责人,她对生涯教育的思考和实践,都成为继光高级中学生涯教育体系的重要组成部分。

(2) 2014年,继光高级中学接手了上海市教育委员会认定的"高中学校学生生涯辅导试点项目",有了充分的资源支持之后,才正式开始尝试推行以职业生涯发展教育为核心的生涯教育改革。

借助项目的推动以及黄玉文老师的专业知识,我们加深了对生涯教育的理解,从而完成了初始阶段的最重要任务：**为学校未来多年的生涯教育进行了顶层总体设计**。

该设计由两部分组成：第一,我们提出了生涯教育的主要内容框架,回答的是"生涯教育教什么"的问题；第二,我们总结了生涯教育实施的基本原则以及生涯课程活动的设计流程,明确了"生涯教育怎么教"的基本策略。

### 一、 生涯教育教什么： 内容框架

考虑到在新高考背景下,高中学生面临的多个重要选择问题(如高一的选科、高三的专业和大学选择等),我们基于经典的人-环境匹配理论框架(person-environment fit),围绕认识自我、认识社会、生涯选择这三大基本内容(见图5.1),形成了三个具体的生涯教育目标：

(1) 帮助学生逐步认识、形成自己的兴趣、能力与个性。

(2) 逐渐领会学科学习与具体职业领域间的关联,继而逐渐聚焦自己感兴趣的职业领域,并协助学生逐步认识所处的社会和世界,引导学生尝试探索今后的人生发展方向。

**图5.1 生涯教育的三大基本内容**

（3）帮助学生逐步有能力做出较为适合自己的选择、计划与准备。

以上面提到的自我—社会—选择三个主要目标为指导,结合学校的现状,我们建立了更加具体的生涯教育的内容框架(见图5.2)。该框架分成五个重要的模块：模块一主要是对生涯的基本概念的普及性教育;模块二则是结合学校已有的活动(比如班会课等),利用生涯元素开展专题教育;模块三则是"无中生有",创造各种全新的生涯活动和课程,帮助学生对自我和外部社会进行充分的探索与体验;模块四则更加深入,将生涯教育融入学校最重要的学科教学中,以实现合作共赢;最后一个模块则是独立的生涯决策模块,帮助学生在恰当的时候做出理性的决定。

后续的所有生涯教育活动,都是依照这一蓝图进行,因此关于各个模块的活动细节,我们将在后文中一一详述。

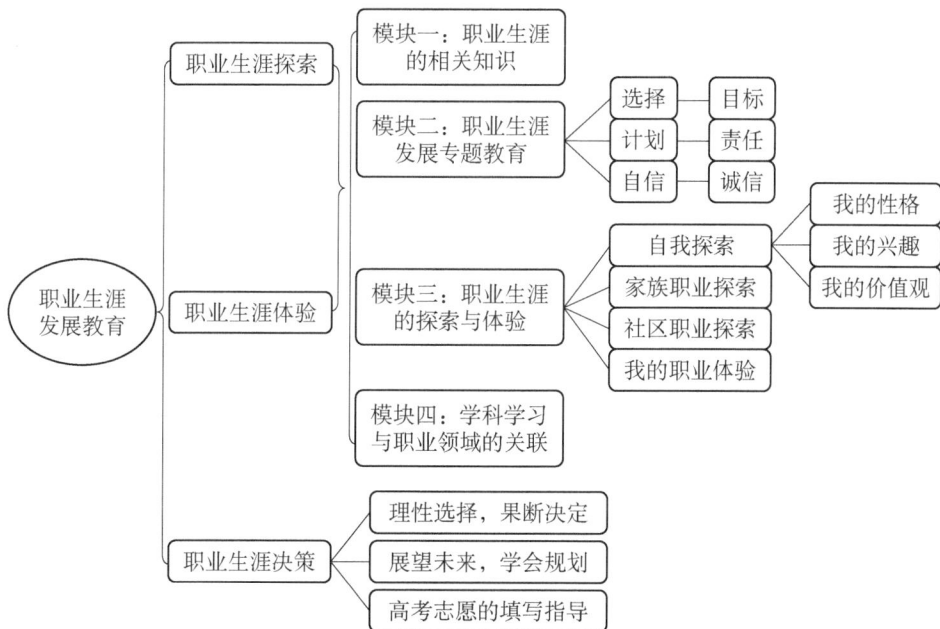

**图5.2 生涯教育的内容框架**

## 二、 生涯教育怎么教： 实施基本原则与活动设计流程

在解决了"做什么"的问题之后，我们将目光转向了第二个问题："怎么做?"在此基础上,我们提出了生涯教育实施的五个基本原则：系统性、发展性、主体性、开放性和体验性。

系统性原则,指的是职业生涯发展教育不同于一般的职业指导教育,其目标重在促进学生个体的生涯获得发展,以学生个体的现状为基础,促进学生实现其未来或者长远的发展,这一原则贯穿于个体整个生涯的全过程中,所以是一个系统化、分阶段实施的过程。在课程开发时需要系统思考,整体设计。无论是从课程框架的建立,还是专题教育的单元设计,或是主题活动的策划,都要求教育者提供一套科学系统、综合全面的学习系统。

发展性原则,认为职业生涯发展是一个连续的、不断变化与前行的过程,学生过去接受的教育,获得的经历与经验,从某种角度而言决定了他的现状,那么他现在所接受的教育亦将影响他的未来状态,所以职业生涯发展教育课程应去除急功近利、流于形式的观念,以发展的眼光来审视课程的开发,同时也应以发展的视角来评估教育的效果。

主体性原则,强调职业生涯发展教育的实施不是一种形式,它是"一切为了学生发展"这一教育理念的直接表现,其学习内容与学生的生活现状及未来发展有着密切的关联,因此,课程设计应更多关注学生的主体需求和参与性,要根据高中生的身心发展特点设计教育方案、策划教育活动、管理教育过程以及评估教育成效,充分调动学生的积极性与主动性,从而实现让学生自主设计、规划自己的生涯。

开放性原则,指职业生涯发展教育需引导学生关注自身的社会角色会不断丰富与变化,自己也会与周边环境不断相互影响与作用,因此课程从内容的选择到实施,都应具备开放性,要让学生不断整合其获得的所有有关生活、学习、工作的各种经验;同时尊重学生的生活体验与生活态度,引导并以包容的姿态接纳多元的价值观。

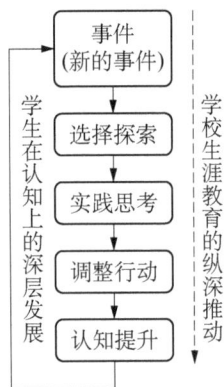

事件
(新的事件)

↓

选择探索

↓

实践思考

↓

调整行动

↓

认知提升

学生在认知上的深层发展

学校生涯教育的纵深推动

**图 5.3　生涯探索的学习体验圈**

体验性原则,认为职业生涯发展教育课程是一门重视学生生活体验、强调学生生活实践能力的课程,它应是教师与学生共同创造、经历的体验,课程的价值也是在学生探索自身的兴趣、需要和发展问题的过程中逐步实现的,因而课程的开发过程中应更多关注学生主体的体验性,让学生把知识的、价值的、情感的东西纳入自身的生活体验中,进而促进学生在各方面的持续成长和自我发展。

基于这五条基本原则,我们以体验式学习为核心,形成了我们学校生涯探索的学习体验圈(见图5.3)。这是我们学校开展生涯教育相关活动和课程的基本步骤,即通过"事件—选择探索—实践思考—调整行动—认知提升—投入新的事件"的循环,在体验中帮助学生发展

行动力、提升决策力,促进从感性到认知的提升,最终实现螺旋式上升。

关于生涯教育"做什么"和"怎么做"的思考,形成了我们关于生涯教育的顶层设计,为后续生涯教育的开展打下了坚实的基础。

## 第三节　校本生涯学习手册

考虑到学校教师大多对生涯教育比较陌生,起步阶段资源不足,面对众多的生涯教育内容,我们首先选择了比较稳妥、可控性比较强的生涯课堂作为切入点。因此,继光高级中学生涯探索之路上的第一个成果诞生了,它就是名为"筑梦之旅,成长之路——继光高级中学职业生涯征途的探索地图"的生涯教育校本学习手册。

该手册作为全校通识型生涯教育的教导手册,主要学习单元包括四个,分别是:绪言(认识职业生涯)、我的兴趣、我的能力、我的价值观。每一个单元,都由五个部分所组成。

(1)生涯征途的扬帆起航线:在这部分,学生对自我进行判断,也是每一个课程的引入和开始部分。

(2)生涯征途的成长动力源:这是生涯课程的主体部分,包含不同的活动体验,通常每一个单元都至少有一个大型活动,引导学生进行深入的思考。对兴趣的探索主要使用"环游兴趣岛"活动,对能力的探索则以"寻找身边能人"为主要活动,价值观方面则是"我心目中的理想工作",请学生从各种不同的价值观中,选出9个理想的工作内容。

(3)生涯征途的思考加油站:这里是关于活动的讨论与反思的环节,并且为学生介绍一些进阶性的生涯探索。比如,在兴趣部分我们介绍了兴趣的定义,引导学生写出自己的兴趣,并补充介绍了兴趣的三个层次:有趣、乐趣、志趣;在能力部分,介绍了能力的定义,要求学生写下"我的成就故事",回忆曾取得的成就;在价值观部分,则介绍了各种生涯价值观的具体内涵,然后请学生挑选出自己觉得最重要的和最不重要的价值观。

(4)生涯征途的分享故事"慧":这里包含了众多与主题相关的案例,引导学生自行阅读,自我思考和分析。

(5)生涯征途的能量补给站:这里包含了各种课外的推荐阅读书籍和参考资料,供学有余力的同学继续收集信息,同时也留出了空间让学生进行课程学习的反思。

## 第四节　校园活动与生涯教育

从顶层设计中,我们已经意识到校园活动的重要性。因此在通识性的校本生涯学习手册之外,我们初步尝试了"主题班会＋活动"的生涯发展专题教育,其中的代表性活动有两个：东方绿舟军训活动和学雷锋爱心拍卖活动。

## 一、 东方绿舟军训活动

东方绿舟军训活动是经典的主题式教育，主要针对的是"目标教育"，属于生涯意识的部分。由于我们的学生在全市来看属于中等智力、能力的学生，大部分学生没有自主规划和切实实践人生目标的意识，较少有独立思考、清晰定位未来生活的机会，普遍呈现出无个人思考，或比较功利狭隘的认识表现。比如，在进行"今后我想过什么样的生活（生活目标）""我如何能过我想过的生活（生活方式）""我为什么会想要过这样的生活（生活态度）"三方面思考的时候，很多孩子给自己的定位是自由、轻松、高薪、有一定社会地位的生活，并没有具体想过如何才能过上这样的生活。

基于以上分析，我们觉得要让学生在高中阶段就对整个人生做出合适而负责任的规划是很难的，但是既然把培养社会未来中坚力量作为办学教育目标，当然不能忽视"目标教育"。因此我们在生涯教育中，刻意将"目标教育"独立出来，并且与传统军训活动结合起来，最终形成了特色性尝试。

东方绿舟军训活动采用"2＋1"模式，即"一节主题教育课＋一次社会实践活动＋一节主题教育课"，进行专题教育活动设计。

活动之前的主题教育课主要目的是先让学生了解目标的概念，并初步掌握目标制定的技巧，寻找自己在军训活动中的目标，并结合所制定的目标，设计"东方绿舟活动足迹单"，要求每天用半小时记录目标达成的情况。

带着这份作业，学生积极地投入到为期4天半的军训活动中，活动内容包括紧急救援、定向越野、军事团队活动等。

军训结束之后，学生又回到课堂，通过军训日记，检测自己的目标达成度，从中感受个体目标的差异，理解目标对自己的成长与收获成功的影响，初步考虑职业倾向，愿意为自己制定一个较为清晰的生活目标。

## 二、 学雷锋爱心拍卖

另外一个大型活动是学雷锋爱心拍卖活动，这是一个针对外部探索和生涯技能的活动，更贴近生涯的活动形式。

我们认为，校园不仅是学生储备知识、习得技能的地方，也是学习社交、实践锻炼的场所。因此，学校里的主题活动，应当为孩子的未来生涯发展奠定基础。以往每次举办的校园主题活动，都会有部分学生承担特定的任务，但学生总是完成了就完成了，没有进一步的体会。

然而,如果从职场的角度来审视校园活动的组织,其实这些任务的背后都对应着某些社会岗位和工作分工,而每一个岗位、每一种分工都是一种社会角色,有对应的知识结构和行为方式,一个人的形象、态度、知识、技能要符合工作角色的要求,这就是人们常说的"职业化"。因此,每一次的参与组织管理就是一次任职体验。通过设计校园职场,丰富这些职业体验,可以帮助学生从中了解和理解职业角色的特定要求,才有可能扮演好角色,从而产生职业化发展的可能。

基于这样的思路,我们重新设计了爱心拍卖活动,让学生不只是以观众,更是以组织者的身份充分参与到活动中来。因此,在爱心拍卖活动的前后,我们设计添加了两个重要的步骤。

在活动开始之前,我们在学校总体策划的基础上,为学生提供了不同的招聘岗位和职业要求,列出了一份招聘表,并通过这份详尽的招聘表,吸引学生前来应聘,指导他们在规定时间内完成相应的任务,从而帮助他们理解职业的特征。

而在活动结束之后,我们进行了一次特别的总结活动。按照传统的经验,在活动结束之后通常是召开学生干部例会,表扬同学们在活动中表现,这种总结会的教育意义并不大。而在生涯教育的指导下,我们设计了一堂体验式的总结会,并专门设计了一份"绩效评估表",包含了学生对于自己此次活动的成果展示、团队成员的评价、客观评价(问卷)、主管(导师)的评价。这样一来,利用活动的开展,将学生平时没有注意的职业内容、能力要求、工作细节、个人认知进行一次小结,这种教育意义更大,也让他们对自己的生涯探索更进一步。

## 第五节　其他活动

除了上面提到的两种主要的生涯教育方式之外,我们还在这段时期进行了其他生涯教育的尝试。比如我们通过自编的问卷,对全校学生进行了一次关于职业生涯规划意识的基础性调查,题目包括"你知道什么是'职业生涯规划'吗""你觉得做职业生涯规划有必要吗?""你是否曾经对自己进行过职业生涯规划?""你觉得职业生涯规划应该包括哪些方面?""你认为自己在职业生涯规划方面存在最主要的问题是什么?"等等,以帮助我们了解学生对生涯教育的需求和薄弱的环节。

为了提升教师对生涯教育的理解,培养更多生涯教育理念的认同者和支持者,我们在学校里举行了多次内部培训和讲座。在"未来的你,在未来等你"的讲座中,我们普及了生涯的概念,区分了生涯规划与传统的职业定位之间的不同;连续举办了多场项目组专业研读培训,以熊丙奇老师的"高中生职业生涯规划八讲"为文本,组织教师进行研读并进行研读体会的分享,涉及主题有"什么是高考""什么样的高中生才是人才""怎样认识我们所处的社会环境""做一个优秀的高中生"以及"为自己学习",提升教师对职业生涯规划的认识。

经过前期的摸索,继光高级中学的生涯教育站在了一个很高的起点上。对生涯教育在高中的目标、核心内容以及多样化的教育形式都有非常深刻的认识,因此形成了一份全面的生涯教育图景,而不是零零散散、小打小闹。此外,在生涯教育与学校传统教育活动的结合中,我们的老师爆发出了惊人的创造性,形成了颇具启发性的活动,并且取得了相当不错的效果。

不过,作为生涯教育的开端,初期的生涯教育仍然有一些不足之处,其中最重要的就是缺乏专业知识的支持。

比如,作为第一个普及性课程,我们自编的生涯学习手册以自我探索为切入点,引导学生思考有关生涯的问题,可以说是较好地完成了任务。但是回头思考,这份手册还有很多需要改进之处。首先,对活动的安排缺乏有序的设计,有时候只是在堆砌活动。比如在价值观探索中,就通过好几种不同的方式,让学生选择和排序价值观,但是这些活动之间并没有呈现一种明显的关联(比如,是否存在递进关系)。第二,活动背后缺乏对理论的理解。比如在能力的探索上面,"寻找身边能人"的活动显得过于简单,无法支撑整节课的内容,而专业知识、通用技能、才干的分类方法则过于简单,缺乏探索的深度。第三,仅仅局限在自我探索方面,缺乏其他可供联动的内容,没有形成完整的课程体系。

生涯教育融合的活动同样存在类似的问题。作为我们对生涯教育的一种全新的尝试,将普通的校园活动以生涯教育理念进行重组,让学生获得生涯方面的体会,是一种非常有创意、收益非常大的尝试。但是这种尝试也出现了一些问题,最主要的就是对组织活动的老师要求非常高,需要教师对生涯的理念和相应的内容非常了解,才能与活动进行有机的融合,做出创意性的设计,否则就会显得有点貌合神离。因此,这需要我们对活动有精心的、全面的设计。

即便是针对老师的各项内部培训活动,也存在这一问题,所设计的培训内容要么泛泛而谈,要么太过集中在非常具体的内容上,而缺乏对生涯理论、生涯教育理念的深度剖析。

对生涯教育的管理过程,也在某种程度上阻碍了教师专业水平的提升。在这一时期,德育行政部门是职业生涯发展教育课程的直接管理部门,负责整合校内外的生涯发展教育资源;教导处协助课程的相关学科内涵建设,加强对执教教师的督促与管理;而相对来说更专业的科研室主要协助课程的过程性管理,参与课程的前期开发、师资培训及评估工作。因此,在这个过程中,人数较少的科研室在生涯教育中的话语权也较弱,只能扮演一种提供专业建议的辅助性角色,使得很多活动依然保留着过去德育的特点;此外,科研室所掌握的专业知识暂时没有办法传播到普通的教师身上,从而拉低了全校生涯教育的平均专业水平。

不过,在进行了一段时间之后,我们也已经意识到了这些问题,并且采取了相应的措施去应对,从而开启了接下来更加成熟的生涯教育历程。

# 第六章

## 奋勇的前进(2015—2017 年)

雄关漫道真如铁,而今迈步从头越。——毛泽东《忆秦娥·娄山关》

在最初的摸索之后,学校上下对生涯教育的理念、内容和形式既有了理性的认识,又有了切身的体会和体验,从而为进一步的生涯教育发展和实施奠定了坚实的基础。此外,通过前期的多项尝试,专业负责的教师们既收获了信心,也对活动的内容和方式做出了相应的调整。因此,从 2015 年开始,不仅生涯教育的活动数量激增,其形式也变得更富有创意性和整体性,我们的生涯教育从这时起进入了一个全新的快速发展的时期。

遵循前期的内容设计,在这一时期,重点进行的生涯教育内容有以下几个:生涯探索实践课程(Career Exploration Practice Course,以下简称 CEPC)、私人订制课程、Life-Game 生命游戏实景模拟课程、全员导师制,以及其他一些辅助性的生涯教育方式等。接下来我们将分别以独立的小节描述。

## 第一节　CEPC 课程

### 一、　基本理念

在前期的探索中,我们坚信各项活动需要学生的参与才能更深入地帮助学生,因此,生涯教育不能另起炉灶,需要和学校内的其他活动结合,而 CEPC 生涯探索实践课程,就是这一理念的产物,也是我们学校生涯教育的最大亮点之一。

CEPC 是基于舒伯的生涯发展理论,以学生的生命全程生涯发展教育为核心,在发挥学校教育优势、整合校内外教育资源的基础上,开展体验式实践学习,是融课堂学习、校园文化、社会实践、家校互动、教育信息化为一体的特色实践课程。它出现的基础，就是我们前面进行过的各项与生涯教育相融合的活动，但是当初那些活动相对零散，而现在则统合成了一个相对成熟的整体（见图6.1）。

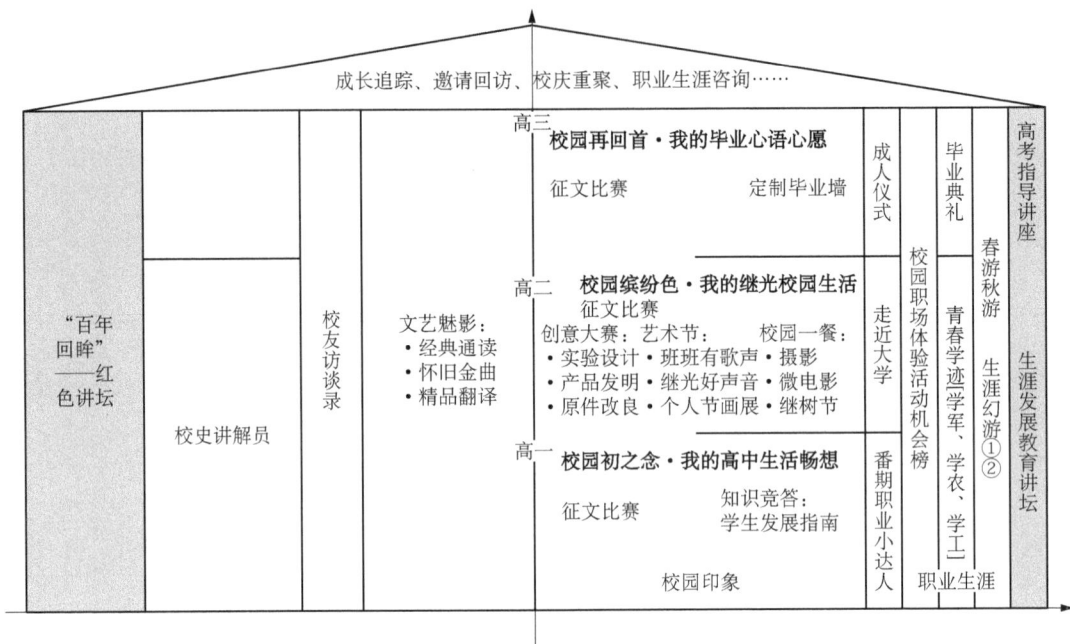

成长追踪、邀请回访、校庆重聚、职业生涯咨询……

| "百年回眸"——红色讲坛 | 校史讲解员 | 校友访谈录 | 文艺魅影：<br>• 经典通读<br>• 怀旧金曲<br>• 精品翻译 | 高三<br>**校园再回首·我的毕业心语心愿**<br>征文比赛　　定制毕业墙<br><br>高二<br>**校园缤纷色·我的继光校园生活**<br>征文比赛<br>创意大赛：艺术节　　校园一餐<br>• 实验设计 • 班班有歌声 • 摄影<br>• 产品发明 • 继光好声音 • 微电影<br>• 原件改良 • 个人节画展 • 继树节<br><br>高一<br>**校园初之念·我的高中生活畅想**<br>征文比赛　　知识竞答：<br>学生发展指南<br><br>校园印象 | 成人仪式<br><br>走近大学<br><br>番期职业小达人 | 校园职场体验活动机会榜 | 毕业典礼<br>青春学迹学军、学农、学工<br>职业生涯 | 春游秋游<br>生涯幻游①②<br>生涯发展教育讲坛 | 高考指导讲座 |

**图6.1　继光校内外实践活动资源整合结构图**

在内容上，CEPC主要针对外部探索和生涯素养，其总体课程目标设为"三能三质"的养成。"三能"即信息处理能力、沟通交流能力和问题解决能力，"三质"即责任感重、内驱力强、自我效能感高。

在方法上，CEPC采用体验式学习的方法，在个人、学校、家庭、社区等场域内互动、学习，促使学生在掌握基本生活、学习技能的同时，了解自己的多重社会角色和责任。因此，实践是CEPC的主要学习方式。但CEPC不是单纯地让学生体验相关劳动和生活的实践过程，同时也希望学生能内化实践带来的影响，因此开展实践前的背景性学习和实践后的总结性学习是非常必要的，以帮助学生将现在的学习与未来的生活做更紧密的连接，对"学以致用"有更深刻的感受与理解。

为了让CEPC的效果落到实处，我们为所有的CEPC增添了一个重要的环节，即实践反馈与评估，采用过程反馈与评估、结果反馈与评估两种方式，将量化与质性评价相结合，多渠道收集反馈信息，进行多元评估，既让学生总结自己的所学，又能让组织者了解效果，予以相应的调整和反思。

整个课程可以进一步划分为两个大版块：一类是"青春约见"系列活动，另一类是"走进梦想"系列活动。

## 二、"青春约见"系列活动

在舒伯的生涯理论中,生涯角色是一个非常重要的维度,揭示了不同人生涯发展的不同侧面。而"青春约见"系列活动尤其关注生涯角色方面,强调学生对自身多种生涯角色的理解,一方面在跟不同角色的互动中加深对自己的了解,得到互动能力的锻炼,另一方面是知识的了解,从信息的角度了解成人世界;在交流的过程中加深对自己的了解,建构新的自我概念,提升个人的生涯发展适应力。

"青春约见"系列活动的实施内涵有两层,一层是以学生个体为中心,从认识自我出发,建构和维持积极向上的自我概念,并能与他人积极有效的互动,以不断获取成长的能量;第二层是以家庭、学校为载体,结合生涯人物访谈开展实践活动,有效整合各类信息资源,以获得学习、工作的探索能力。因此,整个系列活动分为"约见自我""约见校友"和"约见家长"三个部分。

### 1. 约见自我

"约见自我"主要通过两种方式进行。一种是通识性的生涯课程(见第五章第三节),另外一个则是通过生涯教育网站上的自我评估完成,这些评估包括兴趣、能力、价值观、性格等专业量表,以及相应的结果解读(见本章第五节)。由于其他部分论述得非常充分,这里我们不再赘述。

### 2. 约见校友

"约见校友"以校友为焦点人物,围绕其在继光高级中学的学习成长及其后的职场故事,开展生涯人物访谈实践活动,提升学生解决情境问题的能力,汲取对其有益的成长资源,引航自身的生涯发展。

为了更好地完成目标,我们特别成立了"继光高级中学'走近校友'课程的开发与实践"项目,帮助学生寻找人生榜样,引领生涯学习的良性发展,激励孩子为自己的人生努力奋斗,拓展学生社会实践的范围,丰富学生的生活体验,从而提升学生的情景实践能力,并引导学生主动关注学校发展,增强对学校文化的认同感,加固学生与学校之间的情感纽带。为了锻炼学生,整个项目采用双主体的模式,即教师和学生共同参与组织。整个活动分三阶段,分别是:宣传动员阶段、学以致用初级阶段和学以致用深化阶段。

宣传动员阶段中,每学期将在校园机会榜上推出"校友访谈"活动的宣传,鼓励学生自主报名,同时也招募导师志愿者。

学以致用初级阶段,我们以"校友访谈"为核心任务,要求报名参加并通过考核的学生志愿者,同步接受三门专业科目(礼仪、采访、写作)的学习。学习采用研读自培手册和集中指导的形式,在自培手册的研读基础上,接受以导师考核为中心的模拟练习、模拟面试、试水挑战、分组实战、采稿笔试等不同层次的实践学习。只有完成学习之后，才能以恰当的方式正式开始访谈。且在访谈结束之后，还会通过问卷调研、组织分组等方式，相互交流访谈经验、总结得失，进行考核，并将这一阶段的实施成果加以整理。

学以致用深化阶段，我们会邀请参与"校友访谈"的学生志愿者，通过各种渠道宣传、推广、展示自己的实践学习成果，比如有些同学会将采访的校友故事以校史简介、展板、网页、数字故事等形式进行校园宣传；有些则将采访后的感悟、感思，结合自己的学习生活实际，参加学校组织的"我的继光生涯"演讲比赛；有的进一步邀请校友进校园或以校友为中介，以班级为单位，组织"走进继光""走进大学"等其他主题活动等。

### 3. 约见家长

"约见家长"以学生的职业理想为切入点，以校本课程为载体，家校协同，以家长志愿者为核心，以生涯发展教育为线索进行亲子沟通，建设生涯发展家庭教育校本微课程，家长和学生合力开展生涯教育。具体的形式包括："画一画"家族职业图谱，"看一看"家长工作场所，"访一访"职业基本素养，"谈一谈"职业基本道德，"聊一聊"家族中的成长故事和职业观等。

除了完成活动之外，借助活动我们还编写了《青春约见·走近家长——学生活动手册》校本课程学习材料、《青春约见·走近家长——我的沟通之桥》家庭教育典型案例集册、《青春约见·走近家长》活动案例集册以及《青春约见·走近家长——家长辅导手册》校本课程辅导手册。此外，我们还进行了亲子之间交流状况的现状调研，收集和整理家长和孩子的信息反馈，采集数据后做比对分析，为后期的工作开展提供有力的支撑，并从中发现问题，为今后开展家校协同教育，促进亲子关系提供重要方向。

在项目实施的初期，我们原本考虑到学生是项目的活动主体，所以初次设计的活动手册是以高一学生为核心，其内容也是引导学生开展后期的实践探索活动，而家长在最初的设计中也只是学生活动的辅助参与者，了解大致流程即可。但在具体实施中，我们发现家长也会被学生邀请到这个活动中，一起参与完成手册，且有家长的参与后，学生完成探索实践活动的成效明显，更有利于亲子之间的互动。同时也有家长对活动提出好奇，主动了解活动内容。故此，我们果断调整任务，根据不同的沟通目的，针对不同的沟通对象，将活动手册调整为"家长版""学生版"，明确本次探索实践活动中的学习需求，确定彼此要承担的任务。

实施近一年，各版块的活动也逐渐成效，增加了家庭中的亲子沟通，拉近了彼此的关系，增强了学生对家庭的了解，增强其对优良家风家训的自豪感；同时该项目的较多活动都与职业体验、专业选择相关，因此许多同学们在这一实践探索中，悄然把自己的职业梦想与当下的学业联系起来，不仅对其学业成绩有所帮助，也对其未来的人生道路选择有益。

同学们身上发生的变化，让我们真切感受到这个项目的意义，为孩子的成长感到高兴，也为家长的认可感到欣慰：

"走近家长"这个活动构思非常新颖,一直以来如何让孩子适当了解各行各业并从中发现符合自己兴趣以及能力的职业,始终是我们做家长的难题。学校想方设法创新,构思精细,看得出老师们花费了许多心思。和家长们一样,老师都希望孩子能选择一条自己喜欢并且不后悔的路。我从女儿参与活动后的心志来看,活动办得很成功。她有机会了解到自己一直以来很感兴趣的职业,原本不确定、模糊的态度一下子坚定起来,并为她的梦想而努力着。这要感谢学校的精心策划。

这一活动的成功让我们之后几年都将这一实践项目当成继光高级中学日常教育中的重要内容之一。它既是家庭指导教育的主要实施途径,也是学校生涯教育的重点实施课程。为此,我们设立了长效机制,在每届高一年级开展此实践课程。具体安排有家庭活动(新生入校前的暑假和高一的寒假)和家校互动(高一的主题班会和家长会)。高一各班的每学期主题教育课中至少有一次"青春约见·走近家长"的主题班会;每学年至少一次"约见家长·预见未来"的超级家长会。此外,每学年的班主任技能培训中,都有相关的家庭教育指导内容;每学期的家长学校会都有相关内容的学习指导。

## 三、"走进梦想"系列活动

在舒伯的生涯发展理论中,生涯发展全程是描述生涯差异性的另一个维度,是时间上的纵向维度,而"走进梦想"系列活动的关注点也在于此。"走进梦想"强调初中—高中—大学—社会的纵向联系,从"学涯"(学习生涯)到"职涯"(职业生涯)的发展线索思路出发,既要帮助学生适应身份角色的转变,明确个人的发展路径,做好进入大学的准备;同时考虑自己怎样为社会为国家服务,从而引申到学校育人目标的部分。

这一系列活动以当下的校园生活为基点,面向学生的未来成长,在提高学生对学校生活积极性的同时,也提升学生对未来人生和职业选择的重视度。活动由近及远,纵贯高中三年,分学段开展实践活动,主要分成走进继光、走进大学、走进社会三个部分。

### 1. 走进继光

"走进继光"的目的帮助学生顺利适应、安然渡过从"初中—高中"的求学之路,因此主要活动在学校内部进行,具体的内容包括熟悉学校布局图、学习校史、了解《学生发展指南》、参加各种常规的课外活动以及高三毕业的专门活动(如毕业墙、母校纪念册等)。

此外,基于"爱心拍卖"的成功经验,每次举办大型校园主题活动,我们都会从职场视角来审视与组织活动,同学们可从实际体验中经历"了解职业要求""应聘工作岗位""完成职场任务""填写成果认定表"。在这样的校园职场设计中,可丰富同学们的职业体验,在加深理解职业角色的特定要求时,能扮演好自己的角色,从而奠定职业化发展的思维基础。

### 2. 走进大学

"走进大学"是将高中课堂搬到大学校园，借参观大学校园的机会，将体验学习的内容进行延展，开阔学生眼界，丰富经历和知识，让他们对于大学学科专业、校园环境等有更深入的认知，从而帮助教师在教学中对学生学科专业化进行深入培养，激励和鼓舞学生向更高的学府而努力。

很多学校都有类似的活动，但都有点流于形式，变成了"大学一日游"，学生以游玩为主，丧失了原本的活动意义。为了避免这种情况，我们优化了一整套的流程。

首先，整个活动以一节班会课开始，详细介绍活动的目的及意义，并邀请现正就读于大学的师兄师姐们进入教室，和各班学生交流大学生活以及高中阶段应做好的各种准备。接着每班根据实际人数设立 5 至 6 个小组，6 至 7 人一组，每组设小组长 1 名，向各小组布置任务单，要求各组学生按时完成个人感想和班级报告。班会课之后还会专门安排一次任务单填写培训，向他们发布相关任务，比如，采访 3 名大学学生、1 名教师、1 名非教师教工；事先准备好至少 3 个符合主题且你最想问的问题；拍下"小组采访合照"，或在校园中寻找一处你最喜爱的场景拍下"个人风采照"等。

在确认目标、发布任务之后，学生才能真正进行参观活动，由老师带领学生进入大学的校园，完成相应的任务。而参观完之后，学生则在老师的指导下撰写个人感想，收集本小组组员的个人感想、照片，完成小组报告和班级报告。最后会再举行一次主题班会，根据不同的切入点，与学生们探讨如何更好地度过今后的学习生活。比如，有的同学在总结中写道：

> 我认为大学最重要的特点，也是和中小学教育模式的重大区别是自主。大学需要学生做出种种选择，为自己学习。学什么，怎样学，学多久，都是自己做主。表面上大学生活显得宽松自在，实际上给学生提出了更高的要求。形成一套良好的学习体系才能在大学乃至以后的就业中立于不败之地。所以，宽松的环境在提供自由氛围的同时，也考验着学生的自我约束力。

由此可见，通过该活动，学生可以充分地提前了解大学的学习和生活状况，从而为他们的专业和大学选择做好准备。

### 3. 走进社会

遵循舒伯的生涯全程发展理论，仅仅"走进大学"是不够的，我们想让学生看得更远，对更遥远的未来产生好奇和关注，因此我们设计了"走进社会/走进职场"的活动。

走进职场的相关课程与活动，根据体验深度的差异性可以分成两层。一层是在高一、高二的职业体验学习，学生通过"跟爸爸妈妈去工作"，或对校友进行职业访谈，或前往某个知名企业参观等，对职场有一个初步的了解。由于这段时间的主要任务仍然在学习上，因此第一层次的体验只是一种浅表层的感知。

而第二层则是高三的职场体验课程——"视界触碰未来"。春季高考后，部分高三同学已顺利通过面试，通过自主招生提前录取。然而，考试虽已结束，但生涯教育之路却不会结束。从 4 月到 6 月，基于这部分同学的自我生涯发展的需求，学校充分利用这部分学生学业压力小的特点，为其量身定制"走进职场，走进梦想"探索实践课程，鼓励同学们参加社会实践，提升社会经验，认真审视行业中的专业重要性，提供重要的学习机会。

"走进职场"也是最能体现继光高级中学生涯教育教育情怀的部分。因为课程时间是在春考结束后（学生的去向已明确），而继光高级中学对学生的生涯发展依然怀有使命感，所以该课程已跳出传统的学业束缚，真正是为学生的整体性生涯发展提供教育服务，让孩子能更好地适应未来。

"视界触碰未来"是一种沉浸式学习。学生进入真实的工作场所进行为期近一个月的实习，而这将使学生获得较深入且全面的职场体验，不仅为孩子在今后大学里的专业学习做好铺垫，同时也为孩子未来的职业生涯做准备。此外，"走进职场"是让学生在真实的职场体验活动中，经历与人沟通、解决问题等过程，增强学生对社会职业的认识，以及在社会职场真实情境中获得切实的感受，初步养成对自己、对他人、对社会负责的意识；在项目实践活动中，承担实践任务，并自觉履行职责，逐步提升对自我实践能力的合理判断和科学评估，促使学生对未来职业、生涯发展进行思考与领悟。

为了帮助学生顺利完成活动，并且拥有更大的收获，我们并没有把学生往职场"一推了事"，而是积极地提供支持性服务，校内老师和校外专家为学生进行了多次专题培训指导。比如，我们开办了"走进职场，走进梦想"讲座，向学生介绍课程的意义、课程的具体内容、课程的安排、最终的考评，2017 年的讲座还向同学们介绍了多个单位的基本信息和"招聘"岗位的要求。"Get Hired"则向同学们介绍了严峻的就业形势，就业难的原因，对职业信息的介绍（职位信息、工作环境、入职要求、发展前景、待遇安排等），获得职业信息的主要渠道，不同企业的用人标准，如何进行求职准备（写好简历、面试技巧等）。"千变万化"则向同学们介绍了如何组织一场活动，包括活动策划的基本要素和做法（思路清、分组明、步骤紧、方案详），如何保证活动的顺利实施，如何对活动进行总结和反馈（效果观察、数据统计、反馈收集、主管评价、媒体反响等）。这些讲座都对学生完成相关体验提供了巨大的帮助。

## 第二节 "私人订制"课程

几乎所有的学生都会进入 CEPC 的某个活动中，因此 CEPC 是普及式课程。但是普及度高的优点背后，也隐藏了一个问题：探索深度不足。学生们太依赖于兴趣或是外部的刺激去完成某些目标，而自己的主观因素考虑得太少，过于强调外部客观原因，忽略了自己的主观能动性。为了处理这个问题，我们打造了学校生涯教育的第二个亮点：专门以生涯教育为特色的校本课程——私人订制。

作为学校职业生涯发展教育的拓展内容，该课程的基本理念是：教育的目的是开阔人的视野，让人有胆量、有能力去追逐梦想。而高中开设生涯教育，其实质就是开启梦想教育：为学生提供一个敢有梦、勇追梦、能圆梦的平台，让学生在过程中有憧憬、有能力、有自信，对自己多一份了解，对世界多一份认识，这对学生的生涯发展是极具引导和发展作用。因此，该课程的设计属于学校开展高中生涯发展教育的延伸内容——"梦想教育"，倡导以学生为本，以职业生涯发展教育为核心，以个人探索与世界探索为教育途径，培育学生动手实践能力和创新精神。

课程将团体训练的理念、技术和个人成长需求、能力发展融合在一起，开展项目式学习，激发学生敢于筑梦，鼓励学生勇于追梦，在发挥学校教育优势、整合校内外教育资源的基础上，探索"三动"模式（即内外联动、校企互动、项目带动），引导学生通过亲身实践、活动体验，加深对自我、对他人的理解，引导学生正视并规划自己的职业生涯，在可能的条件下，协助学生将其部分规划转化为现实。具体内容分为三部分：孵梦（唤醒学生的热情）、追梦（坚持不懈的执行）、圆梦（勇于承担的挑战）。因此，私人订制课程是与生涯结合更紧密的教育形式，是充分发挥学生主观能动性的教育形式。

该课程从提出到实施，也经历了多次的变化，具体可分为五个阶段。

第一阶段，按照原本的设计，教师充分信任学生，将课程自主权完全交给学生，让他们自由去定制自己的梦想，而结果却是：学生完全没有方向，一时间还不能适应，不知道自己要干什么，也不相信自己能做好，于是课程主导权还是回到老师手上。因此，第一阶段以适应为主，通过个人名片、墓志铭、梦想清单等活动形式，由老师带领学生发现自我，展现个性，鼓励他们创意表现和表达。在教师的逐步引导下，学生终于开始敢于表现不同，敢于表达自己的声音，开始自行制订下学期的课程，重新掌握了课程主导权。

第二阶段，学生虽然有了勇气和创意，但是却缺乏行动，因此教师的主要任务就是引导学生采取行动，帮助学生将梦想变为现实。在这一过程中，教师陪伴学生逐个筛选梦想清单上的内容，从相对简单的梦想入手，最终选定了"高三毕业墙"的创意，并在期末顺利实施建成，成为校内的"著名景点"。

第三阶段，随着学生自我效能感的提升，他们也拥有了更大的野心。因此，在好奇心的驱使下，学生选择了一个更大的梦想：表演一场话剧。而且，不是在学校的小舞台上表演校园剧，而是在真正的话剧舞台上表演一场原汁原味的民国风话剧。在完成这个梦想的过程中，老师仅仅起到了支持者的作用，学生则应对了众多挑战，比如获得老师的支持、分配角色、编写剧本、抽时间排练、筹集表演资金、寻找场地和观众等，最终呈现一场话剧表演。这些挑战除了能提升他们的自我效能感之外，也让他们对自己的未来和梦想有了更清晰的认识，比如有两个同样对表演感兴趣的孩子，在课程结束之后，一个明确未来不想做演员，而一个则更坚定地想要学习相关的内容。

第四阶段,学生对"订制梦想"的任务越来越熟练,因此在选择梦想、完成计划的过程中变得更加从容。2016 年的主题则是定制"继光 dreaming2015 校园 FM",口号是"我们在为梦想发声"。在一年的课程里,学生从确立梦想开始,着手策划、分配部门,一步步完成录制声音、编辑声音等工作。终于,在暑假结束前成功地建立了属于自己的电台——"继光dreaming2015 校园 FM"。而且在寻声的过程中,学生们顺带进行一个全部自主创意、组织、实施的社会实践活动活动项目,名为"故事盒子":与校外机构合作,组织爱心募捐,将善款捐给组织方,由他们购买统一标识的 MP3 播放器,并在全校招募声音志愿者,录制故事,后期配乐处理,将自制的电台节目录入 MP3 中捐赠给盲校的孩子们。

第五阶段则进入了一个反思的阶段。通过前面几个阶段的课程,我们发现了两个问题:第一,尽管学生的投入和收益都很巨大,但是覆盖的面实在太窄;第二,学生的梦想越来越窄化,从一开始的天马行空,到主要集中在文艺领域(表演、电台等)。为了让更多的学生和老师参与进来,2017 年的主题则转向了一个非常神奇的领域:3D 打印,涉及 3D 建模软件、打印软件的运用,立体空间概念、艺术设计、建筑风格的了解。选择这个主题的理由是,3D 打印跟现在的学科知识、能力和未来的大学专业内容有充分的关联。通过课程的学习,学生在现阶段已经初步掌握了软件的使用,可以进行自由设计,也有部分同学进入创作思考,开始向复杂结构的模型探究,有部分同学甚至参加了市级比赛并多次获得一、二、三等奖。

# 第三节　Life-Game 生命游戏

"生命游戏"是一门大型实景模拟课程,自从 2015 年开始开展至今,于高一学生"学农"期间进行,容纳整个年级近 150 人,在 200 平方米左右的超大会场内进行。该课程结合继光高级中学忠于义、信于实、勤于思、勇于行的教学理念,结合同学们的实际情况,吸取"生命游戏"的精髓所在:自主性体验、阶段性检查、终极审判,用一天时间完成求学到退休的人生全过程,让学生体验生命,体验学习、工作、生活、生存,以及社会中的种种挑战和生老病死。

生命游戏的侧重点在于,更多地关注学生在学习、工作模块的内容,关于其职业选择、面试应聘、就职升迁、职业生涯规划这样一系列的问题。促进同学们积极思考目前的学习生活状态和以后求职、就业之间的重大联系。课程以轻松、快乐的面貌呈现,又以积极、正面的方式去引导学生思考:什么样的生活是我想要的? 我要成为什么样的人? 面临困难、挑战的时候,我们如何去调整自己的心态,如何更好地去规划自己的人生? 通过游戏把感恩、阳光、责任、担当、坚持等元素嵌入其中,让同学们认真学习、快乐生活、积极思考和传递正能量。该活动分为四个阶段:

第一阶段是进入角色和场地，通过进入场地、社区组建、目标制定、资料分发等活动，让学生熟悉生命游戏的环境、语言和他们在当中的角色，并树立游戏中的个人与社区目标。所有学生通过海关安检进入自由城，每位学员被分配在不同的社区，社区分别有富人、中产和平民。

第二阶段是学习与生活，设定所有的学生都面临初中毕业，引导学生"考取"高中、大专、本科等学历，并依照游戏规则，尽力满足衣、食、住、行四项基本需求。

第三阶段是面试与工作，学生通过前期的积累和铺垫，选择相应的工作，参加面试并进入合适的岗位，体验工作的酸甜苦辣。

第四阶段是漫长人生，感受当初的学业和工作选择对生活的影响，体会艰辛窘迫的个体感受与成功幸福的两极分化。

第五阶段是总结反思，游戏结束，学生回到现实，回顾一天的经历，探讨一些问题，比如谁是大家认为比较成功的人？ 觉得自己的人生怎么样？ 有什么值得骄傲的？ 有什么遗憾？ 谁通过自己的努力改变了自己的命运？ 你觉得改变命运的关键是什么？ ……帮助学生获得反思。

这种新颖的生涯探索方式，让学生们受益匪浅，也让老师们大开眼界。有老师在感想中写道：

> 通过模拟的生命游戏，学生切身感到前途由实力说话，教育效果比单纯师长的说教更有效……学校德育，总是班会课、家长会、谈心、家访……形式单一，苍白乏力，成效有限。但是这种生涯教育——生命游戏，模拟人生，形式新颖，直观高效，激发内驱力。

## 第四节　导师制

为了进一步引导学生的个性化生涯发展，我们经过前期的试点，考虑到生涯辅导的重要性和辅导的专业性，最终在 2015 年于全校实行了专兼职相结合的导师队伍双轨制。

一轨是全员性导师队伍。这是一支全员性教师参与的导师队伍。以班级为核心，班主任、任课教师组成导师团队，每班平均 6 位教师，以师生双向选择确定导师所辅导的学生，平均每位教师辅导 6 位学生。具体的选择步骤如下：班主任向学生介绍导师制活动、候选导师名单和基本情况→学生初选→班级实施核心小组根据学生选择情况进行协调，初步列出导生名单→导师根据自己所掌握学生的情况，选择学生→校导师制领导小组对导师进行聘任，明确导师职责。

全员性导师的主要职责为:引导学生日常的校园学习、生活发展、生涯发展,指导学生参加志愿者服务,指导学生填报"自我介绍",指导学生撰写"研究性学习专题报告"。为此,每组师生都会在学校建立档案,包括导师、学生、家长的联系方式,学生学业、活动的成长记录、成长感悟、活动图片等内容,导师需要在档案中记录学生成长过程中的闪光点和不足之处,对症下药,制定受导学生的发展目标并指导其完成。此外,导师每月与受导学生家长联系一次,及时与家长沟通,共同探求教育方法;坚持每月至少一次与学生谈心,及时了解学生思想状况,在学习时间、方法等方面帮助学生制订切实可行的计划,并要求学生每周一次向导师汇报生活学习情况。而学校也会定期组织导师进行教育学、心理学等相关知识的培训,举办导师工作研讨及案例交流等活动,不断提高导师的育人能力、工作水平及研究水平。

二轨是专业性导师队伍。这是一支以生涯规划师为核心的导师队伍。由接受过专业的理论学习和技能培训的教师组成,不仅可以为学生提供有针对性的升学、就业、个人成长等专业指导,同时也能辅助各类实践活动。从2014年开始,参加生涯规划师专业培训的导师共计15人,同时在校内定期开展指导工作的专业研训工作,以期提升辅导的专业性。

# 第五节　其他活动

## 一、 生涯平台建设

我们认为,当前国内高中生涯发展教育还处于起步阶段,生涯规划教育师资还较缺乏,专业化水平不高,选择并科学使用专业生涯测评系统是提高生涯个案辅导效率的重要手段。因此,学校自2014年12月,引入北森生涯的"CareerSky"——专业的高中生涯测评系统。该系统是专门为高中开展生涯发展教育而设计的,汇集三大功能:认识自我、认识外部世界、有效的决策行动,以完整、科学的方法来引导学生做出适合自己的生涯规划。

认识自我方面,学生可以利用该系统从兴趣、性格、能力、价值观、学科兴趣等五个方面,深入了解自己的个性特征及潜在优势,为自己建立三年高中生涯发展的电子档案,并进行在线规划,形成报告。学生得到报告后,老师可以对学生进行报告解读。根据测评报告,学校建立学生心理档案,为更好地使用这套专业测评系统,学校课题组还自行编辑"CareerSky"的使用手册,作为继光高级中学生涯发展教育的系列校本课程之一。自高一开始,此系统向全体学生开放,报告可以打印,或通过网站查阅,报告保存三年。

在认识外部世界方面,该系统分为认识专业、认识大学和认识职业三个部分。认识专业部分,提供基于兴趣测试的推荐专业列表、查询专业(基本情况、开设院校、发展方向)、收藏专业等服务;认识学校部分,从基本概况、开设专业等方面介绍学校;认识职业部分,从基本情况(包含教育背景、工作内容、职业前景、相关职业等方面)、职业属性(所需技能、所需知识、所需能力、所需兴趣)、典型代表(包括典型单位、薪酬待遇、榜样人物)三个方面来描述职业。

该系统还有一个"志愿选择"的部分。除了在"志愿选择知识库"提供大量的资料供学生参考,还有一个配合系统引导的志愿选择过程,一共有五个步骤:影响因素分析(如自己的兴趣类型、专业的未来发展、自身的高考情况等)、专业筛选、专业适合度分析、挑选学校和录取成功率评估。全部完成五个步骤之后,系统自动生成决策方块图,以及志愿选择的综合报告,包括个人特征汇总、推荐专业列表、决策过程分析、决策结果解析,帮助学生进行理性决策。

除此之外,我们还补充选择了上海远播翼生涯的新高考选科系统,因为他们的数据库较新,信息也更贴近学生的学习与生活。

## 二、 专题讲座

针对高三学生,我们则采用了大规模讲座这种传统的方式作为补充,包括:"怎样正确选择平行志愿",讲解如何通过模考确定自己的大致排名,介绍高考志愿表以及平行志愿投档录取的原则,介绍志愿填报的原则和技巧等;"自主招生面试技能训练"专题讲座,介绍面试的基本原则,教授面试的具体过程及技巧;"高三开学第一课"和"跨越高三"则是帮助高三同学适应最后一年的紧张学习,内容包括体力的补充、如何科学健康用脑、调整坐姿、保持运动与良好睡眠、如何坚持学习等非常具体的内容。

2016学年的讲座也有三个。"外面的世界很精彩"和"变化的世界",讲述了生涯的基本概念和职业生涯规划的起源,生涯的不同阶段,生涯学习模式,专业与职业之间的关系,生涯探索与规划中的"知己知彼"原则的具体应用,如何确定目标,如何进行职业访谈(包括如何找到潜在的人脉,做点啥准备,找到后问点啥……)等内容,促进学生深入思考自己的生涯发展。"决战高考",讲解了高考的一些基本要点、高考焦虑的表现以及焦虑的作用、影响考生的心态、考前环境焦虑应对考试的方法,以及考场中的小技巧。

## 三、 生涯指导中心建立

2015年学校的生涯指导中心已开始实施建设,基本完成第一期的配置,并在当年底试运行,目前主要使用范围为生涯学习、主题教育活动、小型生涯沙龙、个人探索等。整个场馆的布置焕然一新,具有现代感,虽馆内设备多偏向心理辅导与压力缓解功能,但在生涯指导中仍具有相关功能,提供了非常好的自主学习与探索空间。

学校的生涯指导中心将理论与实践相结合,为生涯辅导活动专门设计了四大功能区的学习环境,分别为"教学区""自我探索区""学生自主学习区""一对一学生生涯辅导区"。这四个不同功能分区,满足了学生从理论学习、实践分析到明晰自己的生涯规划的全过程,在生涯指导中具有发展性指导效能。但在思维引航、创新实践上仍有缺口,需要添置一些为开发创智型、实践型的特色课程提供服务的学习工具,在今后的学习探索中,还期待能开创"生涯探索创意体验工坊"。

## 四、 生涯师资培训

职业生涯指导是一个专业性极强的领域,实践中常会遇到许多困惑和难点,需要实践者拥有该领域中的专业知识。而我们的活动越办越多,质量越来越高,所需要的专业支持也越来越多。为顺利研发学校的生涯发展教育课程,且有更高的专业保障,也为了使课程开发团队开阔视野,拓宽工作思维,充实自我以适应现在的工作需求,连续多年来,学校非常重视生涯的师资培训,陆续输送核心教师外出接受专业培训。这些老师经过认真学习后,已顺利取得"生涯规划师"的资格证超过 10 人,其中有不少已经接受过高级培训,成为生涯领域内的专家。

当然,作为一门生涯教育课程的校本研发工作,除了对师资有专业的学术研究要求以外,还需要有课程领导力和课程执行力的强而有效的实施保障,它同样对师资提出了更高的要求,主要体现在以下几个方面:较高的课程设计能力、丰富的社会生活体验、较强的社会资源整合能力、较强的校内工作协调能力。这类师资恐难直接从新入职的教师中选用,还是要立足学校内部成熟师资的转型,甚至需要从学校的中层业务部门主管教师中选拔执行团队的领队教师,使他们成为师资的重要来源。

## 五、 继光生涯 APP

继光高级中学交互式信息发布系统是对学校的传统信息发布及移动端信息发布进行整合,通过聚合式阅读、LBS 资讯推送和兴趣订阅,丰富用户的资讯获取体验。并在此基础上实现 UGC(用户生产内容),为用户提供初步的校园社区服务。产品功能上,继光高级中学交互式信息发布移动客户端着重实现信息发布推送和用户发布资讯功能,完善和丰富用户的互动体验,同时为用户提供民生投诉平台。所以,继光生涯 APP 不是新闻类 APP,也不是阅读类移动应用,而是定位在学校,提供服务、社交应用和资讯智能化推送的创新型移动客户端应用。

该 APP 共包含五大分类版块:资讯版块,内容分为新闻和基于地理位置的推送资讯,新闻内容来源于校园新闻资讯编辑平台;微课版块,为学生提供在线微课教育视频播放,学生可随时随地地学习最近的课程资源;继光生涯,分为生涯地图、作业交互等版块,为学生、家长展示了继光高级中学的全部生涯教育，并提供了卡通式的展示方式；问卷调查，提供了众多不同类型的调研问卷，可以方便地对学生进行心理活动调查等；成果展示，展示学生学习成果，以视频、PPT、图片、PDF 文档等多种形式展现，允许评论、点赞、转发分享等。

将 2015 年至 2017 年的生涯教育活动一一梳理之后，我们就可以清楚地看到，以前期的深入思考和谨慎尝试为基础，这三年继光高级中学的生涯教育迎来了一个突飞猛进的大发展。

CEPC 是这次大发展中的领头羊。通过创造新活动、改造旧活动，以外部探索为核心目标，我们将校内已有的各种活动与生涯教育紧密联系，发挥了学校教育优势，整合了校内外教育资源，通过体验式的实践学习，从而打造了一门融合课堂学习、校园文化、社会实践、家校互动、教育信息化的生涯教育特色实践课程。在这个生涯与校内活动结合的过程中，更难能可贵的有两点：第一，活动不仅仅是活动，同时也是教育。在大多数的活动前后，都会提前设计好充分的前期教育和反馈总结，使学生可以通过老师的引导获得更多的知识和感悟；第二，所有的活动，除了专业培训之外，从策划到实施几乎都有学生的参与。这为 CEPC 增加了新的内涵，使得这些本意为外部探索的活动，又兼顾了能力提升的成分，一箭双雕。

私人订制则是这三年来的第二个收获，也是最有创意的生涯课程。在 2014 年年初次施行的时候，私人订制仍然保留着传统的生涯课框架。但是从 2015 年开始脱胎换骨，主题从话剧到电台再到 3D 打印，看似跳脱，但是却为生涯教育提供了一种全新的可能：以设计性、创意性项目为骨，以生涯教育为本，引导学生"在做中学"，在实际的行动中思考未来的人生。Life-Game 则是另外一种尝试，通过与校外企业合作，开展大型实景活动，类似于实体版的"大富翁游戏"，但更加真实。这种直观的游戏形式，在带给学生冲击力的同时，也让他们对自己的未来人生有了一个全面的认识，是非常有意义的活动。

除了以上三个特色生涯教育项目之外，我们还从 2015 年开始在全校推行导师制，从而对学生进行更长期、更加个性化的生涯教育；针对压力较大、无力参与生涯教育的高三学生，我们也准备了相应主题的讲座，帮助他们调整自己的生涯发展目标。最后，我们也意识到了在当前生涯教育专业师资短缺的情况下，生涯测评和信息的一体化平台的重要性，不仅主动引入了相应的系统，而且还尝试自己设计 APP，利用互联网深化生涯教育；此外，我们厚植根基，努力培养和建设自己的生涯资源，生涯辅导中心的建立以及各种教师的培训，就是这种尝试的结果。

总的来说，在三年的思考、实践和发展中，我们形成了自己特有的生涯教育方案，为学生的生涯发展提供了巨大的帮助。而这一切，都是在相对缺乏的资源下做出来的（少额的生涯教育基金，不稳定的专业培训投入，人数稀缺的专业教师……），足以让人自豪。

然而在骄傲的同时，我们也清醒地意识到，这并不意味着我们已经达到了完美，反而为我们带来了更多的问题：CEPC虽然活动众多,也有一个大概的体系,但是仍然有零散之感,缺乏更深层次的统合;私人订制课创意十足,但是面向的学生太少,每一期的选课人数只有10多个人,而且对老师的要求太高;Life-Game则一年只有一次,缺乏更深入、更持续的教育效果;导师制则由于老师们的专业水平不足,更多偏向德育的部分;对于高三学生,生涯教育的效果也受到了极大的压制……更重要的是,这些课程虽然各有特色,但是仍然各自为政,缺乏一个统一的规划,也没有办法相互形成补充。正是因为有这些深入探究,我们才没有满足于已有的成果,而是继续着生涯教育的旅程,进入到下一阶段：成熟的转变。

# 第七章

## 成熟的转变（2018 年至今）

磨刀不误砍柴工。——俗语

## 第一节　生涯教育反思

前文提到，我们在过去多年的生涯教育中，已经尝试了多种有创意、有成效的教育方式，形成了独特的生涯教育方式，但是这些生涯教育方式并不是完美的，还有进一步提升的空间，而这需要我们沉淀下来进行反思。因此，从 2018 年开始，我们在总结反思上投入了相当多的精力，从而形成了各种反思性的课题——事实上，本书也是这些反思的成果之一。

### 一、关于顶层设计的反思

我们申请了上海市市级课题"普通高中基于'立命'信念的适性扬才生涯教育的实践研究"，借助课题，我们希望遵循生涯教育的基本理念和原则，更加深入了解并凝练继光高级中学的办学理念和愿景，全面调查并评估学校的人、财、物等各方资源，在此基础上形成兼顾理念目标与具体措施、稳步推进与资源保障并重、过程实施与效果评估相结合的整体方案。

从这个总体目标出发，我们形成了四个更具体的目标：第一，结合学校历史，从发展的角度对学校生涯教育进行分析和相关性总结（从兴趣、多元智能、生涯教育内容的角度梳理现有课程和活动）；第二，将继光高级中学的学校教育理念与生涯教育进行连接和梳理，形成继光高级中学的适性扬才生涯教育系统架构（含目标体系、课程结构等）；第三，进行战略性思考，有策略地设计继光高级中学的适性扬才生涯教育实施路径，制订继光生涯教育整体推进计划,并细化后三年学校关键活动的时间列表(从学校、年级、班级、课程等角度);第四,在展开具体调研的过程中,期待可以形成市级课题研究的总结性框架,为课题成果最终形成专著做好坚实准备。

为了实现这些目标,我们联合校外的专业机构——上海远播翼生涯团队,在2018年进行了多次全面的校内调研。目前该项目已经完成,本书中的诸多内容都建立在该项目所搜集和整合的资料以及反思的基础上。

## 二、关于生涯探索实践的反思

"整体性学习视野下有序设计生涯探索实践课程的行动研究"是我们专门针对生涯探索实践(即CEPC)的提升而于2018年年底申请的课题。

整体性学习思想被广泛运用于高等教育、高职高专教育、中小学教育甚至企业、政府、军事等各个领域中,最具代表的实践方式就是项目学习,它主张实践与参与,强调以问题解决为中心、多学习途径相结合,是一种典型的整体性学习方式。"整体性学习"不仅是一种从目标出发、统揽全局的思维方式,更是一种系统性建构的战略理念;"有序设计"则不仅强调具体落地执行时的基本步骤和流程,还突显设计者对分步实施的决策性思考。

我们认为,构建高中生涯探索实践课程不仅是生涯教育从理论层面向现实层面转化、学生认知由浅表向纵深发展的重要且必备途径,同时也是实现生涯教育"整体性学习"的关键。它应当能够帮助高中生较为系统地了解学科、专业和职业之间的关联,领悟生涯学习的重要意义,确立未来生涯发展的目标,形成主动探索的内驱力,提升解决实际问题的能力。以此为据,整体性学习视野下的高中生涯探索实践课程的概念界定为高中生以直接参与、亲身体验、手眼结合、手脑并重为特征,以了解某种具体行业的专业和职业相关信息为内容,以获得生涯学习意义感悟、树立生涯发展目标、激发生涯探索内驱力、提升解决问题能力为目的的综合性实践课程。

## 三、关于生涯导师制的反思

2018年申请的"上海市继光高级中学基于实践能力培养的导师制建设与研究"课题则是关于生涯导师制的一次反思。综观国内有关中学导师制的文献,研究多聚焦于德育教育、成长教育两大领域,大多研究德育导师制,该模式关注学生的德育教育,主要针对当前德育实效性差、中学生德育素质滑坡等问题,强调导师依据"用心沟通、以德树德,竭诚交流、以情动情,刻意磨炼、以志励志,修身垂范、以行导行"的育人原则,既教书又育人,既管教又管导,从而提升学生的思想道德素养。成长导师制关注学生的成长教育,主要强调导师要从思想引导、学业辅导、心理疏导、生活指导、成材向导五个方面对学生进行个性化指导,以促进学生的健康成长。

我们于 2015 年推行的导师制,具有非常浓重的德育教育和成长教育的色彩,但是推行多年,效果不佳。为了进一步完善导师制的制度建设和队伍建设,促进对导师的规范化和专业化的培养,提升导师专业化"导"的能力,为导师更好地培养学生的实践能力提供有效保障,我们申请了该课题,试图探索教师有效提升学生实践能力的方法和途径,了解导师在培养学生实践能力过程中所产生的成效,总结相关的经验和方法,提高导师对学生实践能力指导的有效性和针对性。

具体来说,我们希望通过这次课题,完成以下三个目标：第一,完善"高中生导师制"的制度建设,包括建立导师制学校管理机制,建立合理的导师评价机制,建立健全培训机制等;第二,以提高学生的实践能力为核心,加快"高中生导师制"的专业化队伍建设,研究导师的核心胜任力(如沟通能力、信息搜集和处理的能力、时间管理能力等),并据此对导师开展针对性的培训指导;第三,探索在导师制背景下,有效指导和帮助学生提高其实践能力的方法和途径,为更好地实施以培养学生实践能力为核心的导师制提供现实指导。

# 第二节　生涯一体化

生涯教育的拓展有多种方式,一种是通过反思,将已有的活动形成有机的整体(见上节的描述),另外一种则是时间上的拓展,将更多的年级纳入生涯教育的范畴,而生涯一体化则是后一种拓展的尝试。

这种尝试依赖于四方面的基础条件：第一,继光高级中学与继光初级中学仅一墙之隔,共享校园资源,适合开展初高中生涯探索的联合活动,同时都是科技特色学校,适合开发生涯探索实践的特色科目;第二,经过多年培养,学校已具有一支专业的生涯规划师队伍,可以开展生涯学习的教研活动及教学尝试,对于小初的师资专业发展有引领作用;第三,学校建有规模较完备的生涯辅导中心,适合开展小初高的各类生涯主题沙龙、自我探索等活动;第四,学校有自己的生涯云平台,在扩展生涯学习视野的同时,也适合分享各种生涯探索活动成果,同时还可以进行学习互动。

2018 年,学校成为上海市生涯教育一体化建设的试点项目学校,开始联合初中、小学共同探索生涯教育的有效实施。这种尝试有两个方向,其中一个是由高中的生涯教师带领初中的老师,合作编制一本生涯教育的区本通识教材。另一个则是以构建"生涯立交桥"系列主题活动为切入点,引导学生从职业角度出发,思考明天的专业选择与今天的学科学习之间的关联。以下我们将做重点介绍。

## 一、生涯学材升级

在2014年投入使用的校本生涯教育手册《筑梦之旅，成长之路》在学校使用了多年，极大地推动了生涯教育的普及。不过在2018年，我们的核心骨干教师联合继光初级中学的老师，共同参与编写了一套初高中一体化的中学生生涯教育虹口区区本通识学材，名为《虹大宝寻梦记》。新的学材在原有手册的基础上扩充了课程的内容和深度。

## 二、"生涯立交桥"主题活动

在继光初高中生涯教育一体化系列活动中，我们充分考虑了初高中生学情和生涯发展需求的差异性，对每个活动环节都设定了初高中学段目标。面对初中生，我们侧重于拓展自我认识，培养信息加工能力、语言表达能力和独立思考能力，在丰富初中生对职业世界的体验与认识的同时，善于从身边榜样汲取力量，激发其成长内驱力；面对高中生，我们侧重于深化学生的自我认识，提升其职业认知，引发高中生对职业、专业、学习三者关系的思考，激发学生的学习潜能，培养学生生涯规划的意识与能力。

学校与继光初级中学联合国际青年成就组织(JA)，与T化学企业开展了"与企业领袖对话"(企业销售总监进校园)、"与优秀学生干部面对面"(高中学生主持人进初中)、"化学职业见习日"(学生代表实地学习，了解部门业务，策划解决方案，感受企业文化)三场系列活动，旨在加强学生与现实社会的连接，通过近距离接触职场人(总监、部门主管、部门员工)，以增强学生的社会理解力，引导学生树立高远志向，激发其内驱力。

这三个活动是一脉相承的：先和国际青年成就组织建立了良好的关系，获得许多优秀的社会资源，以"企业家进校园"为试点活动，开启继光学子约见社会精英人士的序幕。这一系列活动环环相扣，使学生对职业世界的探索逐步从浅到深，从感官到思维，同时也帮助学生逐渐加深对自我的认识以及对未来成长的思考，激发学生的成长内驱力，初步形成自我规划、自主发展意识。

### 1. 与企业领袖对话

我们邀请T化学企业销售总监进校园，介绍企业文化、化工行业信息，分享个人职场成长经历，拓展学生对职业世界的感官认识与了解，从而让学生感受企业领袖的职场精神与个人素养。这一活动具体围绕"寻·问·思"三个环节进行开展。

"寻"是指让学生寻找相关职业世界信息，掌握信息加工的方法。因此，在"与企业领袖对话"活动前期，每个学生会拿到一份有关活动的信息收集学习单，学生需要先根据学习单上有关信息收集的建议，从多渠道、多方面收集企业和访谈人物信息。"问"指的是让学生通过与企业领袖的对话，能主动提出自己的问题。"思"是"与企业领袖对话"活动中最重要的部分。学生通过"与企业领袖对话"活动反馈单，回顾并记录下本次活动中印象最深刻的部分，了解到的化工行业信息，感受到的企业领袖的职场精神，在此基础上，有的学生可能会发现化工行业与自己想象中的并不一样，开始萌发出进一步探究的欲望，也有的学生则可能更加确定对这一行业并不感兴趣。但无论哪一种情况，都引发了学生对其未来职业和对自我的思考。

### 2. 与优秀学生干部面对面

"与优秀学生干部面对面"活动其实是额外产生的活动，而它之所以能成为生成性学习资源，就是因为我们时刻关注着学生的成长需求。

在"与企业领袖对话"活动结束后，继光初级中学和继光高级中学分别对本校学生进行了反馈调研，结果显示，很多初中生表示除了嘉宾外，现场的活动主持人——高二的叶蕙琳学姐亲切自然的主持风格以及与企业领袖大方得体的对话也给他们留下了深刻印象。他们希望能够有机会与高中学姐进行一次面对面的交流，向学姐学习主持经验。于是，继光初级中学向叶蕙琳同学发出了邀请，请她向初中的队干部、班干部和部分学生代表做一次"学姐交流"，谈谈她在活动中的感受以及她的自我成长，分享其做访谈主持的经验，促使学生汲取榜样力量，养成自我反思、自我探索的习惯与态度。

在这次活动中，继光初级中学的同学感受到了来自榜样的力量，潜移默化地提升了他们内在的成长动力，同时，也让分享者在此过程中，加深了对自我的认知，激发了其深度探索的兴趣，对于其养成勇于探索、善于自省的习惯与态度有着重要意义。这其实是一次有益的教学相长，也是初高中生涯教育一体化建设过程中的一个意外惊喜。

### 3. T化学企业职业见习日

通过漏斗式的筛选方式，从学生的选科、职业兴趣出发挑选部分学生参加更进一步的"化学职业见习日"活动，以确保学习投入度最大、学习内驱力最强的实践效果，从而推动学生深度探索与学习。他们实地参观学习，走入真实的职场环境，感受企业文化，了解部门业务，策划解决方案，直观体验职业世界，从而唤醒自我生涯规划意识，这一活动又具体围绕"观·行·思"三个环节进行开展。

"观"指的是继光初级中学和继光高级中学甄选部分对化工行业感兴趣的学生，于暑假期间前往张江高科技园区，对T化学企业进行实地参观。"行"则指学生在企业志愿者的带领下，走访了T化学企业销售部、客户服务部、公共关系部、人力资源部和供应链部门等多个部门。与此同时，学生通过与企业志愿者面对面交流，深入了解了职业特点、职责、在日常工作中所需的专业技能等。"思"环节则需要学生对自己在本次参观活动中的所见所闻进行反思，并用文字的形式将自己在T化学企业的职业体验感想记录下来。比如，有的同学表示对职场有了新的认识，有的同学找到了学习和努力的目标，有的同学认识到了团队协作等能力的重要性。这些思考激发了学生的学习内驱力，促进了学生自我规划、自主发展意识的萌芽。

"生涯立交桥"主题活动,既是一次学校与社会链接的大胆尝试,同时也是学校联合初中实施生涯教育一体化的一次有益探索。学生在环环相扣的活动设计中,拓展了视野,增强了社会理解力,在探索职业世界的同时,逐步加深了对自我的认识和对未来的思考,引导其树立高远志向,激发其内驱力以及学生自我规划、自主发展意识。有同学在活动总结中写道:

> 参加了 T 化学企业的职业见习日后,我发现工作不是我想象的那么枯燥,而且同事们能够和谐地相处。在和志愿者们交流的过程中,我发现我在沟通交流方面非常不顺畅。因此,我决定今后要加强与别人沟通交流的能力。最后我希望如果可以的话,大学毕业后能到 T 化学企业工作。——继光初级中学学生

> 在参加 T 化学企业的职业见习日之前,我以为工作是重复劳动。但是参加了这次的活动后,我发现上班比想象中的有趣多了。空闲的时间还可以打球、健身等。这让我对未来进入社会工作更加期待了。因为 T 化学企业是个出名的研发公司,这让我更想加强自己物理和化学方面的知识,因为我将来想要从事研发的工作。最后,这项活动也让我对工作的日常有了更多的了解而且我会更期待日后的工作。——继光高级中学学生

由于该活动颇具成效,2019 年我们也有计划进行类似的活动。在本书成书之时,该活动已经在筹备中。而且我们相信,这种一体化的尝试将持续进行下去。

# 第三节　其他活动

除了上一章提到的已经形成体系的各项常规活动之外,尽管我们把更多的精力放在了反思和拓展上,但这也并不意味着我们的创新停步不前。在 2018 年之后,我们仍然进行了多项有益的生涯教育的尝试。

2018 年开始,我们成立了校内的第一个心理学社团,并通过社团,创立了"继光高级中学集星心理社"微信公众号。该公众号于 2018 年 11 月正式上线,共设有三个栏目,分别是心理树洞、成长记录和家校心育三个版块。心理树洞版块又分为心灵树洞和在线预约服务,学生可以通过线上或线下等多种方式寻求心理帮助;成长记录分为社团动态、知识拓展、图书推荐和主题活动,分别记录学生心理社团的日常活动、心理知识科普以及学校心理主题活动宣传;家校心育分为家庭力量和教师力量,给家长和老师提供心理方面的知识。借助社团和公众号的影响力,由学生自行筹划了感恩节主题活动,既激发心理社成员的活

跃度,增强成员的集体融入感和主人翁意识,又让学生学会感恩,用心表达,提升学生的幸福感,也为学生提供了一个表达感恩的新方式。

2018年,我们继续推行生涯教育评估,展开了学习素养调查。调查的对象是高一年级全体学生,使用的工具是学习素养问卷,共包括三个大维度七个小维度,分别是:学习动机(又分为内部动机和外部动机)、学习毅力(分为兴趣稳定性和努力持续性)以及学习能力(包括时间管理、学习习惯和学习方法)。结果发现,总体来看,高一年级学生在学习内部动机、学习外部动机、兴趣稳定性、努力持续性、学习方法和时间管理维度上处于中等水平,但在学习习惯维度上,平均得分较低,这为教师的教学行为和学生的学习行为的调整提供了依据。

此外,借助120年校庆的机会,我们还举办了多项有意义的活动,比如气象社团在窨井盖上画出"气象小道"的活动、在高中开设"传统越剧进校园"活动、由《中国文化宣讲》的同学和老师创办的"朕说故事"公众号等。虽然这些活动与生涯教育看起来关系不大,但是它们都具备融入CEPC的条件,只等待合适的契机将其进行理性融合。

俗话说得好,磨刀不误砍柴工。在轰轰烈烈的生涯教育发展中,我们察觉到了自己的局限性,因此将更多的精力转到了对自身的反思上面,希望借此加深对生涯教育的了解,从而更好地提升生涯教育的效果。

这种反思主要集中在两个方面:一个是对生涯教育方法的反思,让我们开始思考已经采取的各种形式的生涯教育的优势和劣势,将之融为一体,并借此思考新的生涯教育的方法;另外一个则是对生涯教育对象的反思,这让我们开始"觊觎"一墙之隔的继光初级中学,通过纳入初中甚至小学的教学力量,拓展生涯教育的效果和影响力。

而作为反思的最重要的一环,我们发现还有一个关键的问题没有回答:我们的生涯教育,究竟效果体现在哪里? 这就是我们下一章将要回答的问题。

# 第八章

## 教师的努力

纸上得来终觉浅,绝知此事要躬行。——陆游《冬夜读书示子聿》

生涯教育的工作,需要学校的顶层设计,需要专业人士对活动的设计和把控,但同样也离不开普通一线教师的支持和努力。在继光高级中学,学科教师绝不是和生涯教育"泾渭分明"的群体。恰恰相反,在整个学校生涯思潮的带动下,在学校领导的督促下,在专业生涯教师的引导和帮助下,一线学科老师逐渐加深了对生涯的理解,并以他们独特的方式,思考与践行着生涯教育。

本章我们收录了部分校内一线学科老师关于"生涯教育"的文章,阐述他们对生涯教育的理解和实践过程。按照教师撰写的主题的不同,本章分成五节,分别是:新高考与生涯教育、学科融合、家校合作、生涯导师制和生涯课程。

## 第一节　新高考与生涯教育

### 新高考思索:挑战和机遇
#### ——上海市继光高级中学　陈红

新高考制度刚出来的时候,我觉得它将面临很多的不确定性。在"3+1"高考模式时,选择加试物理的学生就不多,而且选物理的学生两极分化现象很严重,一种是理科比较强,对物理很感兴趣,还有一类是什么都差,选择物理是因为需要记忆的内容最少。而在区里教研时,教研员乐观地分析,"3+3"后,选择物理的学生全区可能会超过75%。但实际却出乎意外。

上海新高考物理学科遇冷已成事实。在被称为"3＋3"的新高考方案中，必考科目为语、数、外，考生可从政治、历史、地理、物理、化学、生物6门科目中选3门作为选考科目。在上海，实行新高考改革的第一年，选择物理科目的考生也仅占总人数的30％。这股风气也蔓延到了2018年开始实施新高考的北京，学校的规则说明会刚结束，已经有不少家长在讨论"能不能不选物理"。

## 一、"物理遇冷"理应引起更多关注和警醒

"物理遇冷"的背后，隐藏着考生和家长反复的权衡与思索。相对于其他科目，物理学科比较难是主因。上海的选考科目采用赋分制，这就意味着卷面分不是最终成绩，要根据考生卷面分在所有报考学生成绩的排名比例给出对应分数。考生基数越小，赋高分越难，于是考生和家长一合计，物理就更不能选了。

在功利主义和工具理性大行其道的当下，少一些功利的驱动，多一些兴趣的选择，梦想也难以照进现实。"物理遇冷"不仅会造成优秀师资的流失，也会造成大学物理学科优质生源的减少，这对于一个学科的发展所带来的打击是沉痛的。美国教育家杜威曾说："教育只是生活的过程，而不是将来生活的预备。"这样理想化的生活图景，对于许多人而言都是可望而不可即的。在一个注重利益变现的时代里，"上一个好大学，读一个好专业，找一个好工作"已成为许多考生直接而强烈的诉求。那些难以将诉求变现的专业或者学科，很容易成为一些人眼中的冷门。

"物理遇冷"看似是一种理性选择，实际上却是一种"有限理性"。一方面，不同的考生在兴趣、特长、偏好和能力素养上存在着差异，并不是所有的考生都适合读某一个专业；另一方面，市场需求处于一个动态的变化过程之中，热门专业与冷门专业之间没有绝对的界限。如今被"嫌弃"的物理学科，说不定以后会让我们"高攀不起"。扭转"物理遇冷"的尴尬，既需要新高考在改革创新中不断完善和优化规则，也需要考生和家长转变价值认同。

## 二、 高考"物理遇冷"，先别忙着下结论

选考物理的人数大幅下降的确是让人挺担心的一件事，物理对于自然科学的重要性无须多言。因为报考人数的大幅下降可能造成未来人才的断层也不是危言耸听，物理界的担心不无道理。可是会不会造成一些人担忧的那种后果，目前还言之过早。少是相对而言的，30％的选择率从另一个角度来说，也是理性的回归。毕竟数理化三门都考有一定的盲目性，也不符合大学区分专业的现实。文理分流一批、职业教育分流一批、兴趣志愿选择又分流一批，也符合社会更细致分工、更精准定位的发展方向。

把对物理兴趣不大的人从考生中剔除出去，反而是好事，志不在此，捆绑有何意义？新

高考的目的也在于此，根据不同专业的需要，设置出更专业的要求，个性需求、多元选拔，既是给考生减负，也是给高等教育筛选人才。能迎难而上选择考物理的考生，至少不讨厌物理。到了大学阶段，兴趣往往能在一个人的人生中起决定作用，所以，这种兴趣的筛选比单纯的凑人头要有意义得多。

我们也没有必要过多地纠结人数的下降，哪怕以 30% 的比例计，也不是个小数目。这些人中，一定会有对物理学痴迷的考生，也一定有将研究物理现象视为人生追求的学生。问题的关键是如何用好这批人，高考在改革，大学教育也得有所改变，要从追求数量转变为追求质量。培养好这 30% 的人，让他们尽可能地成才，才是最重要的事。所以，不妨等等再下结论，教育部门先做一个科学的评估，给出一个合理的警戒线，一旦超出就启动修正机制。如果是因为政策本身的偏差引起的，就要及时做出调整。一些大学也完全可以根据自己专业的需求，对考生的物理成绩提出自己的要求，以弥补高考招生的不足。

## 高考改革下的生涯思考
### ——上海市继光高级中学　杨敏妍

第一次接触"生涯"这个词是在学校、新闻媒体等各个渠道大力宣传"新高考改革"时。其实早在 2012 年上海市教育委员会便印发了有关于《上海市学生职业(生涯)发展教育"十二五"行动计划》的通知(沪教委学〔2012〕67 号)，但与学生一样，当时我对"生涯"并没有太多的概念，更不知道"生涯规划"意欲何为。直到 2014 年一系列新高考改革政策出台，打破文理分科的局面，要求学生根据自己的未来发展报考学校以及专业，自主选择"+3"科目，这无疑倒逼着学生从高中开始就要思考当下的学涯以及未来的职涯，同时也逼着学校跳出应试的局限性，从发展的角度看待教育。那么学校可以为学生的生涯发展提供些什么呢？

2016 年 10 月，我作为第一届新高考改革背景下的班主任参加了生涯规划师国家认证基础班。在一次学员间的讨论过程中，我问其他学员："你们都是专业对口的吗？"回答"是"的却是寥寥无几，当时我的第一反应就是"那你们当初为什么要报这个专业？"有学员说当初从没想过将来要干什么，还有学员说真正进入了自己心心念念的行业却发现与想象中的截然不同，无奈改行……回想自己是幸运的，读的是师范，出来后也当了老师，然而，像我这样幸运的人有多少呢？归根结底就是做决定前思考太少，或者当初只是停留在脑海里的臆想，没有更多地了解外部信息或去实践，然而，这不就是当下"生涯规划"要解决的问题吗？

当了老师之后，我一直在思考这样一个问题：为什么现在的高中生对待学习那么茫然，甚至提不起劲呢？有没有什么方法能激发他们的学习动力呢？看到他们，仿佛预感到将来他们又会成为一批"专业不对口"的人一样。缘此，我从"生涯规划"的角度做了一些思考与尝试。某一次班会课上，我大胆地尝试模拟体验职场面试的活动——"生涯实验室"，由学生担任"生涯面试者"，争取梦想的职位，让学生明白自己与梦想的距离，当下需要做些什么；爸爸妈妈担任"生涯面试官"，以职场人的角度提供给孩子真实的职业信息，并对孩子们的表现进行提问与点评，其他同学担任"梦想观察员"，参与点评与提问。

生涯规划的第一步是要认识自己。我的生涯我做主，如果缺乏自己的思考，没有发自内心的渴望，外在再多的教育都是徒劳。其实每个人无论有意识的还是无意识的，都在完成自己的生涯之旅，就如同人的一生总归从起点走向终点，生涯教育就是培养人的生涯意识，比如思考自己想要什么？适合什么？要做什么？这些不仅仅可以在学校里学，其实身边就有丰富的资源库，那就是家长，还有亲友，他们所经历的恰好能为孩子提供最贴近的生涯素材样本。

另外，纸上得来终觉浅，绝知此事要躬行。除了认识自己之外，生涯规划还需要更多的实践与体验。信息如此发达的今天，其实比较容易实现一些职业的体验与参观，当下的教育也不能停留在课本上文字的叙述，教导孩子学科知识，或是将来需要具备什么品质，孩子们更需要知道这些知识的背后有什么价值，更需要体验为什么要拥有某些品质，如此才能更强有力地激发孩子学习的动力与愿望。

为什么要规划生涯？因为想让人成长得更快、更好，这不是一蹴而就的过程，我愿继续为之思考。

## 有关生涯教育的一点思考

——上海市继光高级中学　李弘阳

最近生涯教育伴随着新高考的改革，成为一个火热的话题。在我入职进校之前，我校就已开展了多年有关生涯教育的研究。从最早的"走进大学""走近家长"系列，到后来的"赢帆"相关选课问卷测试和学农期间组织学生参加的"生命游戏"，都可以看作生涯教育的一些环节。参与生涯教育的教育者从最初的班主任、党员、心理老师也慢慢扩展到了全体老师（导师）。虽然这些活动我大多是一个旁观者，但对生涯教育也渐渐有了一些认识和思考。

### 一、 有关生涯问卷的一点思考

新高考改革，如何选课成了老师和学生必须要思考的问题。而生涯规划恰恰可以指导学生根据自己的特点、兴趣和特长进行选课。那么老师如何指导呢？这就需要通过问卷来让学生先认识自己。但问卷并不是一个"句号"，更多时候问卷只是一个"冒号"，问卷引起了人们探索的欲望，才开始了生涯的建构。但也不可以迷信问卷。先不论现在除了知名高校的学术力量外，哪个群体能够编制出信效度最高的问卷。即使真的有这样的问卷，哪个学生真的会把自己的未来交给一份试题？但从学校运转角度看，测评的确是性价比最高的选择,因此我觉得"如何看待测评和正确运用测评"比"找一份更好的测评"更加重要。

我曾经看到这样一句话,印象很深:"测评的结果自己不认同怎么办?那就不认同!测评的目的是帮助你了解自己,而非成为它的奴隶。"

## 二、 有关生涯规划设计的一点思考

学生是教育的主体,这句教育学教材里的话,印在了每个教育者的脑中,随着教育改革的推进,这句话被反复强调。而生涯规划设计也是这样,往往要先从学生的需求出发。但同样一句话似乎慢慢被遗忘,那就是老师的主导作用……

生涯规划不能脱离社会环境发展而单独存在,而学生对社会的认识具有局限性,生涯教育中解决他们的疑惑是肯定需要的,但也需要从社会需求的角度给学生以引领。学生一提到生涯,首先想到的是那些典型的职业,如医生、律师、老师等,但这些典型职业只是社会中很少的一部分。真正社会上占比很大,或者对社会运转有很大影响的职业或行业却恰恰是学生不清楚的部分。让孩子了解更多信息,是生涯教育的重要一环。

总之,生涯教育依旧要以学生为主体,但作为教育者,我们还要思考学生还需要知道哪些信息,然后给出信息,并进行引导和启发。

## 生涯教育之我见
### ——上海市继光高级中学 邱晓燕

上普高还是职高?等级选科选什么?将来报什么大学?大学报考什么专业?毕业了找什么工作?在我看来,这些都是生涯范畴的问题。我很庆幸,在我工作之后发现高中教育中增加了生涯教育这一课程。但不得不承认,生涯教育在我国起步很晚,底子薄弱。

最近,一个毕业学生在跟我抱怨大学专业学习的痛苦,想试试看大二能否换专业。依稀记得当年毕业时她毅然决然选择金融专业时的兴奋,因为在她看来,上了金融,意味着以后可以从事高薪体面的工作,但她却忽视了自己高中时数学科目的薄弱,对数学和经济图形一窍不通。我在当班主任时,时常有学生来问我:老师,我等级选考能不能换一下?这不禁让我想到我高中毕业那年,对专业和未来从事的工作毫无方向,那时候,身边的大部分人都是如此,也并未觉得这样有什么不对。直到读研时教一群美国高中生,我才发现他们都非常清楚自己未来的方向。

生涯教育可以帮助学生更好地认识自我,找到自己的人生理想,在未来的人生路上少走一些弯路。在我看来,生涯教育要趁早,在基础教育阶段就应该引导学生做好生涯规划,而不是大学毕业之后好多年依然不知道如何进行生涯规划。小时候,每个人都有无限可能性,但是随着年龄增长,人就渐渐被定型。生涯教育开展得越早,就越能在学生个体生涯发展的关键阶段注入关键成长要素。生涯教育应该注意家庭教育和学校教育相结合，家长和学校都要参与孩子的生涯教育，但是不能包办。不难发现，不少家长会把自己的希望强加在孩子身上，或者一味地替孩子选择一些家长认为非常有前景的专业。

而生涯教育更应是学校教育的重点，学校教育应为学生生涯发展提供必要支持和帮助。新高考改革方案给生涯教育带来了新的挑战。我们学校在生涯教育方面已经取得了很多成果，比如"走近家长""走进大学"、导师制等活动，但依然有更大的发展空间，我认为学校可以以班会课为平台，给各个年级的学生开设各有侧重的高中生涯教育课。学生在高中不同阶段的目标和任务是不同的，生涯教育应该重视学生的需求，考虑各阶段的差异，设置有针对性的生涯班会课。此外，应加强校内生涯教育师资队伍的培养，不仅仅是提供培训的机会，更应有后期的跟踪指导。还可以开设"生涯规划"公众号等，适时更新生涯知识，让生涯教育深入人心。当然，学校的生涯教育离不开每一个教师的共同努力，我们是学科老师，除了关注这一门学科的"学"以及学生在这门学科上的成长与成绩之外，也要注重学科和生涯相融合。路漫漫其修远兮，我们依然要上下求索。

## 对生涯教育的思考
——上海市继光高级中学　秦呈妍

初次接触"生涯教育"这个名词大约是在三四年前。初接触时以为生涯教育就是问小孩子"长大了想干什么"的。对于高中生有必要问吗？有点可笑吧！然而随着接受了一系列的培训，渐渐明白了"长大了想干什么"这个问题其实是无比艰深的。也许有人一辈子都没有想明白，哪怕是现在的我，也不一定想明白了。

如今学校逐渐推行生涯教育，对于这个我自己也没有很明白的问题，如何去引导教育学生呢？我曾为此深深苦恼过，然而通过在导师制活动中和学生交流，我逐渐明白了：在我看来，生涯教育可以有很多理论指导，但最终学生自己的选择和想法才是最重要的，能为自己生涯负责的只有自己。

前些年做班主任时，曾有学生A，他高一、高二时学习刻苦努力、成绩优异、为人诚恳踏实。高二面临选课，他曾经很想选物理。然而在我看来他是一个勤奋大于天资的学生，选物理作为加试学科并非最优选择，而且他的家长也不赞成他选物理。所以在学校、我和家长的共同努力下，或者是"逼迫"下，这个学生最终选择了化学作为加试学科。然而到高三之后，经常听到有关他有情绪或成绩下滑的消息，最终高考他也上了本科，但和原来的预期相比，着实有些距离。我当时是否做错了？由于忙于生活和工作，这份藏在我心中的疑问以及歉意，直到他毕业了，也没有问出口。前些日子学校校庆，终于又遇见了A，犹豫再三还是将疑问和歉意向他表达了，他沉默几秒后向我投来了一个微笑。

他未来的成长会是如何，谁也不知道，但高中的学习生活定然是有遗憾的吧！这份遗憾里,有多少是当时作为班主任的我造成的呢?

这或许是一个失败的生涯教育案例。在以后的工作中能否避免再发生这样的事呢?我不知道。通过各种学习和进修,我学习了很多的理论知识,可以相当理性地思考,帮助学生做出最优的选择。我可以告知学生自己的经验和知识,但最终选择应当是学生自己做的。想选什么课,想做什么样的工作,想成为什么样的人,应当充分体现学生个人的意志。在其中,教师除了培养学生理性的思维方式之外,更应当尊重学生的想法和选择,教导他们为自己的选择负责,并承担相应的责任。

人生如果是一本书,生涯教育则是写作技巧。如何写这本书? 写的是小说、散文还是科学著作,则是个人的意志和选择的体现。这就是我目前对生涯教育的一点理解。

## $\sum$现在＝未来

### ——上海市继光高级中学　王富珍

### 一、 很多年前的情形

家长问:你长大了要做什么工作啊?

我们答:科学家、老师、医生(因为这是我们这辈人除了父母的工作之外最"熟悉"的三种职业)。

报考大学填报志愿的时候,大多数人也是两眼一抹黑,并不清楚大学专业和社会职业的具体关联,未来的人生充满未知,更多的是随意。

### 二、 现在的情形

如今,我真的成为一名光荣的人民教师。所幸的是我校对生涯规划教育和引导具有超前的意识,并正在逐步付诸实施。但近几年我一直侧重于高三数学教学工作,对生涯教育活动参与不多,不无遗憾。本文是笔者对于生涯规划教育的一点感悟与设想。

生涯是一个有目标的漫长旅途,道远而任重。对学生或者对每个个体而言,未来不应该是脚踩西瓜皮的滑行轨迹,未来是由无数个现在叠加起来构成的。所以做好生涯规划势在必行。

那么如何规划呢? 的确需要学校和老师的教育和引导,个人以为班会课是很好的平台。高中生所面临的升学直接与专业以及未来的职业相关,高中学生需要对自己的职业意向以及该类职业对从业人员的综合素养和要求,有比较明确的了解。高中的班会课可以课程化、系列化。在这个过程中,我认为学生对自己的认知和对各行业、职业的认知就显得尤为重要。如何帮助学生实现这些认知呢? 方式可以有很多。

1. 方式一：挖掘家长资源，采取"请进来"以及"走出去"的形式

我校党总支与德育教育联合的导师制活动已经启动了"请进来"这一方式。2018学年度第一学期各班邀请3～5名家长参与导师制启动活动，请进来的家长都是各行业的精英人士，掌握了其所从事行业的第一手信息，可以与学生面对面近距离沟通。通过家长或形象生动或深入浅出的微讲座，学生对此行业的工作内容或程序有了大致的了解，特别是不同行业对人才的需求有共通之处，这样的活动对学生有非常好的指导意义。

目前"走出去"的形式相对比较受限，但学生家长资源丰富，每个班级三十几位学生，家长们很可能来自数十种不同的行业。当然如果要求家长能够接待部分学生，为他们创建学习的"亲水平台"，对家长的具体工作岗位会有一定的要求，学生以小组形式参与学习就可以共享这样的机会。如果能够实现这一形式，学生利用假期进行实习，这种体验式学习相信会有更多的收获。近几年，我校生涯中心已经为高三提前录取的部分学生开设生涯课程，为他们搭建平台，进行丰富多彩的职业体验活动，效果非常好。

学长资源也是配合度极高的宝贵群体，加以组织联络，也许能够开发出优秀的生涯课程或者活动。

2. 方式二：发挥社会资源的价值。采取"课题式"小组活动，在遵纪守法遵守各行业规章制度的前提下，师生共同联系社会部分行业，以志愿者、实地采访、调查问卷等形式多角度汲取信息。

例如，目前医患供需严重失调，特别是大型综合医院，导医服务明显存在很大缺口，如果能联系医院相关部门对学生进行必要的培训，组成导医志愿者小组，分期分批定点轮换，一定能为患者提供及时帮助，节约大量就诊时间，也对医院保障工作秩序有益，当然更重要的是为学生创造更多的职业体验，提升为社会服务的公益意识。

3. 方式三：借鉴社会教育机构的模式，学校组织相关教师组成专业团队联合社会力量开发商业合作模式的相关课程，把班会课、校会课中的职业规划职业体验放到假期里，为学生创建更大的舞台和空间去体验和实践，这也符合一部分家长和学生的需求。而且笔者认为这可能是很大的需求。粗略地设想了一个社会实践活动：茗香千里。

（4月或5月的某个周末或小长假开始）

采摘茶芽：杭州九溪十八涧或黄山毛峰或某个山坡茶园……

晾晒炒制：某家私人作坊或工厂，炒制茶叶……

设计包装：美观与实用兼具，体现品位与特色……

打开销路：茶庄、茶馆、路边摊、亲友团购……

（暑假结题）

其他方式结合区级学生社会实践合作平台相关单位，对学生进行全方位的教育引导。

### 三、 对未来的展望

充分体验了生涯规划的学生,对未来的人生依然充满未知,其人生轨迹未必都是靓丽的彩虹,但一定会少走很多弯路,省去一些后悔与无奈。

在生涯规划的时代,学生的未来,不再盲目。经过规划、体验、修正;再规划、再体验、再修正……落实好每一步,现在即可预期未来。未来可期,但没有一劳永逸的事,因为,未来是由无数个现在叠加而成的,$\sum$ 现在＝未来。

## 生涯在学校中的应用
——上海市继光高级中学　吴瑱祯

《庄子·养生主》:"吾生也有涯,而知也无涯。"此处"生""涯"二字各有含义,前者指生命,而后者指边界。这两年,"生涯"这个词提及率迅速提高,有关生涯规划的意识正在迅速觉醒与发展。越来越多的人愿意相信生涯规划能够通过关注一个人学习、工作、生活的多个方面,试图让他变得更幸福。

高中学生逐渐学会成年人的行为处事方式,期望获得尊重,且具备一定的独立思考能力,但是他们缺乏实际生活经验,对自我不了解、对职业也不了解、有学习压力,但无生活压力。高中学生正处于个体能力迅速提高,职业(专业)兴趣渐渐趋于稳定的阶段,在学校开展生涯教育,对学生进行专业的指导,具有十分重要的现实意义。

### 一、 立足当下、合理定位

从高考改革到综合素质评价,说明教育行政管理部门也越来越重视中学的生涯发展。原来是在考完以后,得知总分再填专业,而现在不是;以前是所有专业,把所有总分加到一起去,匹配哪个专业就填报哪个专业,而现在不是了,专业本身就是一个分数,和总分双线匹配。这意味着,高中生必须从高一就开始想明白想要学习的专业,让学生把生涯规划的意识提前到了高一,要学会适当减少某些科目上所花的精力和时间,从而聚焦在自己目标上。

高中生正处于职业发展的定位阶段,对于专业的选择普遍具有盲目性。而一份理想的职业是综合了一个人的兴趣、能力、价值观、人格等各方面因素而达成的。学生首先应该对自己的兴趣有正确的认识。在心理课上,学校组织学生进行霍兰德测评,再通过小组的形式,进行非正式评估,每位学生回忆自己最喜欢的三件事情,最擅长的三件事情,最崇拜的三个人,最喜欢的电视节目,等等。每位学生通过测评结果以及评估获得自己的霍兰德代码。然后根据代码找到匹配度较高的专业。邀请专业机构来进行专业介绍,并且让同学们对于自己感兴趣、较为适合的专业进行进一步了解,并且到大学里采访相关专业的大学生,对专业有更加深入的了解。每位同学基于对自己的评估与专业的调查写一份报告,班主任老师协助同学们做出决策,让同学们能够在高一就有自己明确的目标,为自己的梦想而奋斗。

## 二、 开展各类活动、丰富职业体验

根据职业生涯发展理论,高中阶段的学生处于职业生涯的探索阶段,该阶段的青少年,通过学校的专业学习、社团活动、社会实践等机会,对自我能力及角色、专业做了一番探索,因此在选择专业时有较大的弹性。

我校非常重视生涯规划教育,在高一年级除了开展常规的社团活动、社会实践等,还新增加了三类课程,如画画社团、JA课程等。邀请专业老师教授学生相关的技能,帮助将来走艺考路线的学生尽早提升技能,从而确定专业路线。

团委的志愿者服务工作也尝试为同学们开设更多服务岗位,除了必选项目值周任务,自选项目有实验室助教、敬老服务、虹口档案馆讲解员、图书整理等,还联系了世纪联华为同学们开设了收银和货架整理的岗位,让同学们在参加志愿服务、服务社会的同时增加自己的职业体验。本届的团委社会实践部干部也正在设法联合虹口区的团委学生会,为同学们联系更多的实践地点,让同学们更早地进入社会,为选专业选大学做好充分的准备。

## 三、 青春约见·走近家长

9月开学第二周,学校开展了"青春约见·走近家长"公开主题班会,邀请家长来参加,共同探讨亲子沟通、家庭教育、职业规划,助力孩子成长。这是家班共育的良好平台,也是促进班级文化建设的机会,更是学校落实生涯教育的重要举措。以下是"青春约见·走近家长"主题班会各环节实录:

### 1. "孩子你听我说"

由于现代社会的竞争日趋激烈,父母大多把精力用在工作及不断学习、提高上,亲子间疏于沟通与互动,多数的交流也只是限于学习成绩。借助主题班会,让家长在孩子面前谈谈自己的求学经历、职场经历,让孩子们好好听听家长们说说他们的故事。

课堂实录1:王忆文爸爸为我们讲述了自己高中选科的经历,选科要选择适合自己的和感兴趣的。所谓适合自己,就是自己平时学得相对轻松,成绩还可以,与其他同学相比有一定优势;所谓感兴趣的,就是自己喜欢的,有一定的学习兴趣,将来也愿意从事与该学科相关联的职业。

我们未来职业的发展和我们现在做出的选择可谓是息息相关,所以同学们要走好当下的每一步,为自己的未来铺路。

课堂实录2:吴盈佳的妈妈如今是银行的一名部门副总,从最初的银行地位很高到现在第三方支付平台的日益扩张,她见证了经营发展环境的巨变。同时也随着时代的变迁不断学习新的工作方式。从一开始的手工记账再到熟练运用各种电脑软件,从简单的会计操作再到上门营销,可见在工作上是要不断接受新的事物并灵活运用的。吴盈佳的妈妈用三个词总结了自己的职场,那就是:感恩珍惜,奋进学习,与时俱进。

未来的我们在职场道路上会见证岁月的变迁和时代的发展,我们需要不断学习,勤奋努力,才能在那个时候跟上时代的步伐,打拼出一片属于自己的天。

### 2. 家长也来当老师

借助家长资源拓展学生的知识面,以他们的知识专长给学生传授一些学校里学不到的知识,丰富学生的校园生活;同时,也让家长亲身感受老师的角色,与学生、自己的孩子近距离接触,感受学生在课堂上的表现,认识孩子,更好地教育孩子。有次班会我邀请到金睿同学的爸爸为同学们讲述了他所在的行业——IT 行业,让学生对 IT 行业有个初步了解,从而有助于未来的职业规划。

课堂实录:金睿爸爸做了主题为"拓路前行,领跑未来"的分享,主要介绍了 IT 行业及其发展前景,从事 IT 行业所需具备的素质、能力。同时也对同学们提出了建议和希望:从此刻开始制定目标,可以先制定一个两年的小目标,先找到心目中的大学,跟父母一起分析自己的现状,根据自己的状态进行若干次甄别与调整,一经确定,就要坚定不移地执行。同学们要把未来掌握在自己的手中,为充满希望的未来而奋斗。

## 四、 梳理角色、制订计划

作为班主任,是孩子们在学校里的家长。最近班级里很多孩子沉迷于游戏,这就是休闲和学习不平衡的表现,不懂得休闲,也不懂得学习。还有一些孩子面临一些重要的角色冲突,如果能够处理好这些角色之间的关系,状态就能够得到改善。尝试在一节主题班会课上让同学们绘制角色饼图,梳理一个阶段内的角色,如学习者、工作者、子女、休闲者等,将这些角色按投入比例在角色饼图(现实饼图)上画出来。思考看到这张图的感触,再绘制理想状态的角色饼图(理想饼图)。直观地、清晰地看到各角色比例,通过角色投入比例觉察阶段重心,通过现状与理想的对比,更容易找到现实与理想状态的差距和调整的关键点。为了达到理想状态,制定行动计划。列出未来一个月内要完成的事件及时间点,记录完成的情况。利用生涯平衡轮帮助学生认清现状,察觉到平时忽略的部分,找出希望有所改变的地方,学会找到学习和休闲之间的平衡点,只有这样才能在学习好的情况下也玩得尽兴。

总而言之,高中生涯规划在学校的应用就是通过辅导、培训、体验等,帮助学生获得职业发展的基本概念、理论和职业规划的设计,使学生能探索自己的知识结构、能力结构,发现个人的兴趣、爱好和个人特质,最终制订符合自身发展的职业发展规划。这样做不仅有效地激发学生的学习动机,使他们能够更好地学习知识,而且使学生真正了解自己。了解社会的需要,构建自己的能力,让所学有所用,从而实现自我管理和自我教育。"成长,长成自己的样子!"

## 生涯教育资源的拓展与整合
### ——上海市继光高级中学　朱琦

生涯教育是一个新生事物,也是我校德育的特色和亮点,它不仅仅关系到学生目前的学业、大学的专业和未来的职业选择,我认为还有一个更重要的内容就是每个人对待生活的态度和生活的能力。

然而要开展生涯教育,仅仅依靠校内资源是远远不够的,还需要我们积极开拓校外资源,整合已有资源,从而实现生涯教育的目标。

### 一、 校友资源

我校是一所百年老校,拥有丰富的校友资源,在此基础上,我们开发了"青春约见·走近校友"的区校合作项目,从编纂活动手册做起,注重活动的系列化和课程化实施。

根据活动手册,严格开展活动的先期培训。比如"模拟校友采访",拟订采访提纲等,让学生明确活动的目的,带着明确的目的去参加活动,能获得更好的体验,让学生将活动的感悟和收获内化为自己成长和发展的动力。

在校友的选择上,我们也注重区分不同的年龄和层次,因为他们能起到引领的作用,因此既需要共性的内容,也要有时代发展的新内涵。

### 二、 家长资源

在此基础上,学校又继续"走近家长"校本课程的开发与实践。家长是孩子身边最亲近的人,是孩子生涯发展的启蒙者和引路人,并且家长群体也可以为学生体验生涯、进行社会实践提供丰富的资源。

课程内容主要分为"约见家族成员""跟随爸妈去上班""我与家长共构生涯规划"三大版块。

(1)"约见家族成员"具体包括了解家族的由来和迁徙,绘制家族图谱;家长成长经历中难忘的人或事;家长对"我"职业的期待,以及"我"的想法;"我们"家族的家风家训,最后生成的是《TA是我崇拜的家长》采访感悟。

（2）我们的学生去到父母的职场，可以了解父母工作的环境，上下班时间，具体从事的事务；入职的资格，需要具备的条件。以此来感受学习的必要性，体会父母工作的辛苦和不易。

（3）在"我与家长共构生涯规划"这一环节，学校邀请家长进入校园，走进班级，参加孩子的主题班会，通过面对面的交流，让孩子和家长共同规划生涯。

"走近家长"课程就是以此为契机，既能让孩子走近家长，又能让家长理解孩子，促进双方的良性交流，进而对孩子的学涯、职涯发展产生深远的影响。

## 三、 社会资源

### 1. 志愿服务

第三年的区校合作项目，学校试水"志愿服务活动"校本课程的开发与实践，从培训、实践、创新和评价四个维度入手，内容包含：志愿服务相关知识介绍、志愿服务礼仪和技能培训、志愿服务相关文件和制度；志愿服务岗位介绍、志愿服务活动体会、特色项目介绍；志愿服务活动创新方案设计范例、社会调查报告撰写范例、研究性学习报告撰写范例；志愿服务活动记录、志愿服务活动评价、创新方案及报告评优方案。

学校每年10月至11月举办高一年级志愿服务启动仪式，颁发《志愿服务活动手册》。该手册成为学生学习志愿服务各项内容的重要材料，是记录志愿服务过程的贴心笔记本，汇聚志愿服务感悟思考的宝典。对学校而言，该手册既是德育校本课程的总纲，也是对志愿服务过程进行管理的依据。

### 2. 大学资源

高二年级走进大学系列活动，是我们根据生涯发展的理念，帮助高二学生厘清发展方向、提升学习动机、改变态度习惯的一个重要课题。

整个活动分为3个阶段。

第一阶段"感受"校友眼中的大学生活：以主题班会的形式，请我校毕业、现正在大学就读的5名校友进教室和各班学生交流大学生活以及高中阶段应做好的各种准备。

第二阶段"实践""我"眼中的大学生活：带领学生走访上海理工大学。①聆听讲座"大学需要怎样的人才"；②分文理院体验学习（课堂体验、实验观摩、学科介绍）；③校园定向越野活动（自由参观、采访）。

第三阶段"感悟""我"离大学还有多远：以主题班会的形式交流并总结第一阶段和第二阶段的活动感受和体会，制定改变自我的计划。

### 3. 社会实践

学农是每一个高中毕业生必须完成的社会实践活动之一，伴随着高考综合改革，学校尝试将农村社会实践活动和生涯教育相结合，作为学校课程的延伸，让学生带着课程去实践，并在实践中学以致用。

例如，农村社会实践活动**与历史学科相结合**，让学生了解我国农业的过去，包括中国的原始农耕，农业与传统文化，农业与二十四节气；**与政治学科相结合**，让学生了解农业在我国经济生活中的重要地位，如何学习和借鉴世界发达国家的经验，发展现代化农业；**与生物学科相结合**，让学生了解农业转基因技术，有机农业和绿色食品，大棚与温室效应，应对气候变化、促进粮食增产；**与地理学科相结合**，让学生了解城市化的进程，上海郊区农业的特点，常见的农作物；**与语文和英语学科相结合**，鼓励学生以**诗歌和英语日记**的形式书写学农小结。以此来丰富农村社会实践的内容，让学生主动观察和关心身边的世界，学习撰写社会实践报告和研究性学习报告。

在老师的引导下，学生们写出了"Agricultural Practice Summary""The Days I Spent on the Wu Si Farm"英文小结；《高中生社会实践活动的分析和建议》《论农业的发展》《上海郊区农业认识》《上海郊县农家乐现状分析》《中国古代农耕用具的发展》社会实践报告；《农田我的朋友》《学农诗词》等学农诗歌创作。

关于生涯发展教育，我们还在探索和前行，学校必将尽其所能，借助各方资源和力量，为学生的成长而努力！

## 第二节　学科融合

### 吾生也有涯，而知也无涯
——语文教学与生涯教育的融合
——上海市继光高级中学　仲秋

语文课程是一门学习语言文字运用的综合性、实践性课程。语言文字的运用，包括生活、工作和学习中的听说读写活动以及文学活动，存在于人类社会的各个领域。语文学科的核心素养主要包括"语言建构与运用""思维发展与提升""审美鉴赏与创造""文化传承与理解"四个方面。《普通高中语文课程标准》明确指出："要充分发挥语文课程的育人功能，引导学生认识社会、认识自我、规划人生。"这正与生涯教育的核心目标——"我是谁？我要去哪里？我怎样才能到那里？"相切合。语文教学具有关照学生的语文能力、思维能力和生活能力发展的意义。有意识地把语文课程的相关内容与生涯教育的相关工作有效结合起来，让学生认识到生命成长的阶段性，认识到在人生的每个阶段都会面临不同的困难，对于有效地引领学生正确认识高中阶段乃至整个人生过程中的各种问题，树立明确的学习目标，激发学生积极主动的学习态度，启迪学生心智的健康成长，有着十分重要的意义。

## 一、 阅读经典有利于青少年正确认识自己，树立乐观积极的人生观

青少年处于自我认知的阶段，经常会发生自我认知的错位。有这样一个案例：K同学语文成绩中上等，文言文基础扎实，但作文不理想，然而K同学并没有认识到自己语文学习上的不足之处，极度自信，每逢考试前总是信誓旦旦地说自己语文能考第一名。老师首先肯定他学习语文学科的积极性，然后引导他阅读一些哲学性的文章，如阅读周国平的《未经省察的人生没有价值》中关于苏格拉底以不断的追问来引导人们发现和认识自己的无知与缺陷。"同样是无知，他们以不知为知，我知道自己一无所知，在这一点上我的确比他们智慧。"阅读《论语》"子曰：'由，诲女知之乎！知之为知之，不知为不知，是知也。'"阅读《史记·项羽本纪》探究项羽失败的原因主要表现在性格的弊端，四面楚歌、霸王别姬时仍认为是"天亡我，非战之罪也"，项羽的穷途末路很大一部分原因和他性格中的刚愎自用、妄自尊大有关。引导K同学懂得正确认识自己，既不妄自菲薄，也不自恃过高，学习鲁迅先生在《拿来主义》中所说的"要运用脑髓，放出眼光"，正确认识自己，树立乐观积极的人生观，相信李白告诉我们的"天生我材必有用"，成为未来社会的中坚力量。

## 二、 思考与写作有利于青少年应对复杂的人生，坚持不懈地为理想奋斗

我们常常为一些天资聪颖但不甚努力的学生而感到惋惜。L同学高一入学时的成绩不错，后来沉迷于游戏，成绩一落千丈，到高三想努力改变但收效甚微。此时高三有几篇课文对鼓励L同学振作非常有帮助。世界经典名著海明威的《老人与海》中"一个人并不是生来要给打败的，你尽可以把他消灭掉，可就是打不败他"。桑地亚哥所面对的莫测的大海和未知的挑战就如同我们每个人面对的充满未知和挑战的人生一样，只有坚信自己不会被困厄击败，才能从容淡定地应对学习和生活中的挑战。巴金的《〈激流〉总序》中也写到"生活并不是一个悲剧。它是一个'搏斗'"，这些作品都教我们要去征服生活。王国维在《人间词话》中讲到"古今之成大事业、大学问者，必经过三种之境界：'昨夜西风凋碧树，独上高楼，望尽天涯路'，此第一境也；'衣带渐宽终不悔，为伊消得人憔悴'，此第二境也；'众里寻他千百度，回头蓦见，那人却在，灯火阑珊处'，此第三境也。"这做学问的三个境界讲述的即展望理想、执着追求和蓦然顿悟，运用到对人生的感悟也是可以的。L同学在高三的学习中，虽然很艰苦，但他在慢慢进步，没有放弃努力。有这样一个作文题目：我们常常听到"接受你自己""要和你自己和解"这样的话，然而有人却说："不和解才有意思；要跟自己过不去，抬杠，找自己的茬。"对此谈谈你的看法。这是一个非常具有思辨性的作文题，学生们在构思这篇作文时，其实就是在思考如何认识自我和改进自我，这恰恰是有关于生涯教育的问题。"和解"是一个认识自我的过程，而"不和解"是一个改进自我的过程。接受自己不是放纵自

己，不是向生活妥协，而是正视和悦纳自己的不足和命运的不公，再绝地反击。不和解也不是偏激违背世情，而是坚守原则、挑战自我、促进进步、提升自我。写作需要辩证性思考，而人生更需要辩证全面地看待问题和解决问题。语文教学越来越重视逻辑思维能力的培养，这对于生涯教育也是极有帮助的。

语文教学旨在培养学生的语文核心素养，这与生涯教育的核心目标是相契合的，两者的共同目标是将青少年学生培养成有理想、有乐观生活态度、有面对生活勇气和解决问题能力的社会栋梁。"吾生也有涯，而知也无涯"，在不断学习、探索、思考、实践的过程中更接近人生的理想。

## From Knowledge to Practice
——有关生涯规划的学习体会和实践应用
——上海市继光高级中学　吴佩文

2017年10月至2018年1月，在学校推荐和自荐相结合之下，我报名参加了"虹口区生涯规划高阶班"学习。这次学习完全在我的"生涯计划"之外，但它对我的"职业生涯"乃至我的"生涯全景"的影响超乎想象。

## 一、 学习前的背景

### 1. "生涯教育"其实是回归教育"以人为本"的实质

高中阶段是人生的重要阶段之一，教师应该帮助学生找到自己的兴趣志向，指导学生和家长提前规划学生未来求学和就业的发展方向。高中生职业生涯规划教育就是帮助和引领高中学生了解自己的兴趣爱好、性格特征、擅长的学科和未来想从事的职业，根据现有的主客观条件，设计出学生的未来职业生涯规划图景。

### 2. 高考改革催逼学校必须重视"生涯教育"

2014年9月，国务院发布《国务院关于深化考试招生制度改革的实施意见》，确定上海市、浙江省为全国高考综合改革试点省市，为其他省（区、市）高考改革提供依据。倡导的"探索基于统一高考和高中学业水平考试成绩、参考综合素质评价的多元录取机制"，是把单一评价方式扩展为综合评价方式。所以高中生"生涯规划"课程被提上议事日程。

### 3. 一线教师初次接触"生涯课程"

2015年5月，正担任高一班主任的我，在学校的推荐下报名参加了"国家生涯规划师（初级班）"的学习。我第一次知道了"自我认知：兴趣、能力、价值观""问题解决与决策"

"梦想建构：确立全景式生涯观"等生涯理念。但是理念是有了，课程结束后我却不知道如何把这些生涯理论运用到高中教育的具体实践中。这次"虹口区生涯规划高阶班"的学习使我对"生涯理论"在高中阶段的"落地"充满了期待。

## 二、学习中的开启：印象最深刻的一节"线上"微课

11月29日晚上，赵昂老师特地邀请了广东省湛江市第四中学高级教师陈璐(16年语文学科教学经验，市级优秀班主任，市级高考先进个人)来跟我们进行线上微课分享。陈老师受赵老师的启发，于2016年起开始探索学科教学与生涯教育的结合，在语文听说教学、阅读教学、写作教学中渗透生涯知识，并在实践中取得了令人满意的成果。听完陈老师的分享，我深受启发，一个深深埋在心里疑问有了答案："生涯教育"不应该只是心理老师或德育老师的"专利"，学科主渠道的打开才是生涯落地的真正体现。

## 三、学习后的期待：如何将"职业生涯理论"运用到高中英语的教学中

在"高阶班"学习体会小结的里我曾写了这么一段话：前面提及的陈璐老师在语文教学中结合"生涯理论"的实践探讨给我带来了启发。我最近也在思考：是否也可以尝试在我所教的英语课上"植入"生涯的理念呢？例如，新世纪版高一英语第一课就是Occupations(职业)，教学要求：了解不同职业性质和区别。我想这不就是探讨"职业生涯"的好机会吗？我可以通过让学生听或阅读各种职业介绍的文章来了解各种职业的工作性质和要求，用"思维导图"呈现介绍自己感兴趣的职业，撰写求职信，小品表演"求职面试"等教学手段，既培养了学生英语听、说、读、写的能力，又让他们一进入高中就关注到了将来的"职业规划"问题。又如第二课Success Stories(成功故事)，教学要求了解名人的为人和成就。这不就是人的自我探究吗？我可以让学生上网查找名人或他们所崇拜的人物的介绍，归纳总结他们成功的秘诀，探究"兴趣、能力、价值观"对一个人事业成功的影响，转而引导学生思考自己要在将来的职场上成功需要具备的条件，他在高中三年中可以做些什么来实现自己的职业梦想。

## 四、学习后的实践：尝试将"生涯"的理念运用到实际的课堂中

从"高阶班"毕业至今，已过去了近一年半的时间，我也从高一上学期教学进入了高二下学期。我试着在有限的课堂空间和时间里置入"生涯"的元素，将我所领悟的传递给学生们。

### 1. 改变传统的教学模式

《高中英语(新世纪版)高一年级第二学期》Unit 5 Music的课文是关于一位意大利著

名指挥家 Arturo Toscanini 的生平故事介绍。以往我们老师的教学设计里都会用到一个生平简介的表格：

| Toscanini's Life Experience | |
| --- | --- |
| Time | Event |
| in 1867 | was born in Italy |
| in 1876 (at the age of 9) | entered a music school |
| in 1885 | graduated with the highest honours |
| in 1886 (at the age of 19) | joined an Italian orchestra |
| ... | ... |
| in 1931 | was physically attacked |
| in 1954 | dropped his baton (retired) |
| in 1957 | died |

这次我尝试使用"生命线"的方式进行教学引导：

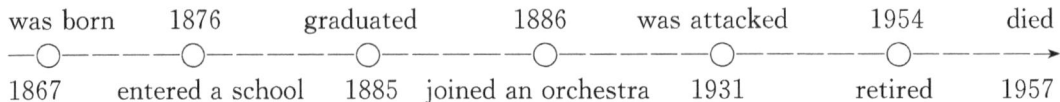

| was born | 1876 | graduated | 1886 | was attacked | 1954 | died |
| --- | --- | --- | --- | --- | --- | --- |
—○————○————○————○————○————○————→
| 1867 | entered a school | 1885 | joined an orchestra | 1931 | retired | 1957 |

这样一来是不是比以前更直观和有效呢？答案是肯定的！

### 2. 在原有的教学设计步骤里加入新的元素

《高中英语(新世纪版)高二年级第二学期》Unit 5 Great Scientist 的课文是关于 Albert Einstein 的生平故事介绍。在课文导入部分，老师们可以用"猜猜他是谁？"的方法引出主题人物。

Can you find out the answers to the following puzzles? ***Who is he***?"

(1) He has made a famous kite experiment. He learned a lot from it and invented lightning rod(避雷针). He is ... **Benjamin Franklin.**

(2) He invented electric bulbs. He made more than 1 000 inventions during his life. He is ... **Thomas Alva Edison.**

(3) She is a woman scientist. She discovered radium(镭)and polonium(钋). In her life, she won the Nobel Prize twice. She is ... **Marie Curie.**

(4) He is called the greatest scientist in the 20th century. He is famous for the Theory of Relativity. He is ... **Albert Einstein.**

接着就可以进入课文的学习了。但是我这次特地增加了一个环节，补充了这四位伟大的科学家曾经说过的名言。先让学生进行配对，又翻译成中文，以便更好地理解这些名言的含义。

| | |
|---|---|
| Imagination is more important than knowledge.<br>想象力比知识更重要。 | **Albert Einstein** |
| Genius is one percent inspiration and ninety-nine percent perspiration.<br>天才就是百分之九十九的汗水加上百分之一的灵感。 | **Thomas Alva Edison** |
| Nothing in life is to be feared. It is only to be understood.<br>生活中没有什么可怕的东西，只有需要理解的东西。 | **Marie Curie** |
| Never leave that until tomorrow, which you can do today.<br>今日事，今日毕。 | **Benjamin Franklin** |

然后我就提问："From these famous sayings, what elements can you find that make a person successful or great?"（从这些名言中你们能发现什么样的元素造就了一个人的成功或伟大？）学生们的答案有：imagination（想象力）、knowledge（知识）、talent（天分）、inspiration（灵感）、perspiration/hard work（努力）、courage（勇气）、curiosity（好奇心）、efficiency（高效），等等。

既然学生们都总结得这么好啦，作为老师的我当然要加一句："If you want to make success in the future, please try your best to cultivate these excellent elements right now."（如果你们想要在未来成功，请现在就尽力培养这些优秀的元素吧。）接下来就让学生们去思考该做些什么吧……老师我要继续上课文内容啦！

总之，"虹口区生涯规划高阶班"课程的结束不应该是学习的终止，它理应是一个实践运用的新起点。真心希望在今后的教育教学的实践分享中能多多听到老师们将本专业的知识和"职业生涯理论"结合的成功案例。虽然我们可以利用的教学时间和空间都很有限，但是很多电影大片里的"广告植入法"不是都挺成功的吗？我们的"生涯理念课堂植入法"也是可以起作用的！

## 高中英语教学与生涯教育融合实践
——以"The Discovery of X-rays"以及"Painter with A Pulse"为例
——上海市继光高级中学　乔莉

我们学校的生涯教育开展好几年了。在这几年的时间里，虽然我因为专业水平不够，对生涯教育没有太多的参与，但也有意无意地在某些方面加入一些生涯的元素，尤其是在我的学科教学中。

比如，有一次设计阅读课的时候，选用文章为"The Discovery of X-rays"。X射线在日常生活中运用非常广泛，但科学家伦琴却花费了大量的时间和精力才发现此射线。这篇课文向学生阐述了一个基本朴实的道理：人类科学发展历史上的点滴进步都离不开科学家的无私奉献。对于学生来说，他们可以了解科学从业人员的需要具备的素质和品质，通过事例启发相关的生涯意识。

文本通过一些特定词句展现了伦琴优良的科学品质，正是由于有这样的品质，伦琴才发现了 X 射线。整篇课文虽然生词量不大，但部分词汇和结构所体现的伦琴的科学品质却需要在老师的引导和学生们的互助下进行挖掘。

因此本课时教学目标设定为：通过文本阅读来引导学生理清文本内容和写作框架，在理解文本的过程中，引导学生通过对特定语言的鉴赏分析，挖掘教材所承载的育人内涵。同时，引导学生运用阅读策略，以多视角细读文本，感知伦琴作为一名科学家所展现的优秀品质，体会这一科学奇迹的来之不易，从而意识到在任何职业岗位上、任何领域中获取成功所必需的个人素养和努力，诱使学生反思。

首先，教师可以利用教学楼的正常照片和在 X 射线下照片的强烈对比引起学生对于此篇文章的阅读兴趣。

通过分段阅读，帮助学生初步了解 X 射线的发现、命名等方面的信息，为接下来的伦琴的优秀品质的展现和分析进行铺垫。层层递进的教学任务设计可以很自然地将学生引入对伦琴品质的分析中。

比如，文中有一句子"Roentgen refused to have his discovery patented. Therefore, it was open to anyone to use"，此处教师可以设计一个教学活动，让学生通过上下文猜出"have his discovery patented"的意思是 "only allow himself to use the discovery for free"，看似只是运用阅读技巧进行语言含义的推敲，但学生通过语句分析，可以从伦琴拒绝为他的发明申请专利这一具体事例中感受到伦琴无私奉献的精神。挖掘词句隐含意义的设计与生涯教育目标息息相关，教导学生每一个人的职业生涯的目标是为全人类做奉献，而并不是为了名利。

教师再追问学生：①如果你是伦琴，你会如何去做？②是什么因素推动伦琴不懈努力，进而发现 X 射线？③如果是你，你会选择科学事业作为你的职业生涯吗？为什么？你择业时会考虑哪些因素？

同学们非常活跃，小组讨论后，总结出热爱（passion）、薪资和津贴（salary and benefits）、职业前景（position and prospect）和工作时长（working hours）等是影响他们日后职业生涯的选择的主要因素。

之后，通过"What qualities do you think Roentgen has as a scientist?"这一问题，让学生对伦琴的优良品质进行总结和思考。每位同学对此都有自己独到的想法。同学们共同探讨，进行同伴互助式学习，再上讲台展示。

学生通过人物特征的挖掘，通过对特定词句的品评分析，挖掘伦琴作为科学家所展现的优良品质。学生能对伦琴有全面了解，体会 X 射线发现的来之不易，更能深刻体味科学家在发明背后的辛劳付出。学生会明白，在任何领域职业生涯的成长之路上，我们都需要付出辛勤的劳动。

学生在黑板上书写伦琴在职业生涯中成功的原因。总结如下：

Devoted(有献身精神——work in his laboratory day and night 夜以继日工作)

Modest(谦虚——prefer people call his discovery X-rays instead of Roentgen rays 更喜欢人们称他的发现为 X 射线而非伦琴射线)

Selfless(无私——refuse to have the discovery patented 拒绝为 X 射线申请专利)

Diligent(勤奋——treat his lab as his home 把实验室当成自己的家)

最后,教师让学生将文章内容和所分析出的伦琴的品质串成一篇演讲稿,将所有同学对于伦琴科学品质的认识进行总结和归纳。这一教学活动中,学优生可先进行尝试,这样既锻炼了语言,磨砺了思维,同时也能对部分学困生起到帮助和语言示范的作用。在这一教学环节中,引导所有同学体验、感悟、思考、交流、合作。帮助学生巩固课堂所学内容,并思考:我们在职业生涯中想要成功,是否需要类似的品质? 这是在读完文本自然的思考,在思维过程中引导学生提升自我德育素养,期盼其塑造优秀的个人品质。

学生利用文本素材,通过对语言的分析,得出了结论:勤奋、坚持、奉献是一位科学家应有的素质,更是我们普通人取得职业生涯成功的必备素养。这一共识的获得并不能通过教师硬行灌输给学生,而是引导学生通过阅读文本、分析文本、体会语言、角色带入等方式,通过自我学习和体验引发情感共鸣,也更能起到内化作用。

通过这一次学科人物与生涯意识的融合,我发现合适的教学内容、符合学生最近发展区的教学目标、科学的教师指导、学生间的友情互助和愉悦的学习氛围才能真正起到对学生的思想内化的作用。本案例教学文本所涉及的 X 射线学生非常熟悉,学生对于其发现过程和发现者相关信息的了解自然也有求知欲。通过引导学生对特定词句的分析来认知伦琴的科学品质,通过语言的习得来体味文本内涵,是一种润物无声的生涯教育过程,是不露痕迹的育人过程。

我想,这也算是一种生涯教育的体现吧。

类似的情况还发生过好几次,比如另外一次设计阅读课第二课时,选用文章是上外版教材的"Painter with A Pulse"。课文是一篇人物传记,这篇说明文介绍了齐白石的艺术风格、贡献成就、性格特色和代表作品。

在教授课文时,我将英语学科教学和生涯教育融合,学生通过这篇课文了解齐白石,会对齐白石远大的人生目标、高尚的素养品质、伟大的历史担当等肃然起敬。教师在教学中,潜移默化地渗透生涯教育的知识与理念。同时这有助于帮助学生成长为有文明素养和社会责任感的人。

"Painter with A Pulse"一课,笔者从齐白石被授予"人民的艺术家"称号和获得国际和平奖谈起,通过人物解读、合作活动等形式,侧重于从齐白石的精神遗产挖掘有效信息,探讨齐白石的艺术道路和艺德素养。

课堂一开始,我以五个问题开篇,带领学生回顾课文:齐白石被授予什么称号? 他的个人风格是怎样的? 除了虾、蟹、鱼等水生动植物,齐白石的作品还有哪些其他主题? 齐白石名画"清平福来"寓意是什么？齐白石晚年被授予什么奖项？通过这些问题引导学生去分析齐白石的人物形象，为下一步教学融合和全面剖析齐白石的精神财富铺垫。

紧接着，我带领学生根据课文梳理齐白石的个性特征；捕捉课文中的细节，让学生体会齐白石的敬业和对职业生涯的热爱：

①齐白石在70岁高龄仍在作画，且作品甚多，这说明什么？作为一位画家，他热爱本职工作——绘画。以证明职业生涯是贯穿一个人一生的，每个人的生涯并不是在退休时就结束。②齐白石创造了属于自己的个人风格，并引领了现代艺术潮流。这说明他作为一位画家，拥有怎样的特质？有想象力、创造力等。以证明要成为一位专业人士，我们必须有相关的专业能力。③齐白石热爱他的故乡，说明他作为艺术家，还拥有怎样的特质？爱国，以证明无论我们选择何种职业，都要为国家做出贡献。④齐白石在晚年被联合国授予国际和平奖，说明什么？齐白石热爱和平，他是专业的画家，同时也关心人类的命运。他在职业生涯发展道路中，也想着为全人类谋福祉。用以证明我们的职业生涯道路，不单单是个人的能力和成就的达成，也是为全人类做贡献。

围绕齐白石职业的连环设问，激发学生兴趣和探究欲望。推动教学深入展开和生本课堂的有效生成。

在授课中，教师要注重打造生本课堂。以学生的积极参与为前提，引导学生自主学习、合作学习、探究性学习。这是学科教学与生涯教育融合的基本教学形态。教师起到引导作用，最关键需要学生对齐白石的职业素养做高度概括，以获得关于职业生涯的体悟。

紧扣文章标题"Painter with a Pulse"让学生在黑板上对齐白石优秀的职业素养进行概括。在这一环节，学生将对之前所有的课堂所学内容进行整合和回顾。

问题一：（小组讨论后回答）你们对标题中"pulse"是怎样理解？

学生："pulse"means the regular beat that can be felt, which symbolizes life, energy, strength, passion and vitality ... and also persistence and permanence because you can feel the pulse as long as you can breathe.

"pulse"原意"脉搏"，象征齐白石在职业生涯中，对于职业的热情。同样也象征着对于职业生涯的一生坚守。

问题二：（小组讨论后回答）为什么作者用"Painter with a Pulse"这一标题？

学生们：

Because Qi was an artist of moral character.

Because Qi's artistic masterpieces were unique and close to people.

Because Qi's nature-based paintings symbolize the vitality of life.

Because Qi was committed to promoting Chinese traditional culture all through his life.

Because Qi's influence extends two centuries and will have a lasting impact on the future...

学生在黑板上书写齐白石之所以被称为"Painter with A Pulse"的原因。总结如下：

"moral character"（高尚的道德品格）；

"unique and close to people"（作品独特，贴近人民生活）；

"vitality of life"（充满生命力）；

"promote Chinese culture all through his life"（终其一生宣扬中国文化）；

"has a lasting impact on the future"（社会影响持续到未来）。

同学们非常积极活跃地开展合作讨论和探究。这节课不仅为学生创造了一个更灵动的挖掘齐白石职业素养的舞台，更为同学们提供了展现和提升语言能力的平台。这正是未来他们职业生涯中所必备的能力。这样的师生互动、生生互动良好的课堂，是生涯觉醒、生涯体验和生涯探索的最佳平台。

通过这几次的学科教学与生涯教育的融合，我发现了一些有趣的规律，比如当教师有意识地利用一些科学的方法指导学生时，学生的自主学习能力以及生涯规划的能力就会得到提高，他们对于职业生涯的理解会得以深化，从而有效地激发学生的学习动机，提高学生的学习质量，同时也搭建起职业生涯教育和学科教学之间的桥梁。也更好地发挥英语学科教学的育人功能。

# 新高考背景下对于化学教学的思考
## ——上海市继光高级中学 王延琴

新高考方案已经率先在浙江、上海进行了试点，在可以预见的将来，越来越多的地区也即将加入高考改革试点的行列中。不可否认的是，新高考方案对当下的我们学校的化学教学工作将产生相当程度的影响。

此次的高考改革方案应该是上海教育改革过程中一次历史性的突破，更加注重学生的全面发展，化学学科从一个普通的高考计分科目转变为"门槛科目"。所谓的门槛科目，是指这门科目必须学业考合格考试才有资格参加高考，就好像一道为考生所设的门槛，只有迈过这个门槛才有进行下一步。

作为从"学好数理化，走遍天下都不怕"的时代走出来的我，一开始对这样的改革是非常抵触的，因为我觉得这样的改革使得化学学科在教学中的地位进一步降低，学生对学科的重视程度进一步降低，花在学科上的时间进一步减少，学校也要求教学主要在课堂上完成，课后作业时间进一步受到压缩，这一切与原先的教学程序产生了巨大的冲击，怎么完成教学任务，怎么在更短的时间里让学生喜欢上这门学科，也曾经让我深深纠结。但是新高考就是来了，它迫使我们去思考，去重新定位我们自己的角色。在"新高考"模式中我们化学学科怎么办？

随着接受培训次数的增多,我发现,新高考不仅仅会给我、学生和学校带来挑战,但是同时,也会带来一些好处。化学学科性质的转变,对于其重要性并不能一言以蔽之,应该辩证地看。作为学业水平测试科目,其成绩按等级评定,区分度降低,多一分少一分可能并没有太大的差别,这是事实,可以从一定程度上摆脱"分分分,学生的命根"这一应试教育中的黄金定律,更符合素质教育的宗旨,更加注重学生在学科基本素养上的培养。然而,这样并不是说化学就不再重要了,而是给了学生更多自由支配的空间,尽量保证自己各个学科的均衡发展:如果化学已经完全能够达标,那么适当分配一些时间给其他科目,这也是无可非议的;倘若化学是短板科目的话,情况就很严峻,必须高度重视,加大投入的时间和精力,希望从其他科目中给化学拉分的机会已经不存在了。对于我们教师来说,教学任务则更加艰巨,更加具有挑战性,因为化学已经不再是一个独立的个体,对不同学生的要求应该是不一样的,我们需要重新审视自己的教学,思考如何做到因材施教,既不加重学生的负担,也不影响学生的高考录取。

首先,我们要重新认识化学学科的地位。对于大多数高中学生来说,求学的目的还是要上一所本科院校,那么学生在化学学科上的学业水平考合格将是一个基本的要求。教师应该保障和促进学生的化学学科学习的成效。

其次,我们应该明白,化学学科的学习与其他科目不是相互矛盾的,是相互补充、相互促进的。有效而适当的化学学科的学习不会冲击三门学科的学习。各门学科的学习应该是一个相互补充、相互促进的过程。因此,化学学科的教学及必要学习时间的投入不会对其他学科的学习造成冲击,相反,应该会相互促进、相得益彰。

同样,化学的教学对于我们将来大部分参加合格考的学生来说,必须是一个普适性的自然学科教育。当天津滨海惊天的爆炸声传来,远离事故中心的我们应该学会的是如何应用学过的化学知识进行必要的防护和简单的自救;当自媒体上满屏充斥着所谓"没有添加剂"的"绿色产品"圈套时,我们要教会孩子的是学科的真相。我们应该尝试还原化学作为主要学科的本质,化学课堂的重要任务是将化学的精彩呈现给学生,让更多的学生在生活中实践化学知识,甚至将研究化学作为自己的职业,这才是我们学科教学的真正目的。

改革的路上总是充满荆棘,但我始终相信,只要我们认真去研究,努力去改变,不忘初心,终将找到适合学生的教学方式。

## 浅谈化学课中的生涯

——上海市继光高级中学 刘振华

生涯教育,作为一种教育改革理念与实践,就是以促进人的终身发展为目标,通过系列教育活动,使每个人把工作定向的社会价值纳入个人的价值体系中,并应用到生活中去,最终过上符合自身特点又有意义的生活。

生涯教育是连接学校与社会的桥梁,应从什么时候开始,仁者见仁,智者见智。中学教育的目标不仅是把学生送入大学,还应该是多元化的,老师应帮助学生正确认知自我的兴趣、爱好、性格、能力,以及价值观等,让学生提前认知与体验将要学习的专业或从事的职业,为形成专业兴趣与职业倾向奠定基础,为人生规划铺路。

通过实施生涯教育,让学生了解他是谁,想干什么,能干什么,环境或条件允许他干什么,最终目标是什么,现在或每个阶段该怎么办。通过提前谋划,不断激励,让学生提前制定人生规划,尽早设计自己的人生。

中学阶段是个人形成良好的世界观和人生观的重要阶段,对未来的职业选择有着重要的影响。课堂教学是目前学校最主要的教学形式,除了开展专门的职业生涯教育课程,如何在课堂中渗透职业生涯教育呢?

联想到网络上曾经流传过这样一个帖子:"中国人在食品里完成了化学扫盲:从大米里我们认识了石蜡;从火腿里我们认识了敌敌畏;从咸鸭蛋、辣椒酱里我们认识了苏丹红;从火锅里我们认识了福尔马林;从银耳、蜜枣里我们认识了硫黄;从木耳里我们认识了硫酸铜;三鹿又让我们知道了三聚氰胺的化学作用。"我们学过化学,甚至被很多实验现象深深吸引,那为什么还会出现前面提到的化学扫盲现象呢?不是化学出了问题,是用化学的人出了问题,是培养人的课堂出现了问题。课堂里以化学知识的呈现为主,即便是绞尽脑汁采用各种教学方法,也是为了学生更好地掌握知识,而忽略了实际生活中化学知识的应用,更忽略了化学本身的美好。著名化学家西博格教授早在1979年就曾经提出过"化学——人类进步的关键"的观点。化学的课堂更是要将化学的精彩呈现给学生,让更多的学生在生活中实践化学知识,甚至将研究化学作为自己的职业。

人类生活的各个方面,社会发展的各种需要都与化学息息相关。从我们的衣、食、住、行来看,色泽鲜艳的衣料需要经过化学处理和印染,丰富多彩的合成纤维更是化学的一大贡献。比如在讲氨气这节课时,我会介绍氮肥在人类生存过程中的重要作用,人口剧增而耕地减少,如何装满粮袋子,丰富菜篮子?关键之一是发展化肥和农药的生产。在讲有机化学时,让学生体验到,人类用以代步的各种现代交通工具,不仅需要汽油、柴油作动力,还需要各种汽油添加剂、防冻剂,以及机械部分的润滑剂,这些无一不是石油化工产品。此外,人们日常生活中需要的药品、洗涤剂、美容品和化妆品等必不可少的用品也都是化学制剂。可见我们的衣、食、住、行无不与化学有关,人人都需要用化学制品,可以说化学不仅解决了人类的生存,还会使生活更美好。

# 在生命科学课中融入生涯教育

——上海市继光高级中学 武冰

作为一名新入职的高中生命科学教师,目前我在生涯教育的专业水平上有所欠缺,对学生生涯教育的理解上也比较粗浅，不能做到像心理老师那样，可以为学生准备一节专业的生涯教育课，帮助学生从专业的角度规划自己的职业生涯。现在我能够做到的仅有在生命科学学科教学过程中凸显生涯教育理念，在加深学生对课程知识点掌握水平的基础上，引起其对职业生涯的兴趣，促进其职业生涯素养的养成。

生命科学课程具有很强的科学性，与现实生活的各方面联系密切，有极强的实用性。目前的生物技术相关行业蓬勃发展，出现了许多与生物相关的新领域，越来越多的人直接或间接地参与到这些新行业当中，学校的生物教学活动中融入生涯教育也比较容易实现。例如，在基因工程和转基因生物这节课中，我由抗虫棉和转基因农作物导入新课，向学生介绍抗虫棉的由来，转基因大豆等农作物引发的食品安全忧虑，从而引出了农业育种人员和食品安全检测人员这两种职业，向学生介绍农业育种人员一般毕业于农业大学，学习植物学、育种学、细胞工程技术等学科，需要较强的科研能力和操作能力；食品安全检测人员是食品或检验专业出身，学习物理学和生物学的检测方法，从事这一职业需要具扎实的专业知识，一般就职于食品与药品监督管理局(FDA)或者专业的食品检测机构。

此外，在克隆技术这节课中，由克隆猴"中中"和"华华"导入内容，介绍了克隆猴的研究过程，涉及的生物技术主要是细胞核移植技术，从事这一行业的人员要求就读于生物类相关专业，具有硕士以上学位，有极强的科研能力。此外，还介绍了克隆猴的研究目的是建立非人灵长类疾病动物模型，加快对肿瘤、免疫缺陷、阿尔兹海默症等对症药物的研发，使学生知晓从事生物学研究是为了促进医疗卫生事业的发展，促进人民群众身体健康，造福全人类，从而引发学生从事医学科研、临床实践的意愿。

高中生命科学教材中还有很多生物科学史，从中可以挖掘出一些科学家的故事，特别是国内科学家的故事，如"杂交水稻之父"袁隆平、"克隆牛之父"杨相中、获得"诺贝尔生理学奖"的女科学家屠呦呦等，除了培养学生刻苦钻研、报效祖国、服务社会和人民的社会责任心外，还可以让同学对科学家们工作有更多的了解。生物教材中会涉及一些常见的细菌病毒，我会引导学生思考生活中的一些疾病产生的原因，怎样预防和治疗，增强学生的防范意识，用生物学的理论去揭穿伪科学等。环境的日益恶化已成为当今世界人类生存最大的威胁之一，地球是最大的生态系统，因为环境恶化，地球已经受到严重伤害，如水污染、空气污染、土地沙漠化等，生态系统这一节可以挖掘很多这方面的素材，培养学生的环保意识，保护地球、保护家园的社会责任感，同时也可以介绍和环保相关的职业。

在生命科学课中融入生涯教育，可以让学生对某些职业产生向往，对生命科学的学习产生更浓烈的兴趣。教师除了在课堂上开展生涯教育之外，还可以引导学生在课外查阅资料，对在课堂上的生涯教育进行补充，例如，查询相关专业的排行、从业者的薪金收入等。通过这些方法，向学生提供与生命科学相关的一些职业信息，增进对这些职业的理解，对未来的职业选择形成初步规划，明确学习的目标和方向，为接下来更高层次的学习和步入社会后的工作做准备。

# 将"模拟政协"融入生涯教育

——上海市继光高级中学　倪丽娜

生涯教育是目前全球热议的六大教育主题词之一。我国生涯教育目前正处于快速发展期;而上海市教育委员会对中小学生涯教育的定义是:运用系统方法,指导学生增强对自我和人生发展的认识与理解,促进学生在成长过程中学会选择、主动适应变化和开展生涯规划的发展性教育活动。

我们学校开展生涯教育也有五六年时间了。在这几年的时间里,虽然我对生涯教育没有太多的参与,但是无意间也在教学实践中融入了一些生涯教育的元素,目的是想将枯燥抽象的政治学科知识与社会实践活动相融合。为此,我开设了研究型拓展型课程(以下称"两课")——模拟政协。

关于"人民政协",在高二下学期的政治教科书第六课《立党为公　执政为民》中有这样一段内容:"人民政协是社会主义协商民主的重要渠道。……"寥寥11行字,简单介绍了"人民政协"的概念和职能。由于"人民政协"的话题离学生的现实生活很远,平时没有机会接触到。而这部分内容的学习水平是B,即理解与阐述;此外,"政协协商"是我国社会主义民主政治建设的重要形式,涉及青年学生的"道路自信、制度自信、理论自信、文化自信"等方面。

怎样把这部分内容变得更具体形象,让学生乐于接受并理解?"青少年模拟政协活动"提供了一个很好的契机和平台,帮助我解开了困惑。这项活动是以高中生为主体,其核心是通过模拟人民政协的提案形成过程,体验人民政协的组织形式、议事规则,以了解和体会中国特色的民主协商政治制度;也是结合高中思想政治课教学,探索和创新思政教改、技能培养等的全新特色社会实践活动。

四年来,我指导学生开展了十多个提案和研究型课题,两次进入市级展评,在市区级层面获得各种奖项。我们全程组织和参与组建团队、确定课题、查阅资料、调查问卷、座谈访谈、汇总分析、撰写提案、制作视频、市区展评等环节,先后撰写了《关于扩大和优化"职业体验"活动的提案》《关于上海设立学生交通卡的提案》《关于进一步完善早餐工程的提案》等,从关注自身,到关注整个社会乃至国家,从关注自己身边的个别现象,到关注到社会普遍现象以及背后的原因,最终提出合理可行的建议和措施。每一个提案形成的过程,实际上是学生自主学习、主动探究的过程,有助于培养和提升学生发现问题、分析问题、解决问题、合作交流等方面的综合能力。

模拟政协活动有助于学生增强社会主义制度意识、社会责任意识、实践意识、创新意识,提升学生的人生必备核心素养能力。小包同学在第二届上海市青少年模拟政协活动中荣获了"杰出模拟政协委员奖"和"最佳风采奖"。他这样说:"我觉得这次活动确实很有意义。作为一名政治等级考的学生，参加模拟政协有助于更好地了解我国的政治协商制度。我们的提案是关于职业生涯教育的，我们走访了学校，去父母工作单位实习，到区政府采访，走进人才招聘市场，并通过网络查阅我国劳动力资源情况，在这一过程中，深切地感受到政府为解决就业问题所做的努力，同时也看到社会对未来劳动者素养的较高要求。"

模拟政协活动帮助学生在社会实践活动中形成正确世界观、人生观和价值观。为了写出有质量的提案，学生必须仔细观察社会现象，学会发现问题、分析问题，并提出解决问题的建议，这其中需要运用多种知识和能力，有利于提升学生的综合素质。在上海市第三届青少年模拟政协活动中获得"最佳风采奖"和"优秀展评奖"的小姜同学感受颇深。"初入模拟政协，全因自己对政治学科方面抱有兴趣，平时我对政治科目也很拿手。但当正式加入模拟政协这项活动后，我曾有过的自信遭到了打击。模拟政协是一项全新的体验式的探究活动，每一环节都远比我想象的复杂，准备的过程也很漫长。我们从毫无头绪地摸索开始，不断地为了某一个部分争论，在互联网收集数据资料，不断地调整调查问卷，但还是在街头采访中不断被人拒绝了，为了掌握最终展示的效果而不断彩排、备稿……努力终于换来了收获，我们争取到了参与市级展评的机会。在这一过程中，我学会了坚持，学会了协作，学会了关心他人，最重要的是学会负责。"

模拟政协活动也让学生重塑了自信，感悟成长的幸福和快乐。小秦同学平时沉默寡言，缺少朋友，性格孤僻，对基础型学科学习提不起兴趣，但是对信息科技有着特殊的爱好和特长。因此我就主动和班主任及学生家长联系，做学生的思想工作，并鼓励他积极融入模拟政协活动中去：需要写提案，我就鼓励他向语文老师请教议论文的写作技巧；需要数据分析，我就督促他向数学老师请教，渐渐地，小秦同学的学习兴趣提高了，成绩不断进步，人也变得自信和开朗了，最终在高考中取得理想的成绩。在模拟政协社团中，我努力发现每个学生的特长和闪光点并给予耐心指导，为他们搭建平台，让每个孩子快乐成长。

纸上得来终觉浅，绝知此事要躬行。"这是一堂别具一格的政治课，让我看到中国特色民主政治的先进性。"通过"模拟政协"这种活动，一方面通过模拟政协工作的全流程，让学生最深切地体悟中国政治体制，这是高中思想政治学科的外延，另一方面，让原本只存在于政治课本中民主协商，真正成为可以触摸和感受的经验，这又将成为思想政治教育的新平台。为这些高中生跳出课本和考试的局限搭建平台，可培养他们关心国家大事、民生大事，社会责任感、归属感和参与意识，提升高中生的各种能力和综合素养。

当然，"模拟政协"只是学生成长过程中一次社会实践活动，对学生生涯规划的影响作用是有限的，但毋庸置疑的是，"模拟政协活动"已经在这群高中生心底深深播下中国特色社会主义民主政治的种子，并将影响学生的价值观和今后的人生道路的选择。

# 润物细无声

## ——生涯教育与高中历史学科课程的融合

### ——上海市继光高级中学 张梅

"生涯教育是一种连续不断的教育过程,是有目的、有计划、有组织的教育活动。生涯教育的最终目的是让个人过上适合自身特点的美满生活,体现了终身教育理念。不仅仅在于个人的某一阶段,而且贯穿个人的整个人生过程。"

我曾经以为上述的生涯教育是心理老师或是生涯规划师之类的专业人员的事情,甚至分不清"职业"和"生涯"的区别,上述的概念我也只是在网上查阅过。在 20 多年的教育工作中,我一直努力地对学生做学科知识和"如何做人"的辅导,却从没有主动地开展过"生涯教育"。但在听了几次生涯辅导后,我却蓦然发现,其实,我也是"生涯教育"中的一份子。

随着高考改革的推进,我们基础教育的方式也在不断地变化。高中历史教学坚持落实立德树人的根本任务。学生通过历史课程的学习,形成历史学科核心素养,得到全面发展、个性发展和持续发展。不仅要掌握必备的历史知识,也要形成正确的价值观念、必备品格和关键能力。我们继光高级中学历史学科组为了培养学生的综合能力,在基础型课程和两课课程中通过学科活动的开展,培养学生对历史学习的兴趣,也多途径地锻炼了学生的能力。

例如,我们利用学校大型活动的平台,如艺术节、人文节等,带领学生排练历史剧,已经成功展演的有《采薇》《无名之画》两部剧。这类活动受众面广、影响大,很能调动学生的热情。对于参演学生来说,他们沉浸于历史场景中,演绎着历史人物的喜怒哀乐,在现实中体验时空观念。而对于观演学生来说,他们感受到历史并不枯燥,而是生动的、交织着人性的。

又如,我们已经连续三年组织学生参加了"青史杯"全国高中生历史剧本创作大赛,并且年年获奖。相比其他的学科活动,剧本写作不仅要感性地刻画历史人物的内心世界,要理性地思考个人与时代的关系,还需要缜密的逻辑来安排剧情的跌宕起伏,对学生的要求更高。这类活动受众面窄,但是有针对性,专业性更强,这是我们有目的地针对部分学生做出的选拔性活动。一方面有利于获奖学生综测评分的提高,另一方面也确实提高了基础型学生的学科学习热情。

今年,我们又引入了复旦文博学院的"文化遗产进校园"项目,不仅有复旦的大咖教授们给学生做"文化遗产"专题的讲座,也有研究生进驻我们的两课课堂,开创"双师课堂",进一步开阔了学生的视野,也让学生接触到了更多的学习方法和途径。

实事求是地说,这三年来,我们开展的各项历史学科的学生活动,也是生涯教育和历史课程的融合。确实有学生因为参加了我们的学科活动对历史产生了极大的兴趣,提高了历史成绩,也有学生进入大学后选择了相关的专业。

第一届"青史杯"睿颖同学获得了非常难得的全国"二等奖"。她对历史、对写作都有浓厚的兴趣。我们排演的历史剧《采薇》的剧本就出自睿颖之手。她当时已经考入上海大学人力资源专业。目前她已转入上海大学文学院，并且是汉服社的社长。看她汉服飘飘，带领"重华"团队在徽州古民居中搞团建，总让我想起她在学校舞台上的身影。

《采薇》剧组的道具由一个憨憨的男生小马同学制作，他虽话不多但是手很巧。我们排剧没有经费，什么都要自己做，硬纸板、木条、报纸、布匹，他样样在行。小马现在就读于东华大学服装设计专业。看来，当初的排剧就是他兴趣的延展啊。

《采薇》剧的女主"妹妹"现在就读的专业虽然跟剧本创作或演绎不是很相关，但是她依旧在大学的剧社里参加演出。

《采薇》剧组中还有个"戏精"，他男扮女装，演得极好，一下子名声大噪，其实原本他是一个害羞的普通男生。演出后他不仅获得了称赞，也获得了自信，后来在历史等级考中拿到了 A 的好成绩。

罗列一下学生的去向，我很为他们感到骄傲和自豪。让学生在活动中产生兴趣，或是尝试锻炼某种能力，挖掘自己的潜力，这不正是生涯教育的一部分吗？

回望过去，这些活动虽不是有计划、有组织的生涯教育，但是，未来我们的学科活动，将会更有计划和有组织。希望我们的学生都能从中获益。

# 一出好戏
## ——上海市继光高级中学　陆文静

这不是一出严格意义上的戏剧，演员是一群即将步入高三的学生，历史老师客串导演，非专业、零经验。但奇妙的是，师生都从中找到了未来的发展方向。

2017 年的 6 月，为了响应学校开学第一课人文节的活动，我、张梅老师，还有高二历史等级班的 22 位学生组成了一个"糊涂"戏班。之所以"糊涂"，是因为戏班里的每个人都是第一次排演戏剧，一知半解几乎是所有人的状态，知道自己是来参与舞台表演的，可究竟该怎么演、怎么做却是一头雾水。

由于剧本《采薇》取材于西周时期的战争，道具便成了一大难题。类似刀剑、盾牌之类的武器所需数量多，售价高，若购买也仅限于本剧使用，委实浪费。正当我们纠结于买不买时，道具组的马同学给我们带来惊喜，美术是他的专长，他尝试着在总务处提供的硬纸板上贴上白纸并作画，不多时，一团艳丽的篝火出现了，剧本所需的第一个布景道具诞生了，这令我们所有人大吃一惊。

马同学的表现，给纠结于道具的剧组打了一针强心剂，我赶紧鼓励他再尝试画画别的道具。可他却犯愁了，篝火易画，武器却很难下笔，画什么图形、画多大都是问题。我建议尝试从网上搜查一些资料，可马同学却发现西周时期的武器太过冷门，信息寥寥无几，只好向我求救。我细想，这相当于找史料啊。历史讲究证据，即便网上有，可无出处考证，也不能拿来就用。和马同学交流后，我提议去图书馆查阅武器发展史的相关专业书籍，并前往上海博物馆去寻找相关文物，总算找到了西周时代武器的形制、纹饰等资料，过程中真实地体验了文献与实物史料相互印证的"二重证据法"，他感叹切实感受到了历史学的严谨，甚至惊艳于古代武器中的纹饰之美。马同学于是开始临摹，从铅笔素描到油彩上色，一柄炳刀剑、一个个盾牌跃然纸上，道具的问题迎刃而解。

但毕竟是初次制作，"战场"上一交锋纸质的刀剑就断了，盾牌的把手也脱落了，正对垒作战的双方戛然而止，第一次笑场就这么来了，马同学也跟着乐了，随即挠着头开始和道具组的小伙伴们思考怎么把武器做得更结实些，经过不断的尝试、修改，我们拥有了更多精美、牢固的道具，过程中马同学不仅对自己的道具制作越来越有信心，也开始对古代历史中的艺术元素着迷不已。不仅掌握了历史学习的方法，对历史学科的兴趣也与日俱增。

高三毕业后，马同学考入东华大学服装设计专业。他告诉我，曾经的剧组经历让他对历史元素着迷不已，尝试在大一期末设计中融入敦煌元素，创意加内涵，不仅得到了导师的称赞，也获得了大三去巴黎交流游学的机会。剧组的体验让他初次感受到历史之美，五千年的历史有无穷无尽的美学宝藏待他去发掘，如果能将历史融入服装设计中，那他的作品不仅美丽，而且有灵魂。

剧组里类似马同学的例子还有不少，戏剧在很多剧组成员的大学生活里占据了重要的位置。他们或是就读了与戏剧相关的专业，或是活跃于大学的剧社中。我不禁开始思考，戏剧究竟在这些学生身上起了怎样的化学作用？为此，我申报了"艺述历史·犹太往事——基于艺术性表达的校本课程的开发与实践"的课题，开始探寻艺术性表达对历史学习、学生生涯的助推作用，希望能摸索、形成一套特色的教学策略，让更多学生感受历史的魅力。

一出好戏，师生互动，给学生，也给老师，指引了未来的方向。

## 学科教学如何体现生涯教育

——上海市继光高级中学　刘雅馨

生涯教育——这个在我的学生时代从来不曾出现过的词汇，如今在我们学校已经进行了好几年了。在这几年的时间里，虽然我因为专业水平不够，对生涯教育没有太多的参与，但是有意无意地，我也会在某些方面加入一些生涯的元素，尤其是在我的学科教学中。

作为一名历史老师，又没有像班主任一样和学生经常沟通的机会，实际上是很难提及生涯这件事的。但是有一次上课的时候，我的学生突然说她未来想要做考古工作，这让我很诧异，因为说这话的是一个女孩子，要知道考古工作是要跋山涉水的，非常辛苦，可是她全然不在乎我摆在她面前的这些困难。后来经过和她的沟通才了解到在我们学习西汉历史的过程中，司马迁的事迹给她留下了深刻的印象，她也曾经认真研读过《史记》，特别崇拜司马迁严谨的史学态度和实地考察的证史精神，而她很喜欢历史，希望通过自己的实地考察深刻理解书本上学到的知识。这件事让我意识到,学科教学可能会在不经意间在学生心中埋下未来职业的种子,让她追求一生所爱。

在后来的生涯培训中我意识到生涯教育不只是和职业对接,因为如果只是跟职业相关的话,生涯教育根本没必要针对学生开展。可是,生涯是和人生等长的,所以我们才需要及早地让学生做好一些准备。这么看来,高中可能都有点晚了,最好初中就开始进行。那在我们的学科教学中又能为生涯教育做哪些准备工作呢? 历史教学本就是文科教学,离不开信息的解读与分析处理,而这些能力在诸如新闻、文案、人事等各种职业中都有鲜明的体现;即便是非文科类职业在团队合作中也会大量运用到信息处理的能力。

高中历史教学恰好就有助于这一能力的培养。高三教学中有一个重要的版块就是教会学生写小论文,我们的历史小论文是要求学生根据所提供的材料信息得出结论,总结观点,再形成文字。在这个过程中就需要培养学生仔细阅读材料,能通过材料所提供的浅层信息挖掘深层信息,然后根据这些信息再联系所学知识形成历史结论,给出论点。最后一项就是锻炼孩子们的写作能力。一篇小论文的形成过程不仅是某一个历史情节在学生们头脑中的演绎过程,更是调动他们全部思维能力的过程,我们通过对一篇小论文的反复指导、修改来提升孩子们的这些能力。在我校 120 周年校庆时 2015 届毕业的张同学回校开心地告诉我她已经从事新闻编辑的工作了,现在的她对新闻稿件的敏感度极高,能够快速而准确地把握信息的文字处理,这些都和我们当年上课的内容极为相似,能够学以致用是她最大的收获。我相信这一能力也会让所有学生无论在未来从事怎样的职业都受益匪浅。

曾经的我并不认可生涯教育的重要性,是因为我觉得,生涯教育的主要工作不应该由老师来承担,而应该由家长承担,老师更应该承担辅助和指导的角色。有的人或许会觉得我是拈轻怕重,但是这是我的真实想法,主要原因有两个:第一,教师的工作时间已经被极度压缩,没有那么多的精力去承担过多的生涯教育;第二,家长和学生之间的关系与生涯教育,可以形成一个良好的循环:关系好,谈一谈生涯;生涯谈得好,家长和学生之间的关系也会变好。所以我以前对生涯教育的关注还是很有限的,但是因为这一学年恰好教毕业班的关系,当孩子们面临春考、大专自主招生、秋考众多选择的时候,不可避免地把我和学生及家长关联到了一起,而连接我们之间的那条纽带正是与生涯教育有关的专业选择。

看来生涯教育已经成为一个不可回避的话题,在我未来的职业发展中要认真参加培训,争取给学生们提供更有效的指导。

## 融入生涯发展教育的地理学科探索活动

——上海市继光高级中学　戴妍

2017 年开始,新高考综合改革正式实施,学生无论从选考科目还是考试时间都拥有了更多的自主选择权,但同时也暴露出一些问题。比如:由于考查时间的安排(高二就可以参加地理学科等级考试),绝大部分学生出于对高三学业时间的考量,往往将地理学科作为"＋3"学科的必选项。

看上去,地理学科成了"香饽饽",但是由于不少学生盲目选课,因此在实际教学中中途改报或者放弃的现象屡有发生。究其原因,是学生普遍缺乏选择的能力。但是为什么学生不会选择,主要原因是学生对地理学科缺乏全面的了解,学习的动力不足。不清楚社会对于地理学科的职业要求,自然对将来发展道路感到迷茫。因此,在中学地理教学中开展学生生涯发展教育很有必要性。

基于以上的认识,我觉得"如何开展融合生涯发展教育的学科教学"必须理清三个问题。

第一个问题,要融入学科教学中的生涯发展教育目标是什么。生涯发展教育中一直强调要解决两个问题"我是谁,我往哪里去",也就是帮助学生"认识自己、认识社会"。因此,融入学科教学背景的生涯发展教育可以更聚焦:一方面让学生看清自己对于这门学科的兴趣度(有否、深浅、宽窄等),另一方面就是要让学生了解地理学科今后与社会的关联度(包括在社会发展中的角色、贡献等)。

第二个问题,就是要寻找落实这种教育的途径。其实普通高中学生大部分时间是在课堂中度过。新课程改革突出的一个特点就是强调学科教学与科技、生产实践、社会、时事相结合,这其中很多结合的过程就是学生进行初步生涯体验的过程。所以,我觉得开展和课堂教学紧密结合的学科活动是很好的切入点。这样既可以和基础型课程紧密结合,依托学用结合的方式,达成学以致用的目的,提高生涯辅导的效益,同时,又能促进学科教学改革,真正落实"以学生发展为本"的要求,做"有人"的教育。

第三个问题,是确定教育的内容及实施形式。一说到生涯,肯定有很多人首先想到的就是"职业"。因此,目前在学科教学中开展最多的活动就是"介绍与学科有关的职业,或者在本学科的名人"等。诚然,两者之间肯定是有联系的,但是生涯不应只局限在谋生糊口的工作或职业而已,个体生活乃至整个生命的志向、抱负、理想也应包含在内。生涯是学习、成长、发展的历程,是永无止境的。所以生涯发展教育就该为学习者提供适应其特质和需求的学习环境,发现并发展个人潜能,从而得到自我实现,成就未来人生。因此,学科教学中所有的活动环节,比如学生的发言、协作、动手等,都可以作为判断学生特长所在、兴趣所在、可以做什么、适合做什么的依据,这也是学生生涯发展指导很重要的一部分。因此,学科活动的内容可以与生活实际相结合,让学生有强烈的代入感;活动形式可以多样化一些,可以满足不同个性学生的需求,促使学生展现其能力。

## 一、 活动案例一： 月相学习

活动共分三个阶段。活动第一阶段是"观察真月相"。该活动是给定一个月的时间,学生自行观察月相变化,并记录观察结果。活动要求全员参加,但是单独活动,并且需完成月相记录表格。教师在其中担任查漏补缺的职能,待到观察活动结束时,教师会根据学生的观察结果开一次研讨会,反馈月相观察情况。

第二阶段是"组团讲月相"。该活动让学生自行组成讲师团,以20分钟小课堂的形式,做小老师,向其他同学传递月相小知识。这个活动需要小组合作学习,学生在讲解的过程中需要对知识点有系统的了解,讲解的过程又是一种理解后的输出,对学生要求较高。教师在其中承担穿针引线的职能,参与到学生讲课的准备中,对知识的系统性、准确性做辅导。

第三阶段是"台历绘月相"。该活动是让学生绘制2016年月相专题台历,台历包含三大块内容,分别是月相图、月相古诗、月球主题介绍,展示学生对相关知识点的理解及认知,学以致用。这个活动采用招投标的方式,学生志愿参加。在整个活动中,需要教师监督把关,协助、辅导学生进行台历绘制、设计等工作。

整个活动,从简单到综合,从必修到自选,从书内到课外,旨在激发学生对月相的学习热情,通过观察、讲演、制作等一系列成果所得,提升学习的自我效能感。同时,让学生拓展学科眼界,丰富月球学科知识面。在活动实施中,掌握一定的"地图"知识及技能,并培养他们科学的态度及创新意识,增强地理学科素养。

## 二、 活动案例二： 地理学科攻略

2015年,联合生涯老师(黄玉文)带领学生一起汇编《地理学科攻略》一书。书本内容包括:地理学科知识点框架梳理、地理学科学习方法指导、与地理学科紧密结合的大学专业介绍、地理学科的拓展四大部分。整个编制活动以学生为主导,他们经历了资料的收集、分析、整理,文稿的编写、书本版面的设计、约稿访谈等一系列活动,不仅增强了他们对地理学科的认识,也让他们体验了编辑、设计等工种。

## 三、 活动案例三： 校园地图的绘制

为了让学生能更好地认识和深入了解学校,需要创设渠道来普及学校的文化与生活。校园地图在传统概念中只是一个显示校园设施地理坐标方位及周边交通的工具,但它其实还可以用来进行各种场地、建筑的介绍,文化的介绍,起到宣传校园活动、课程、历史、校园文化与生活等的作用。2016年,召集部分高二年级的同学成立地图制作小组,编制"继光校园地图"。其间经历问卷制作、调查研究、地图汇编(图案、文稿等)活动,最终完成手绘版继光校园地图、常规版校园地图,作为学生学习成果的代表作。

未来社会的快速变革,会让我们的学生不断从零开始学习,因此,帮助学生奠定成长的

素质和能力,可以让个体更好地适应当时的环境和角色,更好地为人生下一个目标做好准备。

# 图灵与人工智能
## ——上海市继光高级中学 吴慧萌

学校这几年开展了丰富多彩的生涯教育,使我对生涯教育有了一点点的认识和兴趣,我也会有意无意地在课堂教学中加入一些生涯的元素,结合当前的热门行业,激发学生探索科学的兴趣,启发学生的生涯意识。

## 一、引入

"大家好,我是虚拟主持人'小小撒'!今天我将和我失散多年的孪生兄弟撒贝宁一起主持今天的网络春晚。"

"哇哦!!!"台下观众发出一片惊呼。

这是2019央视网络春晚的视频片段,其中的"小小撒"是首次亮相的人工智能主持人。"小小撒"不仅和主持人撒贝宁长相如出一辙,还抢走了不少他的台词。虚拟主持人结合了人工智能和动作捕捉训练,模拟主持人的口语表达、脸部表情、手势、形体运动及场景互动,包含了各种人工智能技术,比如机器学习、计算机视觉、自然语言处理和语音合成,并以此来重构一个人的虚拟"分身"。通过虚拟主持人"小小撒"引入当前热门的人工智能这一话题,可以激发学生的兴趣。

## 二、人工智能之父

"说到人工智能,大家知道人工智能之父是谁吗?"

"图灵。"一个学生回答道。

接着我简要介绍了图灵的生平和著名的图灵测试,并播放了电影《模仿游戏》中的视频片段。通过介绍图灵所做出的伟大贡献,使学生对图灵能有一个大致的了解,知道今天世界上计算机科学领域的最高荣誉就被称为"图灵奖",相当于计算机科学界的诺贝尔奖。

## 三、人工智能时代

事实上,人工智能已经来了,而且它就在我们身边,几乎无处不在,只是有时我们并没有察觉到而已。如果你想得到某一个题目的答案,或者某一句诗词的下一句,拿出手机搜一下就能轻易得到结果。人工智能技术已经是许多手机 APP 应用的核心技术了，比如：人脸识别、语音助手、机器翻译、智能家居、手机导航、智能搜索等，这些技术给我们的日常生活带来了翻天覆地的变化。

通过联系学生当前的学习与生活，比如"人脸解锁"用到的是图像识别技术；"智能出行"通过地图导航规划最优的出行路线；"智能家居"是人工智能和物联网的结合；通过大数据推荐周边大家爱吃的美食等；让学生感悟到我们的日常生活已经离不开人工智能了。

## 四、 人工智能的发展

1956 年夏天，在美国达特茅斯学院召开的学术会议在多年后被认定为人工智能研究的起点，2016 年春天，AlphaGo 与世界顶级围棋高手李世石的人机对战，把人工智能浪潮推向新高。经过 60 多年的发展，IBM 公司开发的沃森专家系统可以代表当前人工智能领域的最高技术水平，它具备信息分析、自然语言处理、深度学习、情绪分析等深入理解能力，并在不断进化中。谷歌公司一方面对底层人工智能技术进行积累，研发更加高级的深度学习算法；另一方面布局智能家居、自动驾驶、机器人等各种领域，其在无人驾驶汽车领域的技术已经远远超过传统汽车厂商和其他互联网公司。在国内，阿里巴巴、百度、腾讯、科大讯飞等几家公司都有自己的代表产品。虽然近年来人工智能技术突飞猛进，但专业的人才储备相对薄弱，来自领英的数据显示，人工智能专业人才有 200 万左右，中国只占 2%。

通过介绍，让学生对当前人工智能的发展和现状、国内外研究水平的差距有一个粗略的了解。目前人工智能领域的专业人才相当缺乏，这是一个非常热门的行业，当下年薪至少 30 万元人民币，未来的发展形势也相当好。如果学生对这一领域感兴趣的话，说不定将来可以大有作为，当然前提是必须要学好算法和数学才行，因为各种人工智能技术包含了非常复杂的算法，算法是程序设计的核心，而数学又是各种算法的基础，以此来激发学生学习的动力。

## 五、 人工智能的威胁

同时，人工智能对人类社会产生威胁的担忧也随之而来。《时代》杂志 2016 年预测，到 2045 年，全球的人工智能会取代 50% 的工作，会引起大量现存工作岗位的消失，尤其是一些简单重复性的工作，这将造成就业问题；加剧社会财富分配不均，可能使整个人类社会的贫富差距不断加大；一旦机器学会了独立思考，其很有可能不会继续屈服于人类的管控，甚至会发起对人类的攻击，对人类生存带来毁灭性的威胁。

讲到人工智能取代人类工作岗位时，有不少学生发出惊讶的声音，似乎担忧以后将找不到工作。我随即让学生思考并讨论，你觉得有哪些工作岗位会被人工智能取代，哪些不会。由于目前对这一问题还没有标准答案,社会上各种各样的声音都有,大家也都是各抒己见。有人认为那些单纯的、机械的、重复性的、缺乏创造力的底层职业会被取代,也有人认为那些最容易被 AI 算法实现的工作会被最先取代。如汽车司机将会被自动驾驶代替;股票交易员将会被量化交易程序代替;翻译,包括笔译和口译将会被机器翻译代替;超市收银员将会被自动支付代替,等等。当然,一些工作岗位被取代的同时,也会产生一些新的岗位,就像当年纺织机的出现,使大量的手工业者失业一样,而我能做的就是引导学生要接受更高层次的教育,努力学习更高级的技术,并培养终身学习的习惯,多读书,多思考,才能掌握主动权。

和其他任何科技的发展一样,人工智能也具有两面性,既能给人类带来巨大的帮助,也可能带来不可预知的灾难,但人类在人工智能危机面前并不是无能为力的,而是大有可为的,关键是要正确利用人工智能,这才是人类应该坚持的方向。

## 结合"生涯观"的体育教学
——上海市继光高级中学 陶旻荻

作为一名体育教师,曾经参加过教育局组织的生涯培训班,也参加过学校举办的"生涯"主题研讨,这几年学校在生涯教育方面也做了很多的探索与研究。几年的耳濡目染与亲身实践,使我有意将一些生涯元素融入学科教学和带队训练中。

### 一、"生涯"元素混合教学大餐

曾经看到过一篇讨论美国教育的博客,大致内容是说教育可以划分为三个阶段,初始阶段是教师教什么、学生学什么,这里的主体是教师;中级阶段是素质教育,除了课堂上的教与学,学生学习的空间从教室拓展到课外,参与各种课外活动等,开阔自己的眼界,运用自己所学到的知识;高级阶段是教会学生"选择",文中列举的案例背景是一所贵族学校,很多人挤破脑袋都不一定进得去,学生都来自名门显贵,家长把孩子送到这所学校不仅仅是为了让孩子学习知识,他们更看重的是学校的一大教学目标是教会孩子"选择"! 如何教孩子选择呢? 书中举例:课上,Tom 没有交作业,老师会发起 Tom 没有交作业的讨论,讨论为什么没有交作业的原因,讨论没有交作业的后果,讨论大家对于 Tom 没有交作业这个行为感受,等等。对没有交作业的 Tom 来说,大家的讨论是帮他明晰周围人对他这次行为的看法,课后老师会和 Tom 交流,让 Tom 自己选择以后是否按时交作业。这个故事带给我的感受是:①学生们对于是否按时交作业有了更清醒的认识;②在做选择之前,学生会提前思考选择带来的后果,从而做出更慎重的选择;③每个选择都会带来相应的结果,做出选择的人要承受相应的后果(无论好与坏);④在小事情上经常锻炼做选择的能力,是为今后做重大选择时进行的"预演"。

这篇博文也引发了我的思考，美国的教学模式和我们中国学校有着很大不同，但很多教育观点还是相通的。我也尝试在教学中做出一些改变，让学生在"选择"能力的培养上得到一些锻炼：让学生选择比赛分队服，挑选自己归属的队伍；让学生选择队友，挑选自己希望一起踢球的伙伴；让学生选择场上位置——球队组建好后，场上位置需要大家协商进行分配；让学生自己布置场地——每位学生都是独立的个体，所有学生一起布置练习场地……在教学内容无法改变的基础上，教师在教学形式上更丰富一些，学生的学和教师的教才更像一盘教学大餐。

## 二、 在球队中创设"岗位"，给更多人角色体验

曾经有一款游戏叫作"职业足球经理"，一支球队的运营，除了场上踢球的球员以外，还有很多管理人员为球队的运营服务，比如球队的队医、球队的器材管理、球队的比赛影像记录等。我在校园足球联盟联赛中试行了一次球队管理的"游戏"方式，效果很好。具体分工如下：

主教练除了在训练、比赛时领导全队，完成战术安排和现场指挥外，还要负责每次比赛来回车辆的预订工作。

队长 A 同学和 B 同学是队里的顶梁柱，承担助理教练的职能，负责协助主教练组织球队训练。

队员 C 同学、D 同学和 E 同学的职位是球员联络员，每个年级队员们的联络工作都靠他们，确保大家准时集合前往比赛场地。如果有队员有事不能出席，他们会在第一时间通知教练，方便教练在比赛中重新布置战术、调兵遣将。同时，C 同学还有一个职位是饮用水管理员，负责每场比赛的饮用水运输和配发。

E 同学和 F 同学的工作则是一起采购比赛期间所需的食品，然后运输和配发，队员们想吃什么一定要和他们知会一声。

G 同学的任务是在每场比赛前后收发队员的参赛证件，以保证大家证件齐全上阵比赛。H 同学的工作则更加重要，除了要管好赛后装备的回收和整理，每场比赛的摄影、赛前的集体照和剪辑比赛中的精彩瞬间都是他的活，比赛开始、中场休息、比赛结束都能看到他在看台和球场间跑上跑下的身影，可谓劳苦功高。

足球和标志物的管理都是器材管理员 I 同学的工作职责范围，做到器材使用完毕后及时整理。

球队还配备了新闻官。J 同学要在比赛全部结束以后收集汇总每位队员对比赛的反思和小结，整理成新闻稿发到网上供大家评阅。这些管理员上面还有管理层职位，球员 K 同学和 L 同学担任球队总经理的职位，负责管理管理员的工作，起到相互督促和监督的作用。

通过球队管理人的体验,每位队员都有双重身份——既是场上队员,也是球队管理人,大大加强了学生对于球队的情感投入,也增进了他们对于球队管理的认识——"原来一支球队的运营,需要那么多工作工作人员的支持。"

结合"生涯观"的体育教学,让我的教学和球队管理多了更多的着力点,学生在我的课堂上学得更多,学得更好,也帮助我提升了教学效能。

## 教学相长,师生共赢

### ——浅谈生涯视角下的学习"共同体"
### ——上海市继光高级中学　谈旻飞

## 一、背景介绍

人的一生,随着年龄的增长和生活环境的不断变迁,我们在社会中担当的角色也是在不断变化的。可以说在一定程度上,各个角色之间是相互联系且无法割裂的。如何引导孩子正确地面对和有效地平衡各个角色之间的联系,让孩子正确看待角色间的相辅相成,为他们未来能够快速适应各角色间的调整切换做好基础,我想这个问题是值得大家去认真思考和探究的。

## 二、案例过程

在学校的一堂专项理论课上,讲台上的 J 老师正在积极认真地讲述他精心准备的理论课 PPT……早在一周前,小 A 同学向 J 老师提出,想要学习赛事裁判的相关知识,原因是他参加比赛时,专业技术强悍的他,竟然看不懂循环赛的积分单……只是才上了 10 分钟不到的时间,台下不经意的一丝"鼾声"引起了不小的骚动,居然有人睡着了。仔细查看后,学习优等生小 B 同学略显尴尬地向 J 老师解释说:"我选专项课就是想多运动多出汗,理论课实在是无聊又没用,加上最近学习压力有点重,我不知不觉就睡着了。"

不得不说,在 J 老师看来,这两个孩子都有一个"共性",就是目光的短视性:小 A 同学平时一直自视甚高,直到实际难题摆在面前,才意识到需要"补短";而小 B 同学,只是狭隘地把专项课当成了训练课,一味追求技术和体能上的坚持,从而忽略了知识框架的整合衔接,而未来他或许也会遇到和小 A 同学一样的问题。面对这样的情况,对实施策略加以引导,其实已经刻不容缓。

在课后的教学反思中,J 老师也在考虑:相较于传统的坐着听教师在课堂上"背书式"的无聊讲解,或者是穿插在实操课堂上点点零星的碎片解读,对于知识(理论)框架的构建,到底何种教学方法最为有效和容易被学生们所接受并消化？

### 1. 介入教育

J老师认真研读了教学大纲,做了细致的问卷访谈,参考了学生们的学习意愿,重新整合了相关资料,通过"模块教学",以主题角色任务的分配和模拟情境的浸润方式,例如:"金牌"解说员、技能王者、裁判员、"神助"教练员、赛事策划等,让孩子们"亲临现场",在一个个主题鲜明的任务中,让他们清醒地意识到,一场精彩的赛事,离不开许多角色的通力配合,而每一个任务角色的实施需要大量相关知识的积累和建构,从而形成一个完整的"知识框架"体系。

同时,J老师还尝试把课堂"还"给学生,发挥小A同学技术能力强的优势,在"神助教练员"课堂上,孩子们以小组的形式,生生互学,而J老师则是在一边辅助充当"发球器"。而小B同学也在J老师"能者多劳"的"怂恿"下,勇挑重担,带领小组成立了"精英赛事组织委员会",一一完善比赛前的所有事项:赛制赛程的设置与发布,安排报名和人员整理,组织抽签和赛场布置,沟通裁判现场处理,等等。他坦言虽然过程烦琐又累人,但涉及的知识面让他重新认识了这个运动项目,也更加热爱他那个"无坚不摧"的精英团队!!

而学期末,J老师也给每个学生一个自由选择角色的机会,根据各自的选择分配,完成相应的角色任务,并提交一份"简易报告"。

### 2. 成果

像小A和小B这样的学生,在角色任务的积极引导下,逐步提高了参与的积极性。在一次课后闲聊中,小A无意中提到他未来要考师范,成为一名让学生都喜爱的博学教师。而小B同学更是在体验到了"赛事组织"的辛苦和魅力后,一改平时的"少言寡语,蒙头学习"的状态,一发不可收拾地爱上了赛事策划,在课余时间,积极带领组员"畅所欲言",利用"思维导图",积极筹划期末的精英赛,和老师认真沟通优化赛事流程以及场地的安排,力争做到抽签编排的公平合理。

## 三、 案例评析

在学校,教师和学生是两个非常重要的角色。学生通过学习,认知自我,感知世界;教师通过引导,授业解惑,提升素养。这两者的关系其实可以理解为是一组"学习共同体",共同学习如何面对人生的"选择—适应—行动—反思—发展",如果方法运用得当,那么在良性循环下,可以启发学生一生的智慧,而学生的积极反馈能够让教师在专业发展上有所精进。若是继续反哺课堂，那师生间成长发展的延续性将得到进一步的提升。

在本案例中，学生的视野得到了拓宽，增强了孩子们团结合作、共谋发展的意识。而作为"学习共同体"的另一部分，J老师在反思和实践的过程中，也得到了成长和发展，通过反复思考与尝试，让他更加深入地了解了学生的实际学情，促进了其教学策略的改变，从而对于教学内容的把握上有了更深层的精进。

其实，学习方式的转变，师生间的角色关系微妙而精彩，而教学相长，往往会收获意外的"惊喜"。师生共话成长路，或许才是我们"最好的成果"。

你觉得到底是教师造就了学生，还是学生成就了教师呢？

# 第三节　家校合作

## 家校护航，梦想教育照亮高中前行道路
### ——高中梦想教育系列主题活动设计
### ——上海市继光高级中学　徐月红

近三年我们班的班集体特色建设主题是"家校护航，梦想教育照亮高中前行道路"，在德育处和年级组的指导下，我带领家长和学生共同分析自身现状，制定班级及学生个人高中三年的总体和阶段目标。通过探究家族职业、与家长共话职业理想等活动，鼓励学生走近家长，构建和谐的亲子关系，激发学生找寻梦想职业继而树立人生理想；帮助学生从规划学涯入手，提高选择能力、协调能力，学会坚持；通过自我分析，不断强化学习动机，努力成就最好的自己。

### 一、设计背景

2014年上海市出台《深化高等学校考试招生综合改革实施方案》，2017年新高考改革方案将全面落地实施。作为全国高考改革的"排头兵"，考什么、怎么考？最终如何形成分类考试、综合评价、多元录取的招考模式？一切都让家长老师同学很困惑。

在困惑中，2015年7月我又开始担任新一届高一班主任，从家访伊始，家长和孩子都非常关注2017年即将开始进行的高考改革，大家都很关心上海高考变为"3＋3"的模式后，到底选择哪三门作为等级考科目。同年10月，年级组完成了第一次"＋3"学科选择的调查问卷，大部分同学都表示根本不知道该选择哪三科，他们迷茫又焦虑。作为班主任，我也觉得时间紧迫，原来都是到高二结束时选择文理科，同学们有相对宽裕的时间了解各科内容，也能感知到自己擅长的学科。我想船在远航时，有了灯塔的指引才能顺利到达目的地，同

学们如果对未来有明确的目标,目标就会像灯塔一样帮助他们沉着应对高考改革和未来的人生。

正当我苦苦思索的时候,我看到同学们在上学校开设的生涯课程,同学们反映这个课程让他们开始思考未来职业,也能就选科给他们启示。生涯课程的老师告诉我,如在美国,孩子从六岁就开始开发职业意识,职业生涯发展指导贯穿小学、中学和大学。他们认为应尽早对学生进行这方面的教育,中学阶段尤为重要,因为中学处于青年早期阶段,青年早期是青年身体、智力、情感和社会意识发展的时期,是职业生涯发展的关键点。在中学阶段,处于青年早期的学生开始发现他们的兴趣和能力,并且感知他们自己适合哪一种工作。中学阶段的职业生涯规划可以让学生有机会想象"未来的我",并思考高中时期自己该如何准备,才能成就未来的自己。

我找机会和学校生涯中心的专业老师交流了我的想法,他们给我提出了很好的建议。作为班主任,我可以寻找与专业生涯教育相关的方面来帮助同学更好地迎接高考改革和以后人生的挑战,他们推荐了舒伯的生涯发展论给我。在查看了一些相关书籍和仔细思考后,我打算通过系列梦想教育的主题活动来帮助同学更好地进行学涯、生涯的规划,提高同学的选择能力,强化学习动机,使他们努力最好自己。当然,梦想教育系列主题活动仅仅依靠班主任的个人力量是很难完成的,必须要依靠家长和学校的资源和帮助,在和学校及家长沟通后,我开始了三年的"家校护航,梦想教育照亮高中前行道路"的班级特色建设尝试。

## 二、 设计理念

舒伯根据"生涯发展形态研究"的成果,参照布勒的分类,也将生涯发展阶段划分为成长、试探、决定、保持与衰退五个阶段。其中的探索阶段指由 15 至 24 岁,该阶段的青少年,通过学校的活动、社团休闲活动、打零工等机会,对自我能力及角色、职业做了一番探索,此时选择职业时有较大弹性。这个阶段发展的任务是:使职业偏好逐渐具体化、特定化并实现职业偏好。这阶段共包括三个时期:一是试探期(15 至 17 岁),考虑需要、兴趣、能力及机会,做暂时的决定,并在幻想、讨论、课业及工作中加以尝试;二是过渡期(18 至 21 岁),进入就业市场进行专业训练,更重视现实,并力图实现自我观念,将一般性的选择转为特定的选择;三是试验并稍做承诺期(22 至 24 岁),生涯初步确定并试验长期职业生活的可能性,若不适合则可能再经历上述各时期以确定方向。

在后来的生涯彩虹图中,舒伯认为人在一生当中必须扮演九种主要的角色,依序是:儿童、学生、休闲者、公民、工作者、夫妻、家长、父母和退休者。我们高中生很明显就处于探索阶段的试探期,我觉得可以在高中三年让同学们做好"学生"这个角色,在梦想教育中让同学们通过对梦想职业的探索和尝试,树立人生理想,提高选择能力,强化学习动机,努力成就最好的自己。

### 三、 高中三年分阶段实施的梦想教育主题活动

**1. 高一阶段：梦想职业指引选科，规划高中三年学习**

1）采访家族成员，寻找梦想职业

人们常说，"家长是孩子第一任老师，也是终身的老师"。每个家庭对孩子未来的职业生涯发展都有很大的影响。家长如果意识到这一点，就会采取积极、正面、主动的教育方式，会更关注自身的持续发展，从而给孩子成长带来更多的帮助。在德育处的指导下，我设计的第一个活动就是——采访我最崇拜的家长，在采访中侧重了解家族成员们的职业，并选择自己最感兴趣的三个职业，进一步了解这些职业的具体工作内容，学历要求，工作环境，所需技能和意志品质，以及职业发展前景等。在这一过程中，同学们也可以通过网络搜索等途径来帮助自己更全面地了解相关职业，初步确定自己的梦想职业。

2）我的大学专业，我的三科选择

初步确立了职业梦想，就能和自己大学所学的专业产生联系，"＋3"学科的选择就会变得明确。我设计的第二个活动就是——我的大学专业，同学们通过查看上海高考招生的相关网站和心仪大学的招生网站，了解和梦想职业有关的相关专业，以及该专业所要求的高考加试学科。同时发动学科老师的力量，邀请他们和学生座谈，向学生展示学科的魅力，同时也提出学科学习的要求。再请一些学有所长的同学，请他们传授学科学习的心得体会、技能技巧。更为重要的是，每位同学要探究自己的兴趣、能力和价值观，根据自己的性格特征和学习能力，选择相应的"＋3"科目。

3）规划高中三年学习，大小目标成就梦想

通过寻找梦想职业和建立在大学专业基础之上的"＋3"学科，同学们了解了初高中学习的不同，顺利衔接了初高中，信心满满地应对高中的学习和生活。有了明确的目标，他们明白：为了实现梦想，必须对高中学习生活进行规划。此时，我设计了主题班会，给他们讲规划的重要性，一个宏伟目标的实现，绝非一朝一夕，必须将其分解为一个个分阶段的目标，脚踏实地逐一达成。并给到同学们制定规划的范例，请他们联系梦想职业，把总目标分解为高中三年每个学期的小目标，定期召开系列主题班会，检测目标的达成情况。并根据目标达成情况，分析原因，及时调整修订，并做到持之以恒。

**2. 高二阶段：走进大学校园，体验梦想职业，共同规划生涯**

1）学长学姐引领，走进大学校园

到了高二年级，同学们又需要新的激励和引领。于是我和同学们参加了学校组织的走进大学活动，这也是我们班系列活动的第三个活动。大学在读的学长学姐和同学们讲讲他们眼中的大学生活，向同学们展示大学生活的丰富多彩，并以自己的亲身经历，激励同学们

努力奋斗。同学们还走进了上海理工大学,体验了金融模拟教学和理科实验基地,更好了解了大学的专业。

2）借助家校资源,体验梦想职业

同学们的梦想职业还仅仅停留在头脑中,没有实践就无法知道梦想职业是否真正适合自己。利用高二的寒暑假,德育处帮我设计了第四个活动——跟随父母去上班,到家长的工作单位,做一日职业体验。通过亲身体验,同学们可以和梦想职业零距离接触,了解它和自己想象的有哪些不同,自己还有哪些不足,需要哪些提升和改善。

3）家长走进校园,共同规划生涯

在高二第二学期,我们班组织召开了"我与家长共构生涯"的主题班会。邀请家长走进校园和班级,和同学们面对面地交流,共同参与到主题班会中。在主题班会上,学生向家长讲述了"TA是我最崇拜的家长",家长给学生讲述了自己成长经历中的小故事;学生讲述了自己体验警察这一职业的感悟和收获,家长从专业人士的角度,从医学院的学制、专业、课程,到医院分类、科室、医生工作、特点、素养,向学生全面介绍了医生这一职业;在主题班会的结尾,学生还与家长共同商定了自己未来的职业规划、升学之路,以及达到目标的途径和措施。通过此次别开生面的主题班会,家长们普遍反馈:"此次活动,让我们深刻地感受到学生职业生涯规划的重要意义,能让我们的孩子学会理性地选择未来、实现梦想。"班上小步同学在班会课上告诉父母:"通过一系列活动,我知晓了自己心仪职业——医务工作者所应该具备的条件,也明白自己的不足,但我有信心坚持自己的梦想,并会为之不懈努力。"

### 3. 高三阶段：梦想小组互助成长,理智填报高考志愿

1）梦想小组互助成长

高三伊始,同学们更确定了自己的梦想职业和大学,我和班干部们在班级中统计大家的梦想职业,然后成立梦想小组。比如班级有几个男生都对计算机专业感兴趣,他们的选科也接近,他们就成立了"IT小组",平时课间要么讨论学科问题,要么畅谈计算机发展来舒缓学习压力。志同道合的几个人一起为相同的目标去努力,相互监督、相互激励、相互帮助,更好地促进了同学们的学习和发展。同时,同伴的关心和帮助也能减轻了高三的学习压力,让同学们在老师和同伴的关爱和友爱中经受住高三的考验。

2）理智填报高考志愿

高三志愿填报的合理与否,将直接关系到同学们能否顺利步入理想大学的目标专业,进而去实现自己的梦想职业。高三寒假前,我邀请了2017届的毕业生来和同学们分享他们的志愿填报,从上届同学的经历中,同学们明白了梦想实现受限于现实,高三最后阶段的学习成绩,家庭经济状况等都要在填报志愿前充分考虑,要根据自己的情况做出最佳的选择。同学们经过三年的生涯学涯尝试,开始学会综合考虑,独立思考,让父母成为自己的参谋而不是司令,学会理智填报志愿,迈出18岁成人的第一步,也离自己梦想职

业更进一步。

## 四、小结

在进行这个三年的梦想主题教育过程中,我觉得自己也逐渐明白如何更好地帮助同学们树立人生的理想,规划人生。和以前的班主任工作相比,这次三年的主题系列活动更好地实现了我的教育目标,相关生涯理论的学习让我能有前瞻性地设计活动内容,帮同学们提升了选择能力,强化了他们的学习动机,也更好地帮助同学们实现个体的发展。这个活动也增强了我和家长们的沟通,可以根据每个孩子的不同情况,一起谋划孩子的发展道路。

作为主题活动的积极参与方,家长们感觉通过系列活动不仅拉近了亲子关系,对孩子有了进一步的了解,沟通的话题也越来越广,而且对于孩子的未来方向与规划有了大致框架。家长们相信通过分享自己职业、人生的体会与感悟能让孩子们学会理性地选择未来、实现梦想。

《礼记·中庸》上说:"凡事预则立,不预则废。"有目标就有动力,有梦想就有奇迹。在家长和学校的帮助下,我们班同学开始学会了进行生涯和学涯规划,以梦想职业点燃前进动力,同学们提高了各方面素质,避免学习的盲目性和被动性。同学们也学着从宏观上调整和掌控人生目标和职业目标,节省时间和精力,少走弯路,同时也不断为实现目标而积极进取。经过近三年的以梦想教育为特色的班级建设,我们班同学心中有目标,学习脚踏实地,各科成绩名列年级前茅,积极参与社会实践活动和其他各类校内外活动,在高一和高二分别获得区优秀班集体和市优秀班集体的荣誉称号。我衷心希望2018届4班的每位同学都能实现自己的职业梦想!

## 学会与家长沟通,共筑美好未来
### ——上海市继光高级中学 张小红

一天,我去班级上课,途径勤奋楼三楼活动室,看到高三5班的一个学生小婷(化名)在跟父母打电话,言语比较激动,并且不停地擦眼泪。她是我的导生,我决定找她了解情况。

小婷同学高一成绩欠佳,因为高中数学内容多,难点多,她产生畏难情绪,不愿好好学数学,曾经只考三十几分,因为喜欢画画想向着艺术生方向发展。但是在班主任的劝导和家长的干预下,她认识到走艺术生之路的艰辛,就开始一心准备参加普通高考。她达到了春考分数线,但是她发现,她喜欢的大学或专业大多对艺术有要求,她又开始后悔了。后来因为没有自己喜欢的大学,她就放弃了春考的本科志愿选择大专,准备走专升本的道路。

这次，在填报大专志愿时，父母希望她填的学校与专业又与自己的想法有很大的冲突，所以才出现刚才我见到的那一幕。

中午，我找她到活动室了解情况。知道了事情的来龙去脉，与她一起商量如何解决问题。

她不停地跟我埋怨她父母，说她父母不顾她的喜好、感受，不能很好认清现实，让她报考的学校录取分数线比较高，等等。

我告诉她，你这样与父母表达自己的想法，家长是不容易接受的，应该换一个沟通方式。

首先，我让她认同父母是真心为了她好的。正好我是她的导师，我们有感情基础，我想办法让她相信，只要是正常的父母都是希望孩子拥有好的未来。其次，我建议她应该先表达自己知道父母是为了她好，并且表示真诚的感谢。其次再表达因为上次听从他们的建议放弃了画画，现在很后悔，本来有素描等基础，凭她的春考成绩，她可以上本科了。最后再表达，她想选一个自己喜欢的专业，稳妥地选择一个专科，以后专升本。让她明白与人沟通，需要站在对方的角度考虑，需要了解对方的想法，再通过合理地沟通得到自己想要的结果。

她听后觉得很有道理，回家与父母沟通。第二天一大早她就来找我，并一下子抱着我，一个劲地表示感谢。她说她终于说服父母了，感谢我的建议，她终于可以选择她喜欢的专业了。从那以后她积极备考，上课听课、做题都非常认真，最后考出了 157 分，顺利进入喜欢的专业深造。

作为学生的生涯导师，不仅要教会学生如何学习，更重要的是教会他们如何做人、与人沟通、与人合作，规划自己的未来人生路，构建美好的未来。

# 生涯教育，共同成长

## ——"青春约见·走近家长"活动感想
## ——上海市继光高级中学　樊校

随着素质教育的开展，我们逐渐地认识到，要提升学生的综合素养，仅仅依靠学校教育是很难实现的，必须要实现家校共育。在这种情况下，就要求学生家长配合学校的工作，实现家校共育新模式。学校德育处给我们创造了一个非常好的实现家校共育的平台。

2018 年 9 月开学伊始，我校举行了"青春约见　走近家长"主题班会活动。虽然班会只召开了一节课，但是从前期准备到活动顺利举行，前前后后经历了一年的时间。在这一年中我和孩子们一起策划活动方案、准备主题班会的流程、确定主题班会发言家长名单，在整个过程中我和孩子们共同成长。下面是具体活动介绍：

## 一、 主题班会活动流程

| 内容 | 时间 |
| --- | --- |
| 欢迎家长,致欢迎词 | 2~3分钟 |
| 参观T化学企业的所见所闻,对自己未来产生的影响 | 2分钟 |
| 分享寒假实习经验(上海诚上诚纺织品有限公司) | 3~5分钟(定) |
| 分享暑假兼职经验(展会服务) | 3~5分钟(定) |
| ZY爸爸介绍自己的职业生涯经历 | 8~10分钟(定) |
| TA是我最崇拜的家长 | 5分钟 |
| ZXY妈妈介绍自己的生活经历<br>PPT中插入约见妈妈的照片 | 8~10分钟(定) |
| (与家长)一起制订学习计划<br>(短目标,长目标) | 可控时间 |
| 学习计划分享(制订计划的原因) | 3分钟 |
| 家长寄语展示 | 5分钟(定) |
| 总结 | 5分钟 |
| 结束词,欢送家长 | |

## 二、 活动具体方案

### 1. 引入

(此处略)

### 2. 回顾过去

上个学期,学校邀请了T公司的管理高层为孩子们讲述他的职业生涯。暑假里,我们班的胡佳玮同学有幸参观了T公司。让我们听听她在T公司的所见所闻。

### 3. 了解未来

上学期,我们还在学校的组织下走进了上海理工大学参观,见识了丰富多彩的大学生活,更有部分同学在假期参与了职业体验活动,真正地进入岗位实习。例如,朱怡婕同学在寒假中参与了服装设计方面的职业体验;LXF同学在高二暑假中参与了展览引导员的工作。本环节邀请这两位学生代表为大家介绍他们的工作体验。

### 4. 回归当下

环节1:家长引领

听完了几位同学的实习感受,让我们也来听听家长的职业生涯经历。我们邀请了ZY

同学的爸爸为我们讲述他的职业生涯。

经过三位同学和 ZY 爸爸的分享，同学们对未来的职业生涯有了一定的了解。除了在职场中，在生活中，我们的家长又扮演了怎样的角色呢？我们邀请了秦箫同学说说他最崇拜的家长——他的外婆。

同时我们还邀请了 ZXY 同学的妈妈带来"现在的自律与美好的未来"主题发言。通过 ZXY 妈妈的发言，让同学们明白了行动的力量以及坚持的美好。由此引出下面的活动。

环节 2：让我们行动起来

让孩子们回归当下，一起制订自己的学习计划。我们可以设定一个终极目标——大学，然后再给自己设定几个阶段目标，可分为月考、期中考、一模考和春考。

环节 3：活动分享

现场邀请两位同学代表 SSY 和 ZY 进行了学习计划的分享，希望大家能在未来努力向自己的学习计划迈进，把计划变为现实。

### 5. 家长寄语

高三家长寄语 PPT 展示，希望大家在父母简短话语中感受到他们殷切的期望和鼓励，愿我们在高三一年中不忘初心，砥砺前行，把期望变为现实，让高中生活不留遗憾。

## 三、 活动感悟

"走近家长"主题班会活动不仅给了孩子们一个展示的舞台，同时让参与的家长和孩子们的心走得更近了，家长与孩子之间，老师与孩子之间的距离更近了一步，大家都敞开心扉畅想未来。下面是参加完活动后孩子们和家长们的感想：

### 1. 孩子们的感悟

参与了本次"青春约见·走近家长"主题班会，令我印象最深刻的是 ZY 爸爸的发言。ZY 父亲从一开始居住在楼梯间，到现在有了稳定的家居，我深切体会到了求职之路的艰辛。同时也促进了我在接下来一年中努力学习的决心。

我在本次"青春约见·走近家长"主题班会中和自己的母亲制订了自己在未来一年中的计划，其中包括了自己在月考中想要达到的成绩，一模考中想要达到的成绩和自己理想的大学，给自己立下了计划，同时也确定了努力的方向，我对未来的学习更有信心。

我的妈妈有幸在本次"青春约见·走近家长"主题班会中被邀请上台发言，她向大家分享了她成功减肥的经历，并通过这件事告诉同学们坚持的不易和重要性。做多周详的计划，有多远的理想，但不付出实际行动，都是做无用功。希望我能在接下来的一年里更加努力，向自己的理想迈进。

在本次"青春约见·走近家长"主题班会中,在家长寄语的这一环节,我的眼眶湿润了。在家中,父母经常因为琐碎的小事而责备我,其实是我没有想到,父母对我有如此殷切的期望,我在接下来的一年里,一定会继续努力,为自己的梦想而奋斗。

在本次"青春约见·走近家长"主题班会中,作为主持人,我也参与了本次班会的策划,班委们提前几天就开始制定流程,还为每位同学精心准备了明信片,希望同学们能在未来的一年,踏实努力地学习,有所进步。

### 2. 家长们的感想

YYJ 妈妈:

2018 年 9 月 14 日喜逢继光高级中学建校 120 周年,我参加了学校组织的"青春约见·走近家长"的活动,并参与孩子班上的主题班会……让我又有种回归学校做学生的感觉,作为高三家长的我深感肩上的重担,学校的主题活动也让我更深入地了解亲子沟通和优良家风家训传承的重要性,它可以进一步启迪孩子的成长……感谢学校的用心良苦,作为家长我一定会积极配合学校,让孩子健康地成长,成为有用的人才。

LXF 爸爸:

通过这次参加"走近家长"的班会活动自己也受益匪浅,和同学们一起坐在教室里,让我想起了自己的学生时代,家庭教育是基础,孩子能走多远,父母的影响很大。希望 LXF 在老师的带领下通过自己的努力能够完成自己的目标。也希望学校以后多办些此类活动,让我们多听到孩子的声音。

ZWL 爸爸:

通过"走近家长"的活动,我的第一感受就是自律对人一生十分重要。无论是在工作还是学习都要对自己有要求,管理好自己。还有我觉得班级的学习氛围很好,轻松的教学方法感觉比压制强迫性教育好得多。孩子嘛,都有个逆反心理,一味地紧张,也许适得其反了!很赞赏班主任的教育方式。

WJL 爸爸:

通过参加学校组办的"走近家长"活动我感觉收获很多,也学习了很多教育方法,受益匪浅。父母平时的言谈举止,待人接物的态度,对问题的处理方式,都会对孩子产生较大的影响。父母就好像是原件,孩子是父母的复印件。复印件出了问题,那肯定是原件的问题。这也就是大家说的要给孩子做个好榜样,要以身作则。要用正面积极的方式引导孩子学习。感谢学校老师提供的机会。

LSX 妈妈:

在轻松和谐的气氛中让孩子和家长进行换位思考,知道自己该用什么样的方式去让对方感觉到理解与尊重。尤其是听到那个被外婆带大的同学对外婆说的心里话时,特别感动。还有那个减肥故事和事业转折家长的故事,让大家都更深地懂得选择与坚持的重要性。

自从那天回来后，感觉孩子真的长大了，特别懂事。我与孩子交流也变得非常轻松愉快，而且更进一步拉进了母子的距离。

希望以后学校能多组织几次这种亲子活动，感谢老师的良苦用心。

家庭和学校，是学生成长的两个重要环境，对学生的教育和成长发挥着举足轻重的作用。只有学校、家庭形成育人网络，实现优势互补，形成教育合力，才能实现三方共同成长。

## 生涯教育之路上，舟水共促舵手强

### ——上海市继光高级中学　张爽

著名教育家苏霍姆林斯基曾说过："教育的效果，取决于学校和家庭教育影响的一致性。如果没有这种一致性，那么学校的教育教学过程就会像纸做的房子一样容易倒塌。"随着教育的发展，家班共同担责，凝聚教育合力的重要性逐渐凸显出来。学校教育要有家庭教育的密切配合，而良好的学校教育是建立在良好的家庭教育基础上的，两者是一种相辅相成、互相促进的关系。在对孩子的教育中，需要学校与家庭彼此共同学习、共同探讨、共同协作、共同分享。

近年来，家庭教育在整个教育体系中所扮演的角色及所发挥的作用也越来越突出。家长会主动花时间辅导孩子，并就某一个主题和孩子分享他们的经历。同时，孩子对学校的态度通常会受到家长的影响。当家长对学校和学校的教师感到满意时，他们的孩子就会遵守学校的规则，在学校有良好的表现，并对老师的鼓励和支持有积极的反应。舟是家庭给孩子一个起点，水是老师给孩子一个征程，孩子就是掌舵的人，家班共育合力聚力才能更好地教育孩子。

作为一名班主任，在工作中，我与家长真诚沟通，有效合作，利用一切活动开展教育工作，取得了较好的成效。在近几个月准备一节主题班会的过程中，我更是深深地感受到了家班共育的强大力量。家长对职业方面的知识比孩子更了解，会为主题活动起到推动的作用。下面就来谈一下我是如何来策划"我与家长共构生涯"主题活动的。

## 一、 积极宣传，让家长了解这次主题活动的意义

为了得到家长的积极支持，更好地实施主题活动内容，让家长了解我们的活动，我们加大宣传力度，在家长会上宣传这期主题活动的意义，并充分利用微信等方式通知家长，用书面形式让家长全面了解主题活动，丰富主题活动的内容。通过班级环境布置向家长展示活动主题，布置了各种蕴含生涯规划特色的主题板报，和主题内容紧密相连，展示给家长一个全面、真实、富有生机与活力的教学活动主题。

## 二、 鼓励引导，调动家长参与活动的积极性，让家长变"被动"为"主动"

虽然家长有很多的教育资源，但如果家长没有主动地提供这些资源，效益仍然等于零，这就需要教师对家长资源进行"激活"了。教师要重视和家长之间的沟通，使家长充分了解自身资源对学生教育的价值所在。教师帮助家长建立主人翁的意识，激发他们积极合作，共同促进学生的发展。

在学校的支持下，在家长的多方配合下，本次主题班会开展得非常顺利，也达到了预期的效果，现总结一下本次活动的几大亮点：

### 1. 给家长、孩子一个全新的相互认识的机会

在整个活动前期的准备过程中，每位同学都跟自己的家长进行了一次访谈，了解父母的成长经历和工作经历，并撰写了《TA 是我最崇拜的家长》一文，同时每位家长也通过回忆自己的教育经历并撰写文章分享心得。在展示自我的过程中，家长和孩子都会从另外一个全新的角度来认识和关注彼此，发现对方身上的闪光点。在主题班会的当天，我们把这些文章中的一些精彩片段通过 PPT 的形式一页页展示出来，一篇篇精心完成的文章足以证明不只有明星才会博得同学们的眼球，父母也是他们心中的人气偶像，这也在一定程度上拉近了孩子跟父母之间的距离。

### 2. 职业微体验

运用家长资源开展"我跟家长上一天班"的职业微体验活动，学生花一天时间了解父母的工作和工作情况，体会父母工作的辛苦。

小仲同学在暑假跟着爸爸去他的日料店体验了一天服务员的工作，从负责端茶、倒茶这些细微小事上体会到了细心的重要性，还通过与一位日本厨师的简短交流练习了一下自己不太成熟的日语，让自己以前的所学得到了应用。

小夏同学在暑假去华东师大附属第四中学体验了"爱心暑托班"的志愿者工作，过了一把"小老师"的瘾，他在课间细心地观察每位同学，并将他们的特点融入教学中，使教学开展得更加顺利。在这份体验中，他也更加理解了作为一名教师的责任和担当。

小余同学在假期中跟着爸爸去了安全生产科学研究所，通过两天的时间在实验室中用与数学息息相关的"抽样法"来检查护目镜是否生产合格，用类似物理中的凸透镜成像原理来进行棱镜度的检测，并且还把自己的两副眼镜也进行了测试，结果验证出在网络上购买的那副眼镜属于不合格产品，正好也可以解释为什么戴着它会有些头晕了。这份体验让小Y 同学感叹原来科学不单单是那些遥不可及的高科技，我们日常所要接触的东西也包含丰富的科学知识，而只有努力学好数理化才能轻松驾驭这些实验仪器。

主题班会当天，我们邀请了这三位同学作为职业体验的代表分别从服务行业、教育行

业以及科研领域来分享他们各自的体验经历，同时也选取了另外一些同学的体验文章以 PPT的形式展示出来，让家长看到孩子们在完成职业体验之后的成长和收获。当看到孩子们体会到父母工作辛苦赚钱不易的那一刻，每个家长的脸上都洋溢着欣慰的神色。

### 3. 邀请家长走进课堂参与活动

家长从事着各种各样的工作，每个家长的经历和努力奋斗的过程都是很好的素材。同时他们的职业特点和成长经历也能够提供别样的教育视角。在暑假中，我就一直在思考到底通过何种方式让学生能够更好地了解家长。

1）利用家长的职业优势育人

我们的家长来自各个行业，可谓人才济济，他们对自己的职业有切身的体会和独到的见解，是学校得天独厚的教育资源。

班级中小忻同学的妈妈来自电信下属的一个部门，是做党务工作的，从高一第一次的家访以及后期的接触中，我感觉这位家长的口才很好，假期中我第一时间先联系了她，希望她能来介绍一下自己的职业，同时给同学们讲讲不同岗位的入职门槛。当然班会的最终目的还是想激发同学们好好学习。

这位家长以"你的职业起点在哪里？"为主题做了精彩发言，不仅给同学们介绍了电信企业的各工作部门及岗位的特点，还阐述了大专、本科及研究生福利待遇的差异，让同学们懂得了学历会影响你的用工性质（即劳动合同的类型），毕业院校及专业会影响你的用工单位（去什么单位），其他特长会助力你脱颖而出。小忻妈妈还通过单位里三个具体真实的案例向同学们分析了三类人的不同经历，是入职起点低或者毕业院校和专业的原因抑或证书不够而没有得到晋升机会。让同学们能够感悟到，当自己还处在金字塔下层的时候，是要和人数做较量，毕竟大浪淘沙、优胜劣汰是职场不变的法则，而当自己达到了金字塔的中层时，才是以能力和经验来应战。所以现阶段同学们的主要任务就是学习，才能在将来拥有一个不错的职业起点。在发言的最后结尾，忻妈妈的话语也很激励人心，"你将来可以做很多现在不能做的事，为什么不在只能做学习这一件事的今天好好学习呢？请记住，学习这件事，永远在路上，今天做的一切都是在为明天积蓄力量，所以千万别放弃！"

这让同学们加深了对相关企业的了解，同时也让他们明白，只有勤奋学习，规划好自己的职业，掌握一门专业技术知识，未来才能找到一份理想的工作。自己的人生价值才能得以体现。

2）利用家长的成长经历育人

随着时代的进步，两代人的生活环境和经历都有着巨大的差异，大人的故事对于孩子们来说充满着新鲜感，他们渴盼从家长身上看到与自己经历的不同之处。如果把家长请进课堂给孩子讲述自己年轻时的奋斗故事，或许能让孩子们从家长的故事中明白为什么要发奋图强，为自己创造美好的前途。这对孩子们正确人生观、世界观的培养也会起到重要的作用。

从班级小周同学的描述中，我知道她的妈妈工作非常忙，除了频繁的出差之外，晚上八九点钟仍经常还在工作。在她写的《妈妈是我最崇拜的家长》一文中，我也了解到这位妈妈奋斗打拼的艰辛和不易，她经过自己不懈的努力，从一位职场新人发展到现在的董事会成员，这期间的励志故事可以给孩子们树立一个很好的榜样。于是我联系了这位家长，很希望她能接受我们的邀请来给孩子们谈谈她在职场上努力打拼的经历。

周妈妈以"积极心态的力量"为主题给孩子们上了精彩一课，她谈起在女儿幼年期自己的外派经历，离开舒适的环境到一个陌生的城市去开拓新市场，无朋友无人脉无经验，困难重重，唯有对公司与品牌的信念让她坚定不移地相信自己并勇往直前。所有的艰辛与努力换取了优异的成绩，她所负责的区域连续三年在全公司业绩增长最快的城市，也是这段外派的经历让她更专业和更坚定，并用这句话作为自己的座右铭："目标明确、知己知彼、磨炼眼光、贵在坚持、用心做事。"

周妈妈还讲述了自己职业生涯中的大跨步，三年，她从全国零售经理晋升为中国区品牌总经理；又过了两年，她成为董事会成员之一。在这背后，是她在忙碌工作的同时不忘学习的结果。她利用休息时间在交大读完了 EMBA 并拿到了高级品牌经理证书；财务课程、HR 课程、华尔街英语，因为她坚信，努力没有终点，一步一个脚印，学习是艰苦的，做事业更艰苦，但贵在坚持。

在发言的最后，周妈妈也为同学们送上了一段激励人心的话语："同学们，你们现在正在为自己的前途、命运和发展做着准备。高三是大苦与大乐的结合点，唯有大苦方能有大乐。为了心中的梦想，心甘情愿地以苦为乐。为了心中的理想，伤痕累累也不怕困难阻挡。面对挫折，要坦然；面对进步，要清醒。保持积极的心态，有信心、有目标、战胜自己！胜利属于始终坚持、锲而不舍的人。朝着理想和目标奋起直追吧！愿一切为之努力的事情皆有所成！"

这段发言让同学们明白，在职场上能取得如此大的成就，并非是一朝一夕才能做到的，需要付出比常人多几百倍的汗水和精力，一分耕耘一分收获，胜利属于始终坚持不懈的人。

家长的能力是不可估量的，两位家长都以自己的亲身经历告诉同学们，没有可以随意对待的工作，没有随随便便的成功，每一份光辉的背后都是一段段艰苦的历程，要想在社会立足，要想有所作为，必须靠不懈的努力。

## 三、后期反馈

在主题班会结束后，同学和家长都写了一小段参加此次活动的体会，从他们的反馈中我也欣慰地感受到，我们辛苦准备这次活动的过程没有白费，大家的认可就是对我们最好的褒奖。

（Z妈妈）"我与家长共构生涯"的主题班会，不仅仅给孩子带来了新的视角来看待未来的职业,同时对作为家长的我来说,也是一次生动的教育课。随着高考的逼近,未来的选择就放在了孩子和家长的面前,家长平时的絮絮叨叨是孩子最反感的,但是通过主题班会的形式,无论是亲身实践的体验还是其他家长对职业的介绍,对孩子来说触动还是很大的。非常感谢学校开展这样的活动,让孩子能在学习之余明确自己的方向,增加学习的动力,为自己的未来负起责任。

(W妈妈)亲子沟通、职业蓝图、暑期体验、从规划到实行,活动构思新颖,意义非凡! 感谢老师们的精心策划,活动令我们和孩子都收获满满,孩子更清晰与坚定地为自己的目标努力奋斗。当从PPT上看到孩子们真诚的语言,积极向上的态度,感慨万千! 孩子的每分进步都和老师们的辛勤工作分不开,孩子的点滴成长都与老师们的谆谆教导相关,感谢你们对孩子培养。我们为孩子在一个满满正能量的集体中学习成长而感到骄傲!

(X妈妈)家长与处在青春期的孩子沟通一直是个难题,感谢学校搭建了这样一个平台,让双方在这个特殊的时期走近了一步。"走近家长"主题活动是一个不错的活动,内容有意义,形式有特色。孩子们通过与家长的交流、沟通,以及职业体验,初步认识了"职业"这个对于他们来说还属于未知的领域,家长也借此机会向孩子们传递了一些职业经验和职场知识。新颖的活动载体,不仅仅让孩子对生涯规划有了初步的认识,也让家长更了解自己孩子的想法,这对后期共同设定目标有指导性的意义。

(L妈妈)我希望女儿在听完职场概况与创业的经历后努力学习,做自己人生的主宰,为自己的梦想而拼搏。我一直坚信:人生总会跌跌撞撞坎坎坷坷,但只要咬紧牙关,克服种种困难,孩子们终会看到美丽的彩虹。成功人士何曾不是从基层做起,一路上摸爬滚打,才到达现如今金字塔的顶端。困难会磨炼孩子们的意志,愿孩子们不害怕困难,愿孩子们明白老师与家长们的苦心。

(厉同学)尽管周妈妈现在事业有成,但她依旧在努力学习,去提升自己的能力,我想学无止境应该就是如此吧。处于高三这至关重要一年的我们其实是在和时间进行赛跑,我们不用寻找多么强大的对手,我们的对手只有我们自己,未来的成功与否不仅仅要靠客观因素,更是要靠我们自己的决心。这节班会课带给我的不仅仅是感动,更多的是决心,没有人会一直被上天眷顾,幸运也是实力的一部分,愿高三4班的每个人都能成为时间的主人,掌控好时间和心态,最终取得令自己满意的成果。

(龚同学)听了几位家长对职业的介绍,知道学历对将来的工作生涯是必不可少且极其重要的,录取、晋升都要看学历,若要尽早晋升或是在竞争中脱颖而出,必须要有一份拿得出手的学历——本科及其以上。高三是极其关键的一年,宝贵的不是未来,而是我们紧紧握在手里的现在。为此,我们必须珍惜当下时光,努力学习,为将来的生活与职业生涯争取一个好的起点。

通过这次活动,孩子对自己的父母有了更全面的认识,也更懂得尊重父母。让家长成为班级的教育者,参与班级活动课,我欣喜地发现学生与家长之间的距离拉近了,共同语言变多了,感情得到了升华。家长的发言,学生听起来感到特别亲切,也真切地感受到家长中能人辈出,榜样就在我们身边。家长的智慧是深不可测的,希望每位家长都能成为学校不在编的教师,建立起学校家庭合作教育的"同盟军",共同担负教育的重任,增强教育实效。

家班共育拉近了班主任和家长之间的距离,一种平等、和谐的家校关系正在悄然形成,和家长携手,朝着"一切为了孩子,为了孩子一切"的目标,不断开创德育工作的新局面,学生也会在这一过程中成为更好的自己!

## 第四节　生涯导师制

### "生涯教育"视角下的"考试"
——记和一位导生的谈话
——上海市继光高级中学　刘和平

西方有句谚语:"如果你不知道你要到哪儿去,那通常你哪儿也去不了。"

2019 年 3 月 6 日,细雨蒙蒙,万物蒙动。这一天,对于小陆(化名)而言,却是狂风暴雨。

按照我的导师工作计划,开学初期,要有针对性地去了解各位导生的寒假生活情况以及新学期的学习计划。话题其实是从上学期期终测试的学业成绩开始的。

小陆同学开诚布公:"老师,上学期后半段与此学期对我而言,生命科学学科与地理学科已经进入了高考模式。我将所有学习的重心都转移到了等级考科目上面。"

但我似乎从他的眼神中看出了一些迷茫,"你可以做到有侧重点的同时尽量兼顾吗?"没想到,我不经意的一句话,却截中他隐藏深处的痛点。

他简直无法克制他激动的心情,"老师,你根本就不知道……我现在回家……从来都不跟我爸爸说话,因为我和他之间除了等级考冲'A'之外,没有其他任何的话题。现在对我而言,等级考就基本上是全部。我为了冲'A',甚至放弃了像我这样的同龄人应该经历的很多事,即使我的人生将不完整,即使我的高中生涯会留下种种遗憾,我也义无反顾。尽管这所有的一切其实并不是为了我自己,而是为了证明给我家长看,为了证明我并不是不如别人家的孩子,为了老师们期待的眼神……"此时的他已然泣不成声,显得那样的无助。与他现阶段"平淡无奇"的生命科学学科成绩相比,他的带泪的倾诉更深刻地打动了我。

这与往常大谈人生价值、学习意义的他完全判若两人。此时,我竟无言以对。完全可以用海明威笔下的桑提亚哥还是用柳宗元笔下的蝂蝂来形容他呢? 我不知是该喜还是该悲:为他学习力争上游的斗志而喜? 还是为他以牺牲人生的完整性为代价来争取"A"的想法而悲呢? 或许都不是,我只是希望他能从别人期待中的角色中走出来,找到属于自己的人生方向，而不仅是生命科学与地理等级考获得"A"等，而这似乎又与我找他交流的初衷背道而驰，他无助的神情使我开始重新思考：他如此强烈的上进心，为什么反而让我觉得不安呢？

小陆同学的表现完全出乎我的意料，而这一切也正解释了为什么开学至今他变得沉默少言，我猜测此时的他大概已经迷途、离群。

事后我询问了该同学课堂外学科学习的占比，并将之与其学业成绩进行对比，示意如下：

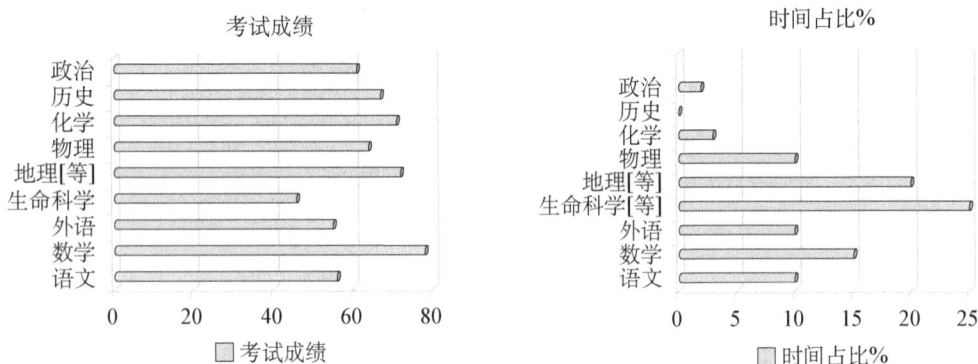

《侏罗纪公园》里有句台词："生命总会找到它自己的出路。"希望属于他的这一天快点到来，也希望这张图表能帮助他更合理有效地安排学习时间，尤其是在生命科学学科学习方法、策略上进一步优化，提升时间使用的有效性。

现实中，"生涯"看似很近，但那其实可能只是"考试"。看似明确的奋斗方向，但那未必是意义的彼岸。忽然间，"如果你不知道你要到哪儿去，那通常你哪儿也去不了"这句话再次在我脑海浮现，我想对于一艘没有航向的船来说，任何方向的风都是逆风。

而生涯教育的意义与价值是引导学生明白学习的意义，并合理地规划学习，平衡现阶段考试与未来生活状态的关系，找到"现在"与"未来"两者之间的平衡点；寻找到父母的期待、老师的期待与自我期待之间的交叉点……这些或许是今后导师制活动可以努力的方向和工作的着力点。

生涯教育的必要性在于指引学生认识到学习的意义，明确努力的方向，有规划地前行。凡·高将生活比作一趟"单程火车"："你飞速前进，但却无法辨别任何近在咫尺的东西，特别是，你看不到火车头。"有时，我甚至觉得，即使你知道你要到哪儿去，你却不知道为什么要到哪儿去，这才是人生最大的不幸。迷途中的他需要找到"火车头"，让他们能够跳出考试去看待自己的人生，让他明白自己在做什么的同时明白为什么要这样做，即唤醒生涯目标意识，这项行动的意义远远不是一个很高的分数能够比拟的，而这正是生涯教育的使命。

当生涯很"近"时，我们才可以把考试置于"未来"的视角来看待。当生涯意识唤醒时，即使你飞奔前进，也能把"考试"看得很清楚，因为你已经知道了火车头的方向。

# "个性"切入，找准"生涯"

### ——上海市继光高级中学　冯婉华

　　每个人都是独一无二的个体，都有自己的个性，一个人的性格又将影响命运，因此在指导学生生涯认知时，"因材施教"变得尤为重要。一刀切地给他们贴标签或者呆板地运用某些套路有时很难在生涯教育中起到有效的作用。

　　尤其是面对日益强调所谓"个性"的"95"后甚至"00"后学生，我们不能以过去的观念审视他们，要学会在与这批孩子和家长的沟通中"从个性切入"，设计一个真正有效的"教案"。下面我就以我一个学生小C的事例来举个例子吧。

## 一、小C的性格：不求上进，开心就好

　　小C是个极其聪明的男生，家庭条件也不错。还有个很大的特点：为人处世非常油滑，总是笑嘻嘻的，喜欢钻空子。上课睡觉，不做作业，成绩自然长期处于落后状态。更令人头痛的是由于父母不能时时陪在身边，所以他放学后的生活完全脱离监管，想做什么就做什么，对自己今后漫长的人生生涯更没有什么规划。

　　但这孩子本性不坏，为人义气。他之所以不求上进，因为有一套自己的处事理论：成绩好不好没关系，只要在学校过得开心就好；将来好不好没关系，只要现在过得舒服就好；朋友好不好没关系，只要现在一起玩得开心就好。而之所以他能毫无压力，如此潇洒，因为他从来没有真正承受过压力，也没有目标，一切得到的太容易反而不能体会获得的意义和快乐。

## 二、切入的契机：作业无用，打工有趣

　　高一升高二暑假的第一次返校，小C在众目睽睽之下空着两手进教室，一本作业都没有带。当我问他为何如此时，他当着全班的面非常坦然地说："不想做，因为在超市打工挺有意思的。"同学们都笑了，小C并不以此为羞，反而得意扬扬。

　　我突然意识到这是个教育的契机。小C和同学们的反应充分表现出了他们的幼稚和天真。在这番对话中，小C的表现欲得到了满足，他也同时感受到了自我价值的体现。这恰恰是现在的孩子们所追求的廉价的认同感和自我价值的肤浅展示。那么，我们要做的就是把廉价的认同上升到理性的欣赏，把肤浅的价值观提升到深沉的自我认知上。我决定抓住这次教育机会。

### 三、 引导的逻辑： 切实体验，展示自己

返校活动结束后，我把小C单独留下，开始他以为我要骂他，做出了一副桀骜不驯的样子。但我却告诉他我很支持他去超市打工，因为觉得他现在能主动辛苦工作很了不起，比天天在家里打游戏的同学棒多了。我想知道暑期打工实践除了可以锻炼能力，还有什么他觉得"有意思"的地方，为什么超市打工的魅力超过了学习？希望他能帮帮老师找到答案。小C略有所思，我乘胜追击。告诉他，今天我觉得很多同学眼中流露出对你的羡慕和钦佩，能不能开学后给你一节班会课的时间介绍一下这次打工的经历？

听到此处小C眼睛一亮，有点犹豫地问我还有什么要求吗？我说作为学生，作业还是要做，你能把作业做好，又能很好地打工赚钱，这才是本事。小C有点犹豫，但许诺把作业尽量完成。

### 四、 教育的效果： 心灵成长，学习进步

开学后，他果然作业基本补完，而且真的独挑大梁在班会课上做了题为"打工：为私房钱而奋斗"的分享。不但图文并茂而且语言风趣幽默，介绍了他暑期艰辛的打工生活，而且结合打工的具体遭遇，用各种有趣小游戏通过互动的方式告诉同学们我们现在学习的知识和能力在实际社会中的作用，最后他真诚地坦白，其实一开始他只是在超市里帮亲戚随便看看店，为了应付老师才说成是打工，后来真的开始干活了，才体会到谋生的不易和学习的重要，以及通过自己劳动后获得"私房钱"的内心的快乐和满足感。这节班会课的效果出乎我意料，当小C总结完毕，全班掌声雷动，小C又笑了，这回我感觉他不再是那种伪装的得意之笑，而是获得认可后发自内心的快乐。更令我惊喜的是，虽然小C还有很多小毛病，但是我看到了他的改变，最直观的是他学习成绩的稳步提高，从高一140名左右进步到现在连续两次大考都能稳定在年级60名左右。

或许有人会说，这个孩子的变化只是个案。不错，也许暑假那次谈话，哪怕是同样的谈话内容在另一个孩子的身上就未必奏效，但这就是班主任工作中的特点："备课"必须具体到学生个体身上。因为我充分了解了小C的性格和他思想，所以找准切口"巧妙切入"，让喜欢出风头的他主动地去实现自我价值；班会课的安排则可算是一次"生涯指导"，只有让他的这些举动在集体环境中获得充分认可才能有效巩固他的信念。

每个孩子有各自独特的个性，下次可能我就需要换个切入口进行生活教育。但无论如何，我们只有真正尊重和理解孩子们，才能真正备好一个个出色的德育"教案"。路漫漫其修远兮，吾将上下而求索，希望我们每个孩子最终都能成功，找到自己的生涯目标，成为社会的中坚力量。

# 探索真我，引领改变

## ——高中生涯教育案例

### ——上海市继光高级中学 金文

在常见的生涯教育方式中，我觉得最有效果，也让我觉得最舒服的方式，就是生涯导师谈话了。在我刚刚参加工作的时候，我那时候的"师父"就告诉我，要想了解一个学生，最好的方式就是和他一起坐一刻钟。

我过去的谈话，其实是非常模式化的，甚至是非常直接粗暴的，目的主要就是两个：要么说教，要么直接给建议。但是后来我慢慢发现，谈话结束后学生的学习态度虽然在短期内会有所改变，但往往很快便故态复萌，以至于再次与他们交流相关话题时，竟不知如何提出更好的建议，说教也显得苍白无力。记得有一位学生曾对我说："老师，我心里知道您的建议很好，但我就是做不到。"这一度让我很为难：我该怎么跟学生谈话呢？如何能通过师生谈话增强学生的学习内驱力呢？

这时候，生涯导师制的培训来到了我的面前，我发现这是一种新的谈话方式。这种谈话方式的基本流程和内容是：先帮助学生从"真我"金字塔的底部开始建构和探索，找到自己的"使命与召唤"。在此基础上，协助学生从"真我"金字塔的底部寻找资源，使其明确自身的优势所在。根据使命与优势，引导学生明确未来的专业目标。接着，和学生从"真我"金字塔继续往上探索，运用聚焦的力量，让学生"先拥有，后成为"，从而逐渐明确现阶段自己所要完成的任务，引导学生从最需要改变的地方做起，然后以"平衡轮"的方式带动其他需要改变的地方，并协助其穿越内心的恐惧，从而将行动落到实处。

在和导生小Y的一次导师谈话中，我就采用了上述的方式。小Y是一名高二年级男生。他对将来要考的大学和专业有比较明确的目标，但学习成绩处于年级中下游水平，距离目标尚有较大的差距。该生的英语成绩相对薄弱，这也是导致其总体成绩不佳的主要原因。他为此来向我咨询一些建议。

谈话伊始，我并没有像过去那样直接给出学习建议，而是先问他最想要成为什么样的人，小Y回答说想成为一个负责任的、具有亲和力的人，希望用自己的力量去帮助别人。我想，这便是他的"使命与召唤"。我顺势继续问他："既然想成为这样一个人，那么你觉得自己有哪些内在优势？又有哪些外在资源可以借助？"他稍加思索后说出了自己的优势与资源：自己语言表达能力不错，经常担任学校活动的主持人，然后父亲是记者，母亲是导游。一家三口常去旅游，因此觉得自己在旅游方面应该可以给别人很多指导。至此，小Y似乎已经看到了自己的"天赋与优势"。

接下去的谈话很顺利，我和小Y交流了他今后的升学目标，他想考的是播音主持专业或导游专业。说到这里，我给他画了个"大饼"，我说"如果两年后你顺利达到了升学目标，那是因为你现在做了些什么？"小 Y 毫不犹豫地说："现在我需要提高学习成绩,特别是英语。否则考不进这些专业。"看来,小 Y 对现阶段自己的主要任务还是很明确的。于是我趁热打铁地追问他：那你觉得自己要提高英语,需要在哪些方面进行努力呢? 他思考后回答："一个是单词的背诵,一个是语法的操练,再有就是阅读和听力了。"显然小 Y 目前在英语学科上需要投入的地方很多,想要各项兼顾是不可能的,反而会令他无所适从,失去动力。倒不如让他从最需要改进的地方做起,来带动其他地方。于是我继续引导他思考目前最需要提高的环节,以及有什么具体的提高方法。在经过一番交流探讨之后,小 Y 准备从英语阅读入手,因为他比较喜欢看小说,所以他决定通过每天阅读一定量的英语原版小说来学习并积累词汇。谈话到了这里,小 Y 对自己的认识及对自己的行动愈发清晰了,他也担心自己无法坚持阅读英语小说,这时我才给出了建议,那就是把这个计划摆在显著的位置,时时提醒自己至少坚持 21 天,或者采用网上打卡的方式来记录每天的学习任务,当然也可以请父母和老师从旁督促。最后我对小 Y 的想法和计划予以了肯定和鼓励。我们的谈话就在轻松的氛围中结束了。

事后,我回顾了这次与小 Y 的谈话,与以往不同的是,我这次更多的是耐心的倾听和提问式的引导,而不再是执着于给建议。"探索真我金字塔"的谈话方式也让学生认识自我并鼓起勇气努力成为自我。这一谈话方式后来我经常使用。很多学生开玩笑地说,本来是想听老师说的,结果现在都成了我说。不过他们说话的时候嘴角泛起的笑意让我知道,他们更喜欢这种方式。

## 透过迷雾,遇见未来的自己
### ——高中生涯规划之"选科探索"案例分析
### ——上海市继光高级中学　李俊

我第一次听到生涯这个词,是在 2010 年的时候。那时的我认为生涯规划离高中生还比较远,因为在我的意识里,生涯规划应该从大学阶段开始,在高中阶段,高考才是重点。但是在我心中也一直有一个困惑,就是不少的学生一旦顺利通过高考进入大学就无所事事,人生仿佛失去了目标,一些学生在高考填报志愿时就存在一定的盲目性,选择了自己不喜欢或不擅长的专业,使自己大学四年都在痛苦中挣扎。

2017 年,上海实施新高考方案,随着培训的增多,我渐渐意识到,新高考最大的亮点在于自主选科。实行新高考选科后,高校某些专业在招生录取时对考生高考选考科目有所限制,这就促使学生在选科时更多地考虑大学专业的要求和今后的职业方向。某种程度上说,这有利于引导学生更加明确自己的学习目的。但在实际操作中,很多学生却承受着不知怎么选和不得不选的双重压力。

作为老师,我第一次迫切地想要更多地了解生涯规划,希望能更好地帮助学生选择未来的专业。尤其当我被学校任命为 2019 届年级组长时,我更深感肩上的担子和责任的重大。我是幸运的,2016 年国庆节期间,主动报名参加了"新精英"组织的职业生涯规划培训,并顺利通过考核,获得了三级生涯规划师的资格证书。

这次的职业生涯规划培训使我受益匪浅,至今我还记得自己第一次如何运用所学知识指导小丽同学选科。

高一下学期,2019 届学生面临选科,和很多同学一样,小丽同学陷入了迷茫。我刚好担任她所在班级的英语老师,于是身为英语课代表的她来向我求助。经过交流,我感觉到小丽存在两个问题,一是对自己的爱好特征与专业、职业兴趣的关系不甚了解,对自己的优势和能力把握得还是不够精准。二是对未来没有清晰的规划,不知道未来的路该怎么去选择。

基于上述信息,根据"三点一线"定位模型,我首先使用了《职业自我探索量表》以及非正式评估,帮助小丽发现和确定她的职业兴趣和能力特长。小丽的测评结果为 ASE。通过查询霍兰德职业兴趣代码与常见职业对应表,发现小丽更适合从事导演、广告撰稿人、报刊专栏作者、记者、舞蹈教师、演员、英语翻译等职业。紧接着,我详细向她解释了这些职业具体是做什么的,小丽听完后表示她对导演、广告撰稿人、报刊专栏作者、记者等职业都蛮感兴趣的。

帮助小丽打开视野后,从"能力三核"的角度,我请小丽仔细回忆一下她的成就事件,尽量帮她找到自己觉得最有成就感的事情,让她书写自己的第一个成就事件,仔细阅读并分析她书写的成就事件,从中挖掘出她的能力和优势,按照能力的三核模式填入。接下来依次根据第二个和第三个成就事件分析她的能力,并按照能力的三核模式填入。最后,获得以下信息:知识上,储备了大量的人文、历史、哲学知识和丰富的音乐、美术方面的专业知识。技能上,有很好的文字驾驭能力、语言表达能力和人际沟通能力。才干上,创作激情饱满、有高度的责任心和工作热情。通过分析,小丽越来越有自信,觉得自己是具备胜任她感兴趣工作的潜质的。

在和谐的气氛下,我们以聊天的方式又开始了价值观的探索,通过价值观的分析和筛选,最后小丽保留的三项最核心的职业价值观是:成就感、智力刺激、美感。

小丽确信自己非常希望从事上述职业。我趁热打铁,和小丽一起查询了和这些职业相关的大学专业。经过查询,相关的大学专业有新闻学、广播电视编导、新闻传播学等。我还和小丽查询了这些专业对选科的要求,发现这些专业对选科一般是没有限制的。最终结合小丽的学科兴趣和能力,选择了历史、生物、地理。

事实证明,让高中学生尽早对自己的人生有个规划,可以使他们的学习目的更明确、更有动力。小丽同学现在已经是一名高三学生了,一直位居年级前十的她正在为心中的梦想继续努力着。尝到甜头的我,也将继续积极探索如何把高中生的学业规划和其今后发展有机地结合起来,增强他们学习的能动性,积极寻找个人兴趣爱好和知识学习之间的共振点,奠定好未来发展的基础。

# 以导师制促进高中生涯教育

——上海市继光高级中学　诸燕萍

　　教育,在人们的观念中通常指的是学科的教育、思想的教育。而生涯教育是近几年才流行的新名词。所谓"生涯教育",是指和一生的职业有关的教育。我经常会问学生:"你理想的职业是什么? 将来打算考哪个大学?"他们往往回答不出,含糊地回答道:"不知道,到时候再说。"作为教师,也常常感叹,学生对于未来职业了解得太少,体验得太少,根本没有能力做出判断和选择。

　　这个问题越来越受到社会的关注,近年来许多高校开展了中小学生"职业体验日"活动,受到家长和学生的欢迎。我校也在几年前引入了生涯教育,首先从心理课开始探索实践,进而渗透到各项德育活动中,形成了系列课程。例如,高一学生参加的"生命游戏",高二的"走进大学""与企业领袖面对面",高三的"我与家长共构生涯"等,都相当有特色、有成效。

　　导师制也是一种新的教育制度,其最大的特点是师生关系密切。导师不仅指导学生的学习,进行思想教育,对学生的生涯规划也可以发挥重要作用。在高中阶段,学生正处于青春期,精力旺盛,他们可以不断学习知识,积累实践经验,导师要指导他们进行多种探索,发挥自身特长,为高三选择高校、选择专业做准备。

　　小 S 是个勤勉踏实的学生,热爱物理,成绩出色。唯一不足的是缺少探索实践的能力。在一次导师制活动中,我给他提出了这方面的要求,希望他在学科上更进一步。不久机会就来了,学校举办了物理实验设计与操作竞赛——"测定苹果的密度"。小 S 积极参加了这个比赛,当他拿来实验设计稿咨询我的意见时,我觉得很欣慰。最终小 S 在比赛中获得了优胜奖。经过这次尝试,小 S 的探索兴趣更浓了。拓展课上他选定了课题——用木卫法测光的传播速度,他不仅利用课余时间查找了大量光速测定方法的资料,还自学了用木卫法测光的传播速度的原理,利用双休日去天文台观测记录实验数据,用图表分析数据并撰写了相关论文。当他兴冲冲地拿着论文来让我修改时,说实在的我有些懵了,因为我对于光速的测定从没有深入研究过。这一次我更多的是跟着他学,并给予他数据分析和论文撰写方面的指导。小 S 的成长速度令我惊讶。

　　导师制促进高中生涯教育,重点是引导学生完成学业的规划。学生的首要任务是学习。高考制度改革后,学生在高中三年要完成很多重要的考试。高一地理和信息的合格考,高二物理、化学、生物、政治、历史合格考,地理等级考,高三春考、等级考以及高考,学业还是相当繁重的。只有做好三年的自我发展规划,踏踏实实地学,顺利通过各项考试,才能拥有选择高校的权利。所以导师对于导生学业的规划和辅导是相当重要的。

　　除了学科知识的储备,能力也是必不可少的。人际交往能力、活动组织能力、沟通协调能力、应变能力等,这些都是高校面试时十分看重的。学生的能力要在平时的各项活动中慢慢积累,潜移默化地提高。在高中阶段,各类学科竞赛、文艺表演、小报评比、科技活动、摄影展览、校徽设计等活动还是非常丰富的,导师可以鼓励导生积极参与,并给予一定的帮助。

小Q做了一年班长,依然不够自信,在大庭广众之下发言会害羞,声音很轻。百日誓师大会上,他要代表班级进行宣誓,尽管练习了很多次,一紧张他在台上又讲错了。会后在办公室遇见他,我安慰他:"不要紧,每个人在这种时候都会紧张,你比我第一次登台时棒多了。"我跟他分享了自己克服公开课紧张的小秘诀,最后不忘强调"关键还是要多锻炼!"小Q似乎听进去了,他利用一切可能的机会锻炼自己。他担任导师制小组的组长,负责组织策划活动。班级召开"与家长共构生涯"的主题班会,他是主持人,我去听课时他的发言流利很多,也自信很多。

如今已经不再是"两耳不闻窗外事,一心只读圣贤书"的年代,在信息高度发达的今天,掌握了最新的信息也某种程度上意味着把握了新的机遇。学生到了高三不可避免地要面对选择高校和选择专业的问题。在这之前就要引导学生去了解上海甚至全国的高等院校,学校的特色专业是什么,招生要求是什么,将来的就业前景如何,等等。作为老师,我们要让他们面对选择时心中有数,而不是盲目跟风。

当然,学生的生涯规划得好,不仅仅要有对高校有所了解,还要对自己有清醒的认识。自己的知识储备在哪个层次,能力如何,有什么特长,与哪个院校的专业契合度最高……成才的途径很多,寻找一条最适合自己的路,那便是成功。

小B是个聪明的男生,计算机应用能力强,体育也出色,但是他沉迷于游戏无法自拔,常常因此不来学校。高三时,他的成绩已经位列年级倒数,在春考失利后他更是觉得前途渺茫,有些自暴自弃。作为导师,我去他家里家访,既批评了他缺乏毅力,不负责任的做法,也为他画了一个"大饼"。我告诉他,既然喜欢计算机,大学里有更好的设备,更好的师资,更加适合他的发展。本科没考上不要紧,三月份大专的提前招生是一条很好的途径,现在很多大专院校可以考专升本的。经过一个多小时的交谈,他同意试试。为了防止他情绪反复,后面还督促他购买了相关的书进行复习。目标明确了,经过复习心里也越来越有底了,在填志愿时他大胆报考了剑桥学院,最终成功录取了。

以导师制促进高中生涯教育是一条行之有效的途径,应该在高中大力推广。同时也要让导师经常参加生涯教育的培训,提高指导能力,教学相长。

## 可爱的"学困生"

——上海市继光高级中学　翁凤波

每个人的才能是不同的,生涯教育承认每个人的才能有所差别,但重要的是在生涯教育的过程中发现并发掘个人的潜能,给予个人充分发展的机会,表现他的才能。如班上的小姜,学习一直是他的"痛"。他在学习上总爱问"为什么",但成绩一直处于年级后列,为此他很苦恼。高三第一次月考后，小姜的成绩还是不理想。面对这样的情况，我建议他根据自己的实际情况，理性地制定自己的生涯规划，合理地做出选择。小姜动手能力很强，做事很有责任心，但学习能力较弱。所以，他可以选择放弃等级考，集中精力专攻语数外，通过春考搏一下上海的本科，选择合适的专业。即使春考考不上理想的本科，在三月份大专自主招生中，挑选一个适合他的专业也是非常不错的，比如飞机修理、汽车修理等专业。

生涯是个人不断成长、发展的过程。高中三年的各种活动很好地培养了小姜的动手能力，提高了他的责任心。小姜同学是我们班的绿植养护员。

高一家访时，小姜同学的真诚、热情和开朗就给我留下很深的印象。第一次班会课上，我问谁愿意护理班级的花草，小姜笑嘻嘻地举手说："老师，我来好了！"自此，我把这个光荣的任务彻底交给了小姜。有一次，我发现角落里的绿植全不见了，小姜说："后面晒不到阳光，我请同学帮忙都搬到隔壁空教室去晒太阳了。"我当即表扬他很有责任心，做事仔细。小姜摸摸脑袋，不好意思地笑了。有了小姜，教室里一直生长着几盆生机勃勃的绿色植物。

每当班级里有志愿者活动或学农实践，小姜都表现得异常积极和出色。清扫校园时，他不怕脏、不怕累，把草堆里的废旧玻璃瓶整理得整整齐齐，学农中，无论是"开田"还是学做"滚灯"，都是一学就会。

小姜对于放弃等级考一开始心存顾虑，觉得未来很迷茫。我耐心地跟他分析他的优点和不足之处。帮助他合理地规划自己的生涯。小姜最终放弃了等级考，在之后的两个月，明确目标，提高课堂效率，不懂就问，最终在春考中，他达到了本科分数线。虽然由于志愿的填报问题，他没能上本科。但在三月份的大专自主招生中，他如愿进入自己心仪的专业。

教师是学生生涯发展中不可或缺的引领者。我们必须承认每个人生涯的独特性，发展性和终身性。所以教师不能仅以学习成绩去评价一个学生的好坏。身为教师的我们，决不能满足于教授知识，更重要的是努力把我们的学生培养成为具有责任之心、感恩之心，善于发现美，具有战胜困难的意志品质等的未来社会中坚力量。为此我们一定要树立正确的学生观：我们面对的学生往往是不完美的，每个学生有不一样的学习基础，有不同的学习能力和意志品质，来自不同的家庭生活环境，这会导致他们这样或那样的问题，但他们都还是可教育可塑造的。我们不能用一成不变的眼光看待学生，而应该用发展的眼光看待学生，要肯定学生取得的每一点进步。在充满宽容和鼓励的气氛中，让我们的学生少一点自卑，多一些自信；对学生少一点指责，多一些欣赏；少一点挑剔，多一些合作，从而使他们走向人格独立、身心健康的理想彼岸。

在我看来，性格比学习成绩更能决定一个人的命运。当我们的学生踏上工作岗位后，在厨房里做厨师和在实验室里做科学研究，本质上没有差别，都可以自食其力，都有获得幸福的可能。差别恰恰在于：你的孩子是不是受欢迎？能不能和他人合作？会不会有效沟通？这些才是孩子们是否获得幸福感的真正要素。可惜如今有些家长只关心孩子的成绩，并没有认真思考过孩子成绩不理想的真正原因到底是什么？智力因素是天赋，是人力所无法改变的,但积极、开朗等非智力因素,却可以通过家长和老师进行培养的。每个人都可以而且应该根据自己的实际情况,选择不同的升学之路,乃至人生之路。而教师,可以在了解学生,获取学生和家长信任的基础上,为他们的成长助力。

# 生涯教育初体验
## ——上海市继光高级中学 刘江涛

时代在进步,因此教育也在不断地变化以契合时代的发展,以培养符合时代的多方面的人才。作为一名教师,我们理应不断更新观念,用最先进的理念武装自己,然后去教育和引导学生。

生涯教育可能在很多国家已经出现很多年了,而对于我们国家来说它只是起步阶段,很多教师自身都没能接受到生涯教育的理念,更别说让孩子们接受如此先进的教育了。我也一样,真正了解生涯教育也是在最近学校的一次生涯启蒙教育培训中,这次培训给我的感觉是,虽然我没有接受过这方面的培训和指导,但是有种似曾相识的感觉。也许这就是生涯的魅力,它或许已不知不觉中融入我们的生活,融入我们的课堂,但我们没有特别地在意到它,这可能就是它不同于其他学科的地方。

我对生涯的理解就是,它不是一门学科,不是一种方法,它融入了每个学科的血液,它无处不在,它高于每个学科,它就像我们教育的魂,时刻提醒我们前进的方向,给予我们前进的动力。在我们学校有个活动叫生涯导师制活动。我对生涯导师的理解大概是这样的,你作为一名学生的导师,要时刻关注学生,了解学生,然后在他迷茫的时候,用发展的眼光,也就是从生涯的角度去教育和引导他,用全方位的视角去启发他处理和解决问题,而不是盲目地只懂得眼前的利益。生涯导师就像是指南针,时时刻刻为你指明道路。但它又不全是指南针,它不会一直给你讲做法,而是会让你独自去探索。

作为一名体育教师,我认为生涯教育在体育学科中的体现还是比较多的。作为新教师的第一年,我遇到了很棘手的问题,现在回头想想这件事,里面充满了生涯的影子。阿Q同学有篮球基础,学习篮球比别人快很多,有一次在我的课堂上,我讲解完技术内容让学生分组练习,阿Q很快就学会了,然后开始炫耀自己,一个人玩耍了起来,作为教师,我的第一反应是你为什么不听我的安排,当时我很生气,准备上前批评一番,我问他你为什么不练习我的内容了,他说我会了呀,难道还要浪费时间,为什么不可以练练我想要练习的内容啊,我说你可以帮助同组的同学啊。虽然我说的没错,但是感觉还是那么苍白无力,无法让学生信服,下课后我反思了很久,到底应该如何去教育这样一位智商高情商低的学生呢。我去找了带教"师父",他没有给我具体的方法,而是提醒了我要关注的重点,他说,第一你要发挥他的优点,带动你的教学。第二,你要从发展的角度为他考虑,让他感觉到这样做是为了他好,是真的有利于他的自身成长。接下来就是我和小Q的谈话内容,我说我们俩都是站在了自己的角度考虑问题,我们的做法并没有什么大的问题,只是出发点不同,我们可不可以都站在对方的角度考虑下,心往一处使啊,他说可以啊,我说我知道你的篮球技术很好,你想快速提升自己的技巧,而我呢,是想整个班级的学生得到提升,我让你当组长,你可以在学会的前提下多指导别的同学,这样不仅教会了同学,收获了友谊,同时在教人的同时你的技术也会理解得更透彻,这不是一举两得吗,他也微微点头,只是认同,但是感觉还没有达到令人满意的效果。接下来我又和他说,竞争与合作是这个社会生存的法则,当你以后进入社会你会发现,只靠自己的力量孤军奋战是不可行的,你要明白在自身强大的同时,要学会分享、互助、共赢,这样你才会有立足之地。学校好比社会,同样存在竞争与合作,现在的你眼界还不开阔,只懂得为了自己的利益而努力,殊不知帮助别人就是在提升、帮助自己。你现在是高中生,这方面领悟不够很正常,你还有很多路要走,接下来的大学和社会竞争会越来越激烈,当然合作也会显得越来越重要,现在为时不晚,你要为自己的发展考虑,为自己的将来努力,老师会一直支持你的。

从那以后,阿Q开始慢慢地变化,从起初的很听话到后来主动与我探讨,然后听取我的建议主动帮助别人,阿Q越来越会为别人考虑,承担更多的责任。现在的阿Q非常有担当,不仅是我的体育委员,也是学校篮球队队长,我为他感到骄傲,也收获了生涯教育的自信心。

生涯教育,永无止境。我准备好了,你呢?

## 循循善诱,化茧成蝶

——上海市继光高级中学　刘志强

### 一、 案例背景

小P是一个非常执着,并且实践行动力很强的孩子。在日常的交流中,"读万卷书,行万里路"是他常挂嘴边的座右铭,他也曾在初三毕业之际,独自一人海淘器材,制定攻略,骑行跨越六个省份,可以看出他对于认识这个世界有着浓厚的兴趣。但他的这份"执着"仅限于他的兴趣,进入高中后的小P一天能睡九节课,常常将头深埋在双臂之中,即使年级倒数,他仍全然不放在心上,因为在他看来,高中的学习完全是在浪费他的时间,还不如多出去走走,看看世界……在L老师看来,小P的视角是片面和短浅的,并且他的责任意识是建立在兴趣之上的,并不具有可持久性。

### 二、 案例过程

#### 1. 策略介入一

以校园举办的"走近边防线"的主题活动为契机,L老师找到小P说:"有个活动你有没有兴趣参加?"一听说能够去祖国的边防线交流参观,小 P 顿时来了精神,他积极准备资料和演讲稿,去争取那宝贵的名额,但事与愿违,他落榜了。面对他的失落,L 老师认真陪他聊了聊。

L:这次参选你后悔吗?

P:不后悔,边防军营真的很棒,那些资料真实而震撼……(小 P 讲述得很兴奋)

P:不过也无所谓,以后不参加就是了!

L:想放弃了?

P:那否则还能怎么办?没选上啊,又不是我不想去……

L:坚持下去,或许明年你可以准备得更加充分,入选机会可能也就会更大,但如果你现在就选择放弃,以后就再也没有机会了。

P:但可能还是会落选啊?

L:这次虽然你落选了,但你了解了很多边防故事,边防战士的坚持不懈和忠诚坚守,不正是你向往和敬重的吗?

L:人生未来不确定,不是我们逃避就能顺利度过的,你的选择决定了你的"舍"和"得",不尝试坚持,又何能得到机会?

P:好吧,我知道了。

L:明年我和你一起,我们再来一次,如何?

小 P 只是笑了笑,不置可否,不过他再也没有"纠结"的颓废样了……

### 2. 成果一

第二年,校园"走近边防线"的主题活动又如期举行了。这一次,L 老师遵循诺言,全程陪着小 P 整理参选资料和练习如何演讲……结果小 P 如愿以偿地获得了机会,成为踏访中俄边境线的学员,并且毛遂自荐去担任旗手,但并没有胜任的自信,L 老师还是那句"男人要有责任与担当! 要把握住锻炼自我的机会,你要相信你可以的! 因为我相信你!"

在执拗和彷徨中,小 P 寻找着"重生"的突破口,我们无法感受蚕在和丝茧剥离时的感受,但是小 P 一定有切身的感触。

### 3. 惊喜收获

区内一年一度的田径运动会。L 老师询问小 P 是否愿意参加 1500 米比赛。小 P 马上答应了,并提出一个请求:"老师,你能帮我训练吗? 既然要参加,我就一定要全力以赴,取得好成绩!"L 老师根据小 P 的特点设计了训练方案,每天下午放学后对他进行训练指导。小 P 每次训练安静而沉稳,逐渐进入状态。因为之前就是校男足队员,加上不怕苦,不怕累的那股子劲头,训练成绩迅速得到提升。比赛当天的第二圈,小 P 鞋子被第一名的选手踩掉了。细心的观众甚至发出了惊呼声——因为第一名的选手穿的竟然是一双钉鞋,而小 P 穿的只是普通的轻便跑鞋。被踩掉的跑鞋远远地淹没在奔跑的人群里。在最后冲刺阶段,小 P 的坚持让众人为之呐喊，当那只穿袜子的右脚跨过终点线，所有的裁判和观众都被这样一个场景感动，爆发出空前热烈的掌声。有心的人帮他捡回遗留在赛道上的跑鞋，发现他脚后跟外侧竟然被扎了一个明显的洞眼……不禁令人唏嘘后怕。L 老师在确认小 P 安全无事后，给了他一个大大的拥抱，而让 L 老师更惊喜的是，他感觉孩子的拥抱又紧了……

### 4. 成果二

小 P 在踏访中俄边境线结束后，被评为"国防之星"。高三的一年，他的成绩开始有了显著提高，终于从倒数名次提升到了年级中上。和小 P 谈心也不再那么困难。

L：最近如何？

P：学习压力很大，不过想想那些驻守边疆军人们坚毅的眼神，我还是很有动力的。

L 老师和小 P 会心一笑，因为让 L 老师欣慰的是如今的小 P 已然明白，他身上也同样肩负着责任在前行！

## 三、 案例评析

"蚕"真的能蜕变成蝶吗？答案是肯定的。2016 年，小 P 考入了公安最高学府——中国人民公安大学。小 P 的故事到此告一段落，作为一名老师，其实能给予学生的不多，从学生的角度设身处地思考他们每个时期的经历、行为，尤其是去触碰那个脆弱内心世界时，我们会发现，像小 P 这样的学生其实真的很坚强，他们为了实现自己的人生价值，始终没有放弃自己，只是有时真的需要那么一个人帮助他、鼓励他，真正给予他实实在在的，哪怕就那么一点点的认可和激励。我愿意成为那个平平淡淡，尽我绵薄之力，扶你一下，撑你一把的那个老师，谢谢你给了我这个机会。

## 合理规划　跑赢人生赛场
### ——上海市继光高级中学　侯淑峰

高中生正处在人生发展的重要阶段，面临高考改革的新挑战，学生的学业压力很大，有部分学生对自身能力认识不足，同时又对成绩有更高期待，常常会感到焦虑、沮丧，情绪化的状态等因素影响了学习状态，导致成绩忽高忽低，严重羁绊孩子前进的脚步。

通过一次系统的生涯规划培训，我了解到高中生学习生涯课的重要性，作为老师要帮助孩子学会规划和平衡自己的学习和生活，适时地关注孩子的情绪状况，让他们不断悦纳自我、优化自我，提升自我效能感。运用生涯规划常用的工具，指导学生厘清当下与未来，突破学习瓶颈，激发青少年应有的青春活力和创造力。

小 A 是一个阳光帅气的小伙子。他成绩出色、为人谦逊有礼，作为班干部，他是老师的得力助手，同学的好伙伴，是个品学兼优的好孩子。更难得的是，小 A 喜欢运动，比较擅长中长跑,多次在校内外的比赛中取得优异的成绩,为班级和学校获得很多荣誉。一次课堂随测 1 000 米,一向成绩不错的他居然只跑到了 $3'39''$,我很惊讶怎么退步了近 20 秒。于是主动找他了解情况,他有些难为情地走到我面前,看得出来他也为自己没跑出好成绩有些自责。看着他气喘吁吁、一脸疲惫的状态,我也不忍心责备他。

我询问他最近晚上几点入睡,学习情况怎么样,发现"祸不单行"啊,最近一段时间来他并不仅仅是体育成绩下滑,几门随堂小测验成绩不理想,晚上做完老师布置的作业之后,他就每科都给自己找了一些练习习题,完成以后睡得很晚,根本没有多余的时间参与锻炼……谈着谈着我感受到他扑面而来的焦虑,也明白了因为没有计划,超负荷的学习使他学习效率下降,严重扰乱了身体生物节律,产生恶性循环。

我正想着,小 A 主动说:"老师,我今天没有发挥出我的真实水平,不然你再给我一次机会,我再跑一次吧。"尽管是状态不佳,但他仍然努力想要证明自己。

"你也不必着急,今天你的体能消耗已经很大了。明天放学以后,你再跑一次吧。"

第二天他如约而至,1 000 米跑完以后汗如雨下,还不如昨天跑得好。

"老师,我的真实水平不是这样的,我只是没发挥好。"他小声地说。

"作为一名体育老师,我很明确地告诉你,并不是你没有发挥好,而是太长时间不锻炼,体能下降太快了!"

"那老师我怎样才能恢复我的体能呢?"我能看出小 A 非常沮丧,同时向我投来求助的目光。

"首先制订一个合适的目标,然后进行科学的训练,你希望跑到多少时间呢?"

"至少 $3'20''$ 吧。"他说道。

"那好,我给你量身定制一个运动处方,只要你严格执行,两周时间你一定可以完成目标的。"

于是我结合小 A 的运动基础和能力,制定如下训练计划:①10 圈(2 000 米)不计时;②5 圈＋辅助器材练习;③计时跑 2×1 000 米＋5 分钟跳绳。

第三天训练,伴随一声令下他向箭一样嗖地跑了出去,后半程有点坚持不住,越来越慢越来越慢……我不停地鼓励他:"加油! 加快摆臂,加大步伐!"

跑下来他脸色煞白,大口喘着气。等他休息了一会以后,我告诉他:"你的问题主要是出现在体力分配不均上:前半程就加速发力,势必会导致身体能量消耗过快,后半程疲惫不堪、残喘拖延。我给你的建议是除起跑和最后冲刺加速跑外,途中基本上采用较高速度的匀速跑。"

"可是老师后面我胸部发闷,真的跑不动了!"

我告诉他:"中长跑中后半程由于氧气供不应求,很容易会出现呼吸困难、四肢无力难以再跑下去的感受。这就是'极点'现象。"

"对对对! 就是这种感觉,我觉得自己心脏都要跳出来了,那我该怎么办?"

"'极点'并不可怕，出现'极点'后，要调整呼吸节奏、掌握正确的呼吸方法：呼吸必须有一定的频率和节奏，用鼻和半张开的嘴吸气，用嘴呼气，三步一吸，三步一呼。最重要的还是靠自己顽强的意志坚持跑下去，一段距离以后你就会感到非常轻松。"

他点点头，好像懂了。

第五天小 A 到办公室找我，说老师我要请假，原因是大腿非常酸痛，爬楼梯都痛，今天的训练想要请假。我首先表扬了他近几天的坚持并且笑着跟他说："这种酸痛很正常，体育学上叫延迟性肌肉酸痛，一般大运动后 1～2 天会出现；因为运动强度的突然加大，肌肉中乳酸堆积，这是跑步进步过程中不可避免的，我来教你一些放松缓解的方法。"

就这样按着我的方法，两个礼拜以后他的运动成绩明显提升，不仅达到了他的目标成绩还比以前有很大进步。在接下来的校运动会中，他不负所望为班级争得了荣誉。

运动会结束以后，他主动找我聊天说他学习上有了很大进步，我首先恭喜他取得了好成绩，同时还告诉他："大道至简，学习与人生都是如此，努力才会赢的前提是合理规划，恰当的目标、科学的方法，合理分配自己的精力。所以在以后的学习中希望你能调整自己的学习计划，主动寻求学科老师的帮助，而不是自己毫无方向地刷题浪费宝贵的时间和精力，影响自己的睡眠，导致学习效率持续下降。当你感觉很迷茫很焦虑的时候，你可能正处于一个学习中的'极点'状态，这时候你需要像在跑步中调整呼吸和步伐一样积极调整学习方法和手段，平稳度过学习成长中的'阵痛'。希望你能超越学习中的一个又一个'极点'，迈上一个新台阶。"

"我明白了，谢谢老师！谢谢老师！"他连声说道。

现在基本上每天放学或者是周五的体育大活动中我都能在操场看见一个熟悉的身影，目光坚毅、步伐矫健雄劲，努力向前奔跑着。合理的目标、科学的方法、正确的时间管理不仅仅是一个高中生需要学会的，更是人生的必修课。作为一名体育教师，将生涯规划知识学以致用，用体育锻炼这把钥匙打开宣泄不良情绪的阀门，帮助学生学会释放压力，小心呵护低谷状态期的学生，提升学生的身心健康水平，为他们的学习成长保驾护航。

# 做自己喜欢和擅长的事
### ——生涯教育在体育教学中的应用
### ——上海市继光高级中学　王文秀

新高考改革背景下，很多学生和家长对于如何选择专业和院校感到迷茫甚至焦虑，简单机械的"命令式"帮助孩子选择并不可取，其实在这个过程中更应该倾听孩子内心的声音，挖掘孩子的潜能，帮助他们了解自己的天赋及优势，做自己喜欢和擅长的事。

在一年一度的区"两跳一踢"比赛中，B 同学表现出色，一举拿下两个个人冠军及团体冠军。作为体育教师，我一眼就看出了他与众不同的运动天赋。从那以后我就开始留意这个孩子,虽然他文化成绩一般,但对体育的领悟能力很强;不仅弹跳能力强、球类技术也很优秀,他特别喜欢打篮球,顺理成章地入选学校篮球队。他为人非常有礼貌,情商也很高,能很好地协调团队,队员们也很信服他,亲切地称他B师傅,很快他成为篮球队队长,变成了老师的小助手。多年的体育教学经验告诉我,他这样的体育好苗子真的是可遇不可求。

出于"爱才",我跟他说:"小B你完全可以走体育路线,考个体育学院,会是个不错的选择。"

他说:"不可能的,我爸爸妈妈不会同意我考体育学院的。"

"为什么呀?"

"因为他们都曾经是体育生,他们认为练体育太苦了,而且最终能够有所成就的人是少之又少。"

经过细细了解,原来他父母都曾经是高水平运动员,曾在上海市田径队训练,正是因为他们自己都曾从事过体育运动与训练,所以他们不愿意孩子继续重复他们走过的道路,感受他们吃过的苦。

从那以后我就不再和他提这件事情了。

一转眼高二快要结束了,他经常缺席日常训练,于是我找他询问原因。他一脸委屈地控诉:"爸妈不让我参加训练,说浪费学习时间,影响学习成绩。"

"那你可以和家长好好谈一次嘛,不要有情绪……"

"随便吧,反正已经闹僵了,我才不谈呢。"

我知道他已经和他爸妈进入对峙阶段了。我灵机一动,正言厉色道:"学校对参加区里篮球比赛的队员有规定,成绩有下降趋势的同学不可以代表学校参加比赛的。"

"别啊,老师这可是我高中阶段最后一次比赛,我一定要参加这次的篮球赛。"

"那没办法,你就好好学习,用成绩说话,这是学校的规定,我也没办法。"

经过一段时间的努力,我们发现打篮球并没有影响他的学习,父母也就不再在强制执行"运动禁止令"了。那年秋天他带着队友轰轰烈烈地打了一场漂亮的反击战,为学校取得了优异的成绩。这场篮球赛为他的高中运动生涯画上了一个圆满的句号。

进入高三以后,尽管学业繁重,我却还是能经常看见他放学后在球场上打球。我能感觉到他是真心热爱篮球这项运动。我主动向班主任了解到他的学业水平,高三以来他学习上确实很努力,无奈基础不扎实所以文化成绩上一般,考上好的重点大学还有一定困难。经过反复沟通,班主任也赞成B同学以体育特长为跳板读一个好大学,接下来重点工作就是争取家长的同意和支持。

在班主任的陪同下我约见了他的父母,摆事实讲道理,首先我运用生涯规划的霍兰德职业测评工具帮B同学现场做了职业测评,让他的父母了解未来适合他的职业,其中很多都是与体育相关的。看到家长认真倾听的眼神,我继续说:"小B因为有强大的体育运动基因,具备先决条件,更难得的是他本人很喜欢体育运动。喜欢的事情刚好也擅长简直是人生的一件幸事。我也身为人父，能够理解父母的一颗爱子之心。作为家长要舍得让孩子在生命战场中得到历练。他正渴望用自己的力量，掌舵自己的人生，哪怕这个过程中有艰辛、有痛苦、有跌倒、有挫败，那也是他必须去品尝的，唯有如此他才能真正地成熟及长大。"

沉默很久的 B 同学也说话了："爸爸妈妈，我有信心也有力量去面对自己未来的人生，你们放心吧。"家长若有所思说："那我们回去考虑看看吧。"

一个明媚的下午，B 同学一阵风似的跑来对我说："老师老师，我爸妈他们同意了，他们同意了！"我在欣喜之余，开始为 B 同学设定目标、制订训练计划。

因为太长时间没有训练，第一次训练时，B 同学身体机能反应比较剧烈。肌肉酸痛、呕吐、晕眩……但是能看得出他的状态还是非常好的；接下来的两个月，他每天都准时出现在操场。严格执行训练计划。训练这段时间取得了非常不错的成绩，还获得了二级运动员的荣誉称号，不负众望地考上了专业的体育大学。

学习生涯知识后，我最大的收获就是学会运用生涯规划中相关的工具，比如霍兰德职业测评工具、MBTI 性格测评工具，测定孩子当下的兴趣、价值观、能力，让孩子明确自己的优势，也让我们真正了解孩子内心的需求，做孩子的知心朋友。

## 第五节　生涯课程

### 生涯课授课感悟

——上海市继光高级中学　潘梦婕

作为一名专职心理教师，我虽然之前有过生涯方面的专业理论学习与培训，但实际上将理论运用于实际，给学生上生涯课的时间却并不久。在一个多学期的实践教学过程中，我越来越发现，要上好一堂真正意义上好的生涯课并不容易。很多时候，我会发现自己的生涯课只有形而无神，即虽然课堂内容和形式与生涯有关，但学生上完课之后的触动与收获却很少，而这也成为一个让我困惑已久的问题。

直到最近，我所设计的一堂名为"我的生涯时光列车"的生涯课，在实际教学的过程中发现效果竟然比我以往上的任何一堂课都要好。这堂课设计的最初原型和灵感来自生命线活动，希望学生通过对过去成长痕迹的"省视"和对目前状况的"审视"，从而更好地"揣视"未来可能的成长轨迹。而在这个过程中，也让学生意识到过去是现在的肇因，现在又是未来的基础。虽然未来还没有来，但现在的自己可以将过往的经验转化成未来成长的重要动力，让自己既能在快乐事件中变得更加自信，也敢勇于直面挑战和困难，主动塑造和掌控属于自己的未来。整堂课分为三个环节两大活动，三个环节分别是"我的过去""我的现在"和"我的未来"，其中"我的过去"和"我的未来"设计了两个大活动，需要学生进行思考和讨论。

在实际的授课过程中,我发现"我的过去"环节因为学生有自己的人生经历与体验,大部分学生都能写出很多自己印象深刻的事件。但当我问有谁来主动分享的时候,往往并没有人会主动举手。而当我主动分享我自己过去因高考失利而带来的重大人生变故的真实故事后,我会发现很多学生开始愿意主动在课堂上分享自己开心或难过的事情。让我印象深刻的是课堂上有个女生在讲述她初中的事情时怀念和快乐的神情,而当她分享初中因为学习成绩下滑等原因来到继光高级中学,眼神开始黯淡,她说自己现在还处在低谷期,感觉对不起曾经的自己。有那么一瞬,我感受到她的难过与悲伤,当时我是这样回应她的:"我感受到了你此刻的难过,我们每个人的一生都会有高峰和低谷,只是现在的你正处在低谷期。你看,老师曾经也因高考失利跌进了人生的谷底,但我最终依靠自己的努力和不放弃的精神让自己回到原来期望的人生轨迹上,我也相信只要你不放弃,你也一定可以逆风翻盘!"

当学生们立足过去,站在继光高级中学的起点上畅想未来的时候,我发现大部分学生构想的未来都是快乐而美好的。有个男生说他要在继光高级中学读书期间带领校足球队走向新高峰,高中毕业要出国,未来希望能够进入 NIKE 公司工作,做 NIKE 的高管,打败艾迪达斯。说完全班哄堂大笑,当我问他有多少把握能掌控自己的未来人生轨迹,他是在大学毕业之前他可以掌握 70%,大学毕业以后的设想虽然不一定实现,但是他会努力朝着这个目标前进。在课堂上我高度肯定了他的未来构想,我说:"这位同学是我目前听到的对未来目标最明确的一位,虽然未来充满很多变数,但是敢想是第一步,而敢做更为宝贵!"

在我看来,这堂生涯课无疑是形神具备的,我从愿意认真投入的同学眼中看到了他们对过去自己的"省视"和对未来更多的思考与期待。甚至有一位同学主动跑过来,希望把自己的生涯时光列车作业单拿回家给家里的弟弟看看,让他看看姐姐的成长轨迹是什么样的。

作为一名生涯课授课教师,我开始更多地反思:为什么这堂课会产生与以往的生涯课不一样的效果?通过思考与对比,我认为可能的原因在于:

第一,立足于学生的真实生活经验谈未来,唤醒了学生的生涯意识。我的带教"师父"黄玉文老师曾经和我说过:"生涯课最重要也是最难的部分是要唤醒学生的生涯意识。如果学生没有真正唤醒生涯意识,那么课堂上你所做的一切充其量只是一个形式而已,学生并不会有真正的触动,更不会有思考与行动。""我的生涯时光列车"这堂课之所以会取得成功,是因为它并非空谈未来和梦想,而是立足学生过去的真实经历和体验,让他们看到自己的过去对现在以及未来的重要影响,因此才会推动他们开始对未来进行思考与构想。

第二,教师的生涯经历分享实现了生涯与生涯之间的相互影响、碰撞。生涯是什么?在我刚接触生涯的时候,我认为生涯是跟职业连在一起的,指的是职位的变动。生涯规划就是对未来职业的规划。但是随着我对生涯了解的不断深入,我发现,生涯好像不是那么一回事,生涯贯穿人的一生,统合了一个人一生中各种职业与生活的角色,职业只是生涯重要的一部分,但并不仅限于此。而在"我的生涯时光列车"这堂课中,我还发现,生涯更重要的是生涯之间相互的影响,是个体与个体生涯经验的相互碰撞。这也解释了为什么教师分享自己的生涯经历能触动和感染到学生对生涯的思考。因此,我认为一堂好的生涯课不是教授,而是生涯的相互影响与碰撞。

不过,我也深深地明白,要上好生涯课,要唤醒学生的生涯意识,要让学生在生涯课中收获触动与思考,目前的我依然面临着许多的问题,比如教师本体知识的缺乏、自身生涯经历的浅薄等,这些问题都需要我在未来的生涯课实践教学中去克服。

## 生涯教育——航海路上的灯塔

——上海市继光高级中学　陆琦

记得 2017 年的春天,按照教学计划,我在高三年级的春考班里开展了春考面试辅导的课程。第一次辅导课后,一个课堂里从不插嘴说笑,一直认认真真听讲的男孩留了下来主动找到我,想再请教我一些问题。

这是我最开始了解这样一位高大帅气的男生——X。X 同学开门见山地跟我说道:"老师,我之所以选择春考就是因为春考有航空维修方向的专业,我能集中自己的所有精力,学好语数外三门。"听到这里,作为学校生涯老师和心理老师的我,特别好奇一个 18 岁不到的学生,是怎么给自己定下如此明确的目标的。

之后的深入交流让我解开了心中的这份疑惑。

一直以来,作为学校的生涯老师,我在高一年级里开设生涯辅导课程,虽然丰富有趣的课堂体验能让学生在课堂里感受到愉悦的氛围,但说实话,是否真的能给学生带来一定的思考,给他们的生涯带去一些启发,我的底气并不足。通过和 X 同学的沟通,我才真正意识到生涯课带给学生的不仅是欢乐,更多的是帮助他们指明了未来的方向,好比大海行舟中的灯塔。

X 同学说到,高一的生涯课带给他的影响是巨大的。在第一单元的课上,我带领同学们学习霍兰德职业兴趣理论,X 同学第一次真正意识到自己为什么从小不喜欢和大家打成一片,总是喜欢自己一个人琢磨,过去总是对自己的性格抱有遗憾,但是在这节课后,他发现自己的兴趣更偏向于 R 型(实际型)、I 型(研究型)和 C 型(事务型),这一下子让他豁然开朗了起来,原来这是自己的天性使然,而且不开朗的人也一样能在社会上承担重要的角色。在之后的课程里,X 同学更清晰地发现自己在动手能力方面的天赋,他的兴趣爱好和自己的长天赋相辅相成,他说自己喜欢养小动物、喜欢做手工、喜欢钓鱼、喜欢编程和机器人……经过一个学期生涯课上的探索,X 同学立下了自己的志向——未来学工科类的专业。高一下半学期,学校开设了各种各样的选修课,X 同学毫不犹豫地参加了机器人课程,从此踏上了机械研究的道路,并且在生涯课中的专业探究内容中,开始研究大学专业,并认准了航空维修专业,X认为自己的各方面条件都非常适合学习这个专业,并且这个专业在本市春考本科招生目录里有两个学校,是自己通过努力可以考进的。从此以后X同学有了明确的目标,每一天的学习都非常"带劲"。

高三春考结束后,X同学将自己的两个志愿全部填了这个专业,并且非常坚定地告诉我,不管能不能考进,未来这条路走定了! 今年不行,明年继续! 看着他坚定的目光,我拍拍他的肩膀:"相信我,如果我是面试老师,我一定会录取你!"

第三篇

# 生涯的烙印

　　本篇主要介绍继光高级中学多年来的生涯教育成果。生涯教育评估具有重要的意义,但是评估什么,怎么评估,评估结果如何使用,这些是很多学校和从业者容易忽视的问题,也是本篇试图探索的问题。在小小的"自卖自夸"之外,本篇介绍了我们在生涯教育中的各种尝试,更希望通过我们对生涯教育效果评估的探索,为生涯教育在学校内的推广,补上一块坚实的踏脚石。同时,这也是对我们的生涯教育的一种反思。

# 第九章

## 生涯教育效果评估概述

没有调查就没有发言权。——毛泽东《反对本本主义》

## 第一节　生涯教育评估的意义

生涯教育效果评估并不是通常意义上的"生涯成果"，因为在现实工作中，后者常常指的是生涯中所进行的各项工作和建立的各项制度（也就是我们第二篇的内容）。第三篇中我们提到的生涯教育效果，则是对这些工作和制度是否真正对学生造成了改变、造成了多大改变的一种评估。

根据前面的描述，想必读者已经看到我们在生涯教育中所做的工作。正如我们在第一篇中所说的那样，生涯教育是一个系统而复杂的工程，实施起来也经耗费了不少时间和精力。但是，我们还是花费了不少的心力对生涯教育效果进行了评估。为什么要这么做呢？一些经典的心理学理论可以为我们提供一些指导。

行为理论中的操作性条件反射理论指出，人的行为频率是受行为结果影响的。如果某个行为带来好的结果（也就是强化物），那么行为的频率就会增加；而如果某个行为带来坏的结果，行为的频率就会降低。该理论进一步指出，强化物分成不同的类型，既可以是物质上的奖励（比如奖金、有价值的实物），也可以是精神上的奖励（比如称赞、认可），或者干脆是反馈性的奖励，也就是人们能看到自己的行为所带来的直接变化。

认知理论对这一过程提供了更深入的解释，其中著名心理学家阿尔伯特·班杜拉（Albert Bandura）认为，不仅仅直接的成败经历会产生这样的效果，替代性经验也可以产生类似的效果，这就是观察学习的本质：通过观察别人的行为结果，来影响自己的行为表现。

班杜拉进一步指出，不管是直接作用还是替代性经验，对行为的影响都是通过期望来实现的，而期望分为两种：一种叫结果预期，也就是"这个事情对我有没有好处"的期望；而更重要的是另外一种，叫自我效能感，是"这个事情我能不能做好"的期望。而大多数的心理学研究都发现，相比于结果预期，自我效能感其实可以更好地预测最终的行为，尤其是对于那些复杂的任务来说，更是如此。

这些心理学大师的金玉良言成为我们进行生涯教学评估的理论基础。前面我们提到，不管是对于教师还是学生来说，全面参与、全情投入生涯教育的意愿都较弱，这一直是学校生涯教育中的一个难点。学生的情况稍好一点，因为他们会相信，"这件事对我有好处"（结果预期），但是对于教师来说，如果付出很多还没有什么收获，就会严重削弱他们的信心。

有效的生涯教育评估，则有助于解决这个问题。对于学生来说，教师的劝说可以让其了解生涯教育的重要性，而且能够通过评估结果的对比，直观地看到自己的成长；而对于教师来说，也是如此。在投入了大量的工作之后，相较于学校给予的物质奖励和精神奖励，绝大多数老师更想看到的是学生的变化，这也会让他们对自己的行为有充分的信心，而且也可以根据情况，对生涯教育的手段进行相应的调整。

其实，传统的学科教学也有相同的问题，不过他们解决的方式相当的简单粗暴——考试。三天一小考，两周一大考，学生在学科学习上的表现，都可以通过考试成绩得到反映。然而这种方法，显然不适用于生涯教育。先不提生涯教育的课时本来就不多，就以生涯教育的目的和内容来说，也无法以分数来衡量。

这是不是就意味着没有办法了呢？当然不是，只不过生涯教育的效果评估，比学科教学更复杂一些。总的来说，这些手段可以分成两类：质性评估和量化评估。

## 第二节　生涯教育评估的方法

质性评估方法是生涯教师们较为熟悉的方式，主要包括观察法和访谈法，前者以教师为主体，观察评估学生在生涯发展上的变化；后者以学生为主体，通过教师与学生之间的互动，由学生说出自己的感悟和收获。这两种方法的优点在于，能够深入地发掘学生的个性化的体验，是非常重要的生涯教育评估方式。但是，由于观察和访谈需要耗费大量的人力和时间资源，因此涉及的评估对象不会很多，通常只在几十人以内。这样一来，就有不少教师会对观察法和访谈法的结果有所疑惑，觉得这种评估会不会受到人为影响。

正是基于这样的疑惑，在较为普遍的质性评估方法之外（前面的章节多有涉及，尤其是第八章的教师反思，都是质性评估的结果），我们加上了量化评估的部分，主要使用的就是测量法。

测量法有两大特点：第一，较为客观。对于所有人来说，测量题目都是一样的。而且，这些题目都得到了专业学者的验证，主要通过信度和效度两个方面来衡量：信度，指的是测量的可重复性,也就是我们通常说的稳定性、可靠性;效度,指的是测量的有效性,也就是我们通常说的准确性、实用性。信度和效度谈的是两个不同的问题,如果以射箭为例,信度指的是射手(题目)每次都能射在较为固定的一块区域内,而不是天女散花似的大幅波动;效度值则指射手能够射在靶心,而不是脱靶(关于我们所使用的问卷的信度和效度,将在接下来的章节予以详细的介绍)

　　测量法的第二大优点就是操作较为简易。由于题目以纸面(或网络)的方式呈现给学生,一个老师可以在短时间内收集到大量学生的数据,并根据这些数据,对学生的整体情况有大概的了解。从这点来说,测量法也可以说是生涯领域的"考试"——虽然考试的结果,解释起来相对比较复杂(同样在第下一章中,我们会加以详细地分析)。通过专业的测量法,我们将从数据的角度衡量近年来的生涯教育究竟给学生带来了什么样的变化。

# 第十章

## 生涯教育成果

> 凡是存在的东西都有数量，凡是有数量的东西都可以测量。——桑代克《心理与社会测量导论》

在最新一轮的生涯教育评估中，我们重点选取了 6 个变量，作为生涯教育效果的指标，他们分别是：未来时间洞察力、一般自我效能感、职业知识、生涯决策困难度、生涯成熟度以及生涯适应力（问卷详见附录。由于版权的限制，部分问卷内容不能完整呈现。感兴趣的学校和老师，可以和我们联系取得），其中最核心的是生涯决策困难和生涯适应力这两个变量。

由于这里面涉及非常多的生涯领域的理论知识和专业科研技巧，我们特别邀请了香港中文大学倪竞博士和他的团队作为第三方，为我们提供更加专业化的评估内容。以下我们将分别对这些变量的内涵、测量工具进行简单的介绍，并对最终的结果进行分析。

## 第一节  未来时间洞察力：生涯意识

在生涯教育的主要内容中，我们提到，生涯意识的唤醒是贯穿始终的一条主线，通过让学生们意识到"我们所进行的各种探索，都会对自己未来的生涯产生帮助"，这样才能让学生更多地投入课堂活动，并且从活动中取得更大的收获。而生涯意识的唤醒，就和未来时间洞察力之间有着密切的联系。

时间洞察力（Time Perspective），指的是特定时间内一个人对自己的未来和过去所持有的观点总和。它涉及思考过去事件和预期未来事件两个过程，因此至少包含过去和未来两个方面。我们在这里主要关注的是与未来有关的时间洞察力。

从本质上来说,未来时间洞察力是一种认知表征,这也是为什么未来能够影响当前的行为。未来时间洞察力所包含的认知过程,主要包括期望和幻想,前者是基于未来事件发生可能性而做出的主观判断,而后者与实际的可能性无关。所以,未来时间洞察力其实是对未来可能性的一种领会和意识,每个人都具备,但是强弱不同:有的人较弱,只存在于潜意识中,只是把可能性当作一种抽象的可能性,对现在没有影响;但有些人则较强,会想把这种可能性变成现实,从而影响现实,这种影响主要可以通过目标、计划、兴趣、行为习惯等实现,但最主要的还是目标和计划。

我们日常生活中常见的几个与时间相关的概念,都属于未来时间洞察力的一个方面。比如,"关注未来结果倾向"指的是一个人会在多大程度上考虑当前行为的潜在长远结果,倾向低的人只顾眼前,倾向高的人则更"深谋远虑",这种倾向就是未来时间洞察力的一个表现。再比如,"时间管理"即设定目标、产生任务、排定优先级、时间分配和反馈的一系列活动,则属于未来时间洞察力的行为部分。

根据对未来时间洞察力方面的研究,青少年有关未来目标最频繁的陈述,都与教育和职业有关(在这一点上,不同文化背景下的青少年表现出了高度的一致性),此外感兴趣的还有未来的婚姻、家庭和休闲娱乐,而这些都是生涯概念中所思考的内容,不过这一点因人而异,差别较大。由于在生涯意识唤醒中,我们会关注生涯中的不同角色,因此可以推测,有效的生涯教育可以扩展个体的未来时间洞察力的范围。

关于未来时间洞察力的测量特征有很多,除了上面我们提到的内容之外,广受关注的还有另外一个特征:洞察力的延伸性,也就是人们会思考多远的未来。绝大多数的青少年,其时间洞察广度都在 30 岁之前。生涯教育是贯穿一生的教育,因此生涯教育能否提升时间洞察力的广度,让学生们思考更长远的未来,是一个有趣的问题。

未来时间洞察力的测量方式非常多样,为了方便起见,我们在这里选用宋其争博士编制的"一般未来时间洞察力量表",这也是目前国内该领域使用最频繁、最成熟的量表之一。尽管这一量表是针对大学生编制的,但是在高中也有应用的案例,同样适用于高中生。这个量表总计 20 个题目(问卷示例题项见附录),由 5 个维度所组成:

"行为承诺",指的是个体为实现自己所设定目标而付诸实际行动的倾向,例如:"我是通过逐步地推进,准时完成计划的。"得分越高,代表个体越倾向于根据目标采取行动,而得分越低,则代表个体陷入了对目标的空想,采取的行动越少。

"未来效能",指的是个体对未来的信心,例如:"我对自己的未来充满了自信。"得分越高,代表个体越对未来是乐观的,相信自己有能力创造美好的明天,而得分越低,代表个体对未来的悲观信念,不认为有能力得到自己想要的未来。

"远目标定向",指的是个体对长远的人生目标的关注,例如:"我经常想象在以后的生命历程中自己会怎样变化。"得分越高,代表个体更多地关心自己未来生涯的内容,而得分越低,代表个体更多地关心眼前或者过去。

"未来目的意识"，指的是个体是否关注自己未来的发展，例如："我相当关注别人对我今后发展的否定性评价。"得分越高，代表个体对未来有比较清晰的认识，拥有比较清晰的生活目的，并更主动地创造自己的未来，而得分低则表示个体对未来的设想非常模糊，也没有为之奋斗的动力。

"未来意向"，指的是个体对或近或远的未来事件或任务的具体意向，例如："展望未来，我要做的事非常多。"得分越高，代表个体对未来的认知越充实、越主动，得分越低，代表个体对未来的认知比较匮乏。

以往的研究表明，该问卷具有非常好的信度和效度。比如在原始的问卷编制中，该问卷的总体内部一致性系数为 0.896，重测信度为 0.793，不同维度的内部一致性系数都在 0.7 以上，重测信度也多在 0.6 以上。效度分析则表明，该问卷 5 个维度的理论构想与数据之间的拟合良好。而在本研究中，总体的问卷信度（以内部一致性系数为指标）为 0.833，5 个维度的信度分别为 0.737、0.785、0.692、0.628 和 0.496。以上这些数据都表明，我们选用了一个非常可靠的问卷。

## 第二节 一般自我效能感：自我探索

自我探索的主要内容主要围绕兴趣、能力和价值观展开，其中兴趣和价值观更多关注自我感受、自我觉察的清晰度，不同的类型之间不存在高下之分，因此对兴趣和价值观的探索效果的评估，将作为生涯成熟度和生涯适应力中的一部分（详情请参见本章第五节和第六节）。但是能力则具有主观和客观相交互的自我特质，因此这方面的生涯教育效果，我们选择以一般自我效能感（General Self-Efficacy）为切入点进行评估。

在著名心理学家班杜拉创立的社会学习理论中，他特别强调了人的认知对学习和行为调节的影响，认为人的认知水平在行为因素、个人因素、环境因素三者相互决定的过程中发挥着重要的调节作用。而作为一种认知因素的自我效能感，被看成是人的自我调节得以持续的心理动力原因，是认知与行为的中介，是行为的决定因素。

自我效能感描述的是人们对自己在特定情境中能否顺利地进行某种行为并产生一定结果的预期。所以，自我效能感不是技能，也不是一个人的真实能力，而是个体对完成特定任务所具有的行为能力的一种主观的判断。

在原始的概念中，班杜拉认为，由于不同活动领域之间的差异性，所需要的能力、技能也千差万别。一个人在不同的领域中，其自我效能感应该是不同的。因此，并不存在一般的自我效能感，任何时候讨论自我效能感，都是指与特定领域相联系的自我效能感。但是，一些学者并不同意这一观点，提出了一般自我效能感的概念，指的是个体应付各种不同环境的挑战或面对新事物时的一种总体性的自信心。

　　虽然自我效能感只是一种对自我的判断,但是它却能通过影响人们的认知过程、动机过程、情感过程和选择过程来影响行为活动的选择、目标的设定、行为的努力程度和坚持性及表现。具体体现为:

　　第一,选择过程。一般而言,个体选择自认为能加以有效应对的环境,而回避自认为无法控制的环境。一旦个体选定某种环境,这些环境因素反过来又会影响他的行为技能和人格的发展。此外,人们更倾向于选择自认为可以掌握基本操作技能的活动,而放弃自认为难以掌握基本操作技能的活动,进而影响其潜能的开发。

　　第二,认知过程。自我效能感越强,个体设定的目标就越具有挑战性,水平也越高;而且,还易于想象成功的活动场面,体验成功的感受;反之亦然。

　　第三,动机过程。自我效能感通过归因和对行为结果的控制点的知觉来影响活动的效率,自我效能感强的人倾向于把成功归因为自己的能力和努力,而把失败归因为努力的不足,从而有利于活动的成功,同样,在对行为结果控制点的知觉领域,自我效能感强的个体会认为自己可以通过努力来影响、改变自我行为的结果。另外,自我效能感还会影响个体在活动中当面临困难、挫折、失败时对活动的持久力和耐力。强烈的自我效能感促使个体在活动中花费更大的努力并持之以恒,直到达成活动的目标。

　　第四,情感过程,在面临可能的危险、不幸、灾难等厌恶性情境条件时,自我效能感影响了个体的应激状态、焦虑反应和抑郁的程度等情绪状态。低自我效能感的个体,易体验到强烈的应激状态和焦虑唤起,并以各种保护性的退缩行为或防卫行为被动地应对环境。这些行为方式限制了个体在活动中的表现。

　　以往的研究多次证明了自我效能感与表现之间的高相关性,比如学生的学习自我效能感对他们的学习行为及成绩有重要影响,自我效能感高的学生对其学习的自我监控能力较强,并对其目标定向及学习成绩具有积极的影响。对员工来说也是如此,高的自我效能感会促进绩效的提高,低的自我效能感则影响绩效的增长。高的自我效能感促使一个人去尝试挑战性强的工作,设置较高水平的目标,并表现出较强的行动力,从而提高工作绩效。同时,一个具有高自我效能感的人对自己的能力有信心,对生活的自我控制感强。

　　在生涯教育中,我们通过很多活动探索了学生自身的能力倾向,同时也为提升他们的综合素养提供了助力。这些助力既反应在客观的能力指标上,但同时也反应在主观的能力判断上,因此我们非常有理由相信,生涯教育对一般自我效能感的提升有显著的效果。

　　为了评估这一点,我们选用了学术界使用最广泛的一般自我效能感问卷(中文版),该问卷由 10 道题目所组成(问卷题项见附录)。以往的研究表明,该问卷具有非常好的信度(内部一致性系数 0.87,重测信度为 0.83,分半信度为 0.90)。此外,该问卷的 10 个题目组成了一个单一的维度,单个项目和总量表分的相关度都在 0.60 以上,且问卷总体的结构效度和预测效度结果良好。在我们的调查中,该问卷同样表现了非常好的信度(内部一致性系数为 0.892)。

## 第三节　职业知识：外部探索

在第一篇中我们提到，作为职业心理学的开创者，弗兰克·帕森斯（Frank Parsons）提出了一个简单而影响深远的理论。该理论认为，要想做出一个合理的职业选择，个体必须掌握两类知识：自我知识，即个体对自我的了解；以及职业知识，指的是个体对具体职业的了解。这一理论奠定了职业知识在生涯领域的重要性，也让职业知识成了外部探索的最重要成果之一。

在帕森斯之后，职业心理学领域涌现出了许多卓越的理论家，而所有这些学者，无一例外都在他们的理论中进一步强调了职业知识的重要性。比如，由舒伯所创立的著名的生涯发展理论就特别提出，对于处在生涯五大阶段的第二阶段（即探索阶段，高中生正处于这一阶段）的个体来说，其生涯发展最重要的任务之一就是获得足够的职业知识。而除了理论上的重视之外，数不胜数的实证研究也验证了职业知识对生涯发展的影响，包括生涯决定的准备性、生涯抱负、未来的工资收入、工作的社会地位等都会受到职业知识多寡的影响。以上提到的这些理论和研究，夯实了职业知识在个体生涯发展中的重要地位。

然而，尽管职业知识的定义十分清晰，地位也非常重要，但关于职业知识的实证研究却为数不多，其主要瓶颈在于缺乏对职业知识的可靠测量工具。通过比较现有的职业知识测量工具，我们发现研究者们面对的挑战主要集中在以下三个方面：范围、内容和属性。

职业知识的测量范围，回答的是如下问题：我们应该测量关于哪些职业的知识？根据职业知识的概念和定义，对职业知识的测量不可能脱离具体的职业（比如警察、教师），而这为职业知识的测量工具带来了一个大难题，因为社会中的职业数量太多了。比如，根据《中华人民共和国职业分类大典（2015 年版）》的记录，中国社会至少有 1 481 个职业。美国劳工部资助开发的职业信息网站 O*NET，则收录了 1 110 个职业。显然，没有哪个量表可以容纳超过 1 000 个职业，所以研究者们只能退而求其次选择一些职业作为代表来进行测量，而选择的方式主要有两种。一种称为固定职业式，研究者会根据某些标准，选择一些固定的职业，测量个体在这些职业上知识。比如，木匠、电工、警察……另外一种则是自由职业式，研究者要求个体自由选择职业，通常的指导语是选择他们喜欢或感兴趣的职业，或者干脆就是他们的职业抱负（你想从事的职业）。

职业知识的内容，指的是我们该测量哪些方面的职业知识。事实上，除了极个别的研究以单一问题测量职业知识之外，绝大多数研究都是将不同的方面分开予以测量的，比如工资、工作要求、工作内容等。与范围类似，内容方面也面临着数量过多的问题，而解决的方法无非也是固定式和自由式两种思路。此外，全世界的职业名称差距不大，但是职业知识的不同内容，却与文化背景有着密切的联系，不同文化中的个体所关心的职业知识内容显然是不一样的,因此国外的问卷可能不那么适用于国内的具体情况。

职业知识的属性,也就是回答以下问题:测量职业知识的什么?除了最传统的"数量"属性之外,有研究者认为其他属性也非常值得探究,比如职业知识的"准确性",职业知识内容之间的"区分度"等。尽管这些属性都非常有意义,但数量仍然是最重要的:第一,数量是其他属性的基础,没有足够的数量,谈论准确性和区分度等属性是没有意义的;第二,职业知识的多寡已被证明与诸多职业心理学变量密切相关,比如自我效能感、职业兴趣等,而其他属性暂未发现有这样的作用。

通过对以上三个问题的思考,我们最终选择了倪竞博士所开发的职业知识问卷,该问卷以自由选择职业的方式,重点整合职业内容的不同侧面,是一套适用于中国社会文化情境的测量主观职业知识多寡的自评式量表。该量表由 23 个题项组成,分成四个维度,分别是:①教育—培训要求,包括从事该职业所必需的教育、专业等门槛;②个人特质要求,包括从事该职业所必须具备的各项能力;③生涯管理,包括与职业有关的转换、升迁、从业人数等信息;④工作职责与特征,指该职业的工作内容与其他特点。

以往的研究表明,该问卷具有非常好的信度(问卷总信度为 0.97,四个分量表信度为 0.92、0.91、0.93 和 0.93)和效度$\{(\chi^2(166)=543.17, P<0.01; CFI=0.92; RMSEA=0.07; 90\% CI=[0.06, 0.08]; SRMR=0.07)\}$。本研究中,该问卷的总体信度为 0.91,分量表信度分别是 0.83、0.84、0.83 和 0.78。

# 第四节　生涯决策困难:如何决策

尽管生涯教育是一种贯穿一生的教育,但是不同阶段也有相应的重点,而对于当前社会环境下中国的高中生来说,生涯教育的最重要的任务之一就是教会学生如何进行合理的选择——大量的、充分的自我探索和外部探索,也都是为这个目的所服务的。因此,我们必须考虑从生涯决策(Career Decision-making)的角度去衡量生涯教育的效果。

从定义上来说,生涯决策是一个涉及个体一系列的认知、情感、行为和环境因素的复杂过程,它反映了个体的偏好和信念,是个体对未来发展方向的选择。生涯决策贯穿于个体的生命全过程,会对个体将来的生活、工作产生深刻且持续的影响。存在主义的大师萨特甚至有名言称"我们的决定,决定了我们",充分表达了决定的重要性:只有在个体做完决定之后、体验到做决定之后的感受,我们才能真正发现自己的存在。

在过去几十年间,生涯决策引起了国内外学者的广泛关注,相关研究的文献量也在逐年增加,反映了其在整个生涯研究领域的重要性。在对生涯决策的研究中,研究主题主要涉及生涯决策的影响因素(比如性别、年龄等)、生涯决策自我效能感(关于做出生涯决策的自信)以及生涯决策困难。

生涯决策困难是指在制定生涯决策时处于一种尚未决策(undecided)或者决策时犹豫不决(indecisive)而导致不能做出有效决定的状态。决策困难会使个体在需要做出决定时不能采取有效的行动,进而导致错失机会,产生新问题。因此,了解生涯决策的状态以及相应的原因,对生涯教育具有重要的指导意义。

目前有一些用于测量个体生涯决策状态的诊断工具。最早的诊断工具是 1976 年开发的生涯决策量表(简称 CDS)。虽然 CDS 具有较高的研究使用率,但它是基于临床经验提出的测量工具,曾有研究者对它的结构产生怀疑。针对 CDS 理论结构的缺陷,研究者基于决策理论,提出了"理想的职业决策者"模型,并据此编制出生涯决策困难量表(the Career Decision-making Difficulties Questionnaire,CDDQ),用于评估在做生涯决策时所可能遇到困难的来源。尽管它是当前生涯决策困难领域最常用的工具之一,然而 CDDQ 所评估的生涯决策困难主要聚集于认知方面的障碍,忽略了在生涯决策过程中情绪、人格方面可能带来的困扰。针对这方面的问题,研究者基于实证研究与咨询实践,提出用整合的理论结构来描述职业决策困难中的人格与情绪因素,并开发了情绪-人格相关生涯决策困难问卷(the Emotional and Personality Career Difficulties Scale,EPCD),也就是我们当前所使用的问卷。

情绪-人格相关生涯决策困难是指个体在做职业决策的过程中可能遇到的由于情绪、人格原因而引发的各种困难。该量表共包含三个大维度:悲观看法、焦虑、自我概念与认同。悲观看法(pessimistic views)是指对自己、对工作世界的消极思维与情绪,也包括对自我效能感和自我控制的消极期待。它包括三个小维度:对于决策过程的悲观看法、对于工作世界的悲观看法,以及对于自身控制的悲观看法。对于决策过程的悲观看法是指个体感觉自己没有能力做出合理、有效的决策;对于工作世界的悲观看法是指个体对工作世界本身的消极观点;对于自身控制的悲观看法是指个体认为职业决策过程、选择和结果都是由外部力量控制的。悲观看法得分高的个体对职业选择有较低的控制感和效能感,在职业决策过程中往往伴有不良的情绪行为反应。

焦虑(anxiety)是指个体在生涯决策过程中存在的一种消极情绪状态。该维度包含:对于决策过程、不确定性、生涯选择和决策结果感到焦虑。对于决策过程的焦虑是指个体在真正开始进行决策前,因对决策过程有着完美主义要求而产生的焦虑感,会对现实的决策过程感到无助和紧张;对于不确定性的焦虑是指个体因未来的不确定性、未决状态而产生的焦虑,以及对不确定性的低容忍所造成的焦虑;对于选择的焦虑是指个体对选择持完美主义态度,害怕漏选潜在适合的工作、害怕选择了不合适的工作,以及害怕为错误选择负责;对于决策结果的焦虑是指个体害怕不能实现自我期望或害怕不够完美而不去选择所造成的焦虑。高焦虑水平的个体更倾向于对不确定性和模糊性低容忍,且容易进入未决状态。

自我概念与认同(self-concept and identity)是指个体在生涯决策过程中对"我是谁?

我要去哪里?"这样一些与自我相关的状态评估。这一维度包括广泛性焦虑、自尊、未形成认同、冲突依恋与分离。广泛性焦虑是指个体的一般性焦虑,具有普遍性与稳定性的特质,而并非来自决策过程所导致的焦虑情绪。自尊是指个体在一般情况以及与职业相关的领域中有较低的自我价值感。未形成认同是指个体暂未形成稳定的自我概念,具体表现为无法准确表达人生信念、价值观、偏好、生活目标,或无法清楚地表达职业偏好、兴趣和生涯目标所带来的决策困难。冲突依恋与分离是指与重要他人有关的职业决策困难,一方面来自缺少重要他人的支持或者招致过度批评,另一方面来源于对重要他人的过度依赖,渴望得到重要他人的赞许。个体在做决策时会对自身产生内疚和焦虑感,从而引发个体的公开或隐蔽的冲突。

该问卷的中文简版在中国已进行了修订,总计 23 道题目。研究表明该量表具有相对良好的效度[$\chi^2(157) = 381.13$,$P < 0.01$;$CFI = 0.93$;$TLI = 0.91$,$RMSEA = 0.05$,$SRMR = 0.05$]。对 EPCD 总分与各个维度的内部一致性信度考察分析发现:三个维度的 $\alpha$ 系数分别为悲观看法 0.66、焦虑 0.78、自我概念与认同 0.75,总分的 $\alpha$ 系数为 0.86。三个维度的重测信度分别为悲观看法 0.71、焦虑 0.85、自我概念与认同 0.73,总分的重测信度为 0.87。在本研究中,该问卷的总体一致性系数为 0.894,表明这是一个非常可靠的问卷。

## 第五节　生涯成熟度:生涯发展程度

在分别评估了生涯意识、自我探索、外部探索、生涯决策等各部分内容之后,我们需要对学生的生涯发展程度进行一个整体的了解,而生涯成熟度(Career Maturity)和生涯适应力(Career Adaptability)是两个相近但意义不同的重要切入角度。

生涯成熟度原本被称为职业成熟度(Vocational Maturity),是对职业选择和职业决定的深化。但前面我们提到,随着生涯概念的提出,职业的概念越来越多被生涯所取代。在这个过程中,著名心理学家舒伯的生涯发展理论起到了至关重要的作用。该理论提出,按照个体的年龄,其生涯发展过程可以分为五个发展阶段(成长期、探索期、建立期、维持期、衰退期,每个阶段又有各自的子阶段),不同的发展阶段对应不同的发展要求和任务。比如,按照舒伯的理论,高中阶段(15~17 岁)属于探索阶段中的尝试阶段,这一阶段个体应该开始考虑多种因素,如兴趣、能力、价值观,开始初步思考今后是升学还是工作。

既然不同阶段面对的任务不同,为了描述不同年龄阶段个体的生涯发展阶段和职业选择的准备状况,舒伯便提出了更全面的生涯成熟度概念,用来评定个体生涯发展程度。所以,生涯成熟度从根本上来说,是对生涯发展水平的一个总体指标。但是,关于生涯成熟度的具体定义,学者们有大同小异的看法。比如舒伯就提出了生涯成熟度 I 型和 II 型。所谓生涯成熟度 I 型,是指个体实际的发展任务承担程度与实际年龄应达到的发展任务程度的比较;而生涯成熟度 II 则是指以个人的任务应对为焦点,即个人应对发展任务的方式方法与其他具有相同发展任务群体的比较。

其他研究者也有自己的一些看法。比如,有的认为生涯成熟度是从发展的角度来理解个体职业行为的关键,指的是个体在生涯发展任务上的进展水平;有的认为生涯成熟度指个体心理发展的完善过程,其核心体现为一种认知能力。如果一个人在职业发展过程中职业认知达到了一定水平,能够做出符合自己特点的职业选择,就表明其职业成熟;还有的人认为生涯成熟度是指个体在一定的信息基础上做出与其年龄相适宜的生涯决策和成功应对生涯发展任务的一种准备程度。

除了生涯成熟度的定义之外,研究者们对于生涯成熟度的测量也有一些不同的意见。根据研究者们对生涯成熟度的共识和分歧,我们经过综合考虑,选择了舒伯的亲传学生马可·L. 萨维科斯(Mark L. Savickas)的定义和问卷。该问卷是 2011 年修订的,是生涯成熟度问卷第三版,故而可以称之为 CMI-C。相比之前的两个版本,该版本变得更加简洁,信效度更高,并且可以更好地适用于学生生涯成熟度的诊断。CMI-C 与之前版本不同之处在于其加入了萨维卡斯的生涯适应力理论(详细介绍见本章第六节),但是这个版本的问卷经过验证性因子分析后,将关注这一维度删除了,加入了商讨这一维度。同时,CMI-C 有两个版本:咨询版和档案版。咨询版是为生涯规划师和生涯教育者对个体进行干预时使用的,档案版则是学校或研究者为建立学生的心理档案时使用,所以我们使用的是档案版。

档案版有三个维度共 18 道题目,计分方式为"同意"或"不同意",使用时会得出四个分数:第一个得分是自信、好奇、关注三个分问卷共 18 个题目的得分,用来描述个体关于职业决策和职业准备的成熟度;之后的三个分数分别是自信分问卷、好奇分问卷、关注分问卷的各自得分。关注分问卷测量的是个体卷入生涯决策的程度,好奇分问卷测量的是个体研究工作世界、工作要求的程度,自信分问卷测量的是个体对自己是否有信心做好生涯决策和选择的程度。这四个分数,均是分数越高,表明个体的生涯成熟度水平越高。

国外的研究表明该问卷的内部一致性系数达到了 0.84,各分问卷的内部一致性系数为 $0.6 \sim 0.9$。国内的调查数据发现,该问卷的效度良好($df = 115$, $\chi^2 = 470.067$, $RMSEA = 0.052$, $CFI = 0.92$),总的内部一致性系数为 0.83,各分问卷的内部一致性系数分别是生涯关注 0.77、生涯好奇 0.787,生涯自信 0.742。在我们的测量中,该问卷的总体内部一致性为 0.782,表明该问卷具有非常好的可靠性。

## 第六节  生涯适应力：适应未来的能力

前面我们提到,由于需要对学生的生涯发展程度进行一个整体的了解,我们引入了生涯成熟度和生涯适应力这两个相近但意义不同的变量。那么,在已经有生涯成熟度的情况下,为什么还要添加生涯适应力变量呢? 这是因为,生涯适应力可能更适用于当前的社会文化背景,因此,生涯适应力也是我们最看重的变量。

自从舒伯提出了独特的发展性视角,并借助这种理念催生了生涯发展任务、生涯发展阶段和生涯成熟度这三个相互联系的概念。生涯发展阶段代表了个体横跨一生的生涯之路,由五个连续的阶段组成:成长期、探索期、建立期、维持期和衰退期;在每一个生涯发展阶段中,个体都要面对许许多多的生涯发展任务,这些任务来自个人和社会发展的程度以及社会对个体的期待,需要个体去一一应对。而生涯成熟度就是个体面对这些生涯发展任务时的准备度,是发展性视角中最重要的概念,代表着个体生涯发展的水平。成熟度是一个虚构的、混杂的概念,既包括态度(生涯规划态度和生涯探索态度),也包括认知(生涯决策知识和对工作世界的认识),是生涯发展的重要指标。因此,我们不难发现,生涯成熟度的概念中有一条重要但不引人注目的前提假设:每个人应该有相似的生涯发展阶段,也应该在不同阶段有相似的生涯发展任务。

该理论是职业心理学中第一个全程生涯发展过程理论,在生涯领域有着极大的影响力,因为在 20 世纪,这一理论有着良好的适用性。然而,随着时代的变化,该理论也渐渐展现了它的局限性:生涯发展理论的社会背景是组织内部形成的较为固定的金字塔形阶层(基层员工、中层管理者、高层领导者),个体主要考虑如何在同一个组织中从底层爬到高层。所以,以"生涯成熟度"概念为核心的生涯发展理论强调的是个体处于一个固定不变的现实环境里。这就意味着:个体在面对与处理生涯问题时,所有的因素都将被预知,且因果关系的发展往往是呈现出线性、持续向前的态势。

在这种假设的基础上,多数生涯教育教导人们规划生涯的技巧和方法,强调人们通过这些方法建立理想明确的生涯目标,去达成"确定"的状态,作为实现圆满人生的依据,这在某种程度上,也逃避了对不确定性的探讨。而许多研究发现,理性决策模式并不能真实地反映人类的决策行为,也并非是达成圆满生涯的必要条件:首先,人类认知上的局限性,使得我们总是无法充分理性地去处理所有的问题;其次,理性决策并非目标设定的唯一方法,也不是最好的方法,更不是适用于每一个人的方式;最后,步步为营的计划取向也并非是追求圆满生涯的唯一方法,显然存在另类圆满生涯之道,如坦然随缘等。因此,再用"成熟"的概念来理解个体的生涯发展以及强调采取"理性"策略来做决定,似乎都束缚或窄化了个体具有生涯的无限可能性。

而且,现实情况也发生了很多的改变,个体的职业生涯发展路径越来越多变、越来越灵活,职业发展已经不局限于某一个固定的组织中了,研究者将这种新的生涯发展模式称为"无边界生涯"(borderless career)。无边界生涯强调了企业和个体的双重改变:随着全球化经济的发展,工作的流动性大大增加,企业不再坚持传统的长期雇用,而代之以更具弹性的雇用形式(比如短期雇用、员工派遣)。而随着全球化程度的加深和互联网的普及,工作的流动性大大增加，因此身处 21 世纪的人们所呈现的生涯发展模式出现了重大变化：越来越多的人不再终身服务于同一个组织，而倾向于更频繁地更换工作和岗位，或是同时从事多个领域的工作（之前流行的"斜杠青年"，就是无边界生涯的一种）。总而言之，在今天，不可预测性与不确定性已是生涯发展的本质特征。

为了应对这种变化，萨维科斯在生涯发展理论的基础上提出了生涯建构理论（Career Construction Theory）。该理论认为，当前社会中人们所面临的主要问题是，如何在频繁的工作转换、劳动力市场的快速变化以及多元文化的冲击中保持良好的适应状态，而影响适应效果的最重要、最核心的一种能力被称为生涯适应力。由此可以知道，生涯适应力一开始的提出主要是为了考虑成人的生涯发展状况的。但是随着人们逐渐接受这一概念并将其扩展，越来越多的人认为它完全可以适用在生涯的不同阶段。

生涯适应力指的是个体应对各种可预测和不可预测的生涯挑战时所拥有的心理资源。生涯适应力概念的提出告诉我们，确定性和可预测性并非生涯教育的唯一目标，而引导学生以开放的心理系统去适应复杂动态的生涯系统或为正确的教育方式。这种强调接纳不确定性的观点，不但不试图掌控自己的人生，反而以积极的态度，对决定保持开放或弹性，以"适应力"来回应新环境和新状况，借由调整或改变来回应变化，甚至刻意不做决定，以保留不确定，这种接纳与积极应对的态度不仅化解了模糊所带来的焦虑不安，反而更欣喜于由不确定性所带来的新鲜多变，甚至将其视为生涯助力的机会。

值得注意的是，"适应"并非全然舍弃过去的主张，只是试图更好地诠释我们正在经历的各种生涯现象与问题。此外，使用生涯适应力概念的另一价值就在于它蕴含了人与环境间的互动，个体能够主动去适应新的或发生改变的环境，体现出了人的主观能动性。因此，依据这一观点，与成熟度相比，适应力看上去是一个更为有用的建构，尤其是它认可个体需要在多层文化和多元文化背景中，包括他们的文化、种族和少数民族背景中去建构他们的生涯发展。另外，当前生涯心理学面临的一大挑战就是"要概括出在不同背景下的个体，是什么因素使得他们做出有效且成熟的行为，并且是否有这样的一个结构能够适用于整个发展阶段、不同生活角色以及不同文化背景下"。生涯适应力概念的提出可以说是对这一挑战的应答，也由此成为近年来生涯心理学研究领域的一个新的理论生长点。

生涯适应力的具体理论结构也几经变化，比如萨维科斯对生涯适应力理论建构的分析与探讨就历经三次修订，我们这里只介绍最新的成果。在最新的理论建构中，生涯适应力包含四个不同的维度：关注（concern）、控制（control）、好奇（curiosity）和自信（confidence）。每一个维度都有一个核心的问题需要个体做出回答，即"我有未来吗?""未来我想要做什么?"和"我能做到吗?"。

个体生涯适应力的发展贯穿于这四个维度，最终形成其与生涯规划、决策和调整有关的独特的态度、信念和能力，而这三个因素对生涯适应力的四个维度均具有调节功能，会影响个体在面对生涯发展任务、生涯转换或生涯困境时的生涯因应行为。关于生涯适应力这四维结构的各自功能,萨维卡斯认为,生涯关注能够帮助个体确立未来;生涯好奇能够加速个体对自我和职业的探索,生涯控制能使个体拥有选择未来的权利,而生涯自信则能促使个体建构完美的未来并克服困难。总的来说,生涯适应力四维结构的建构不失为评估个体生涯适应水平的一个有效方法,为研究者和生涯咨询者提供了另一个重要"装备",更为重要的是该理论模型还为生涯干预提供了一个立体式的概念框架,具有较强的实用价值。

我们所使用的问卷是基于该理论所开发的生涯适应力量表。这一量表同时在 13 个国家和地区得到验证,具有良好的信效度。中文版的适应力量表共有 24 道题目,分为 4 个维度。以往研究发现,总体量表的内部一致性系数为 0.95,4 个维度的系数分别是 0.90、0.88、0.88 和 0.90,数据对四因素模型的拟合也非常完美 $\{\chi^2(248)=489.67$; $CFI=0.95$; $RMSEA=0.05$,$90\% \ CI=[0.04, 0.05]$; $SRMR=0.04\}$。本次测量也发现,该问卷的总体信度高达 0.91,表明这是一个非常可靠的测量工具。

# 第七节　量化数据的分析结果

## 一、 学生总体情况

我们为全校 442 名学生发放了问卷,其中 2 人不同意参加调查,共计 440 人参与了这次调查,回收率为 99.55%。这些学生涵盖了全校三个年级的 15 个班级。其中,高一学生 163 人,占总人数 37%,5 个班的人数分别是 34、32、31、33、32;高二学生 155 人,占总人数 35.2%,5 个班的人数分别是 34、35、24、30、30;高三学生 118 人,占总人数的 26.8%,5 个班的人数分别是 28、26、20、24、21。有 4 人未填写年级,6 人未填写班级。

从个人特征来看,这些学生中女生有 213 人,占总人数的 48.4%;男生 220 人,占总人数的 50%;还有 7 位同学没有标识性别,占总人数的 1.6%。全校学生年龄分布于 15~20 岁之间,平均年龄为 16.85 岁,标准差为 0.91。

从家庭来看,父亲的受教育水平方面,高中以下 33 人(占总人数 7.5%),中专或高中 129 人(29.3%),大专或大学 231 人(52.5%),硕士 22 人(5%),博士 9 人(2%),16 人未填写(3.6%);母亲的受教育水平方面,高中以下 55 人(12.5%),中专或高中 127 人(28.9%),大专或大学 224 人(50.9%),硕士 12 人(2.7%),博士 6 人(1.4%),16 人未填写(3.6%)。总体的家庭社会经济地位(自评)方面,觉得自己家庭非常不好的有 8 人(1.8%),不太好的 35 人(8%),一般的 181 人(41.1%),还好的 186 人(42.3%),非常好的 24 人(5.5%)。这些分析表明,我们的学生家庭大多属于上海的中等阶层。

## 二、问卷平均得分

首先,我们对问卷结果进行了初步的统计分析,以下是各问卷以及各维度的平均得分。从问卷得分与总分的对比我们可以看到,学生的未来时间洞察力、一般自我效能、职业知识、生涯成熟度和生涯适应力都处于中等以上的水平,而决策困难则处于中等的水平,且波动幅度(标准差)不是很大,表明全校的水平是相对稳定的。接下来,我们将从不同的量表入手,进一步分析数据及其含义(见表10.1)。

表 10.1　六个维度的统计结果

| | 总人数 | 总分 | 平均数 | 标准差 |
|---|---|---|---|---|
| 行为承诺 | 438 | 4 | 2.85 | 0.56 |
| 未来效能 | 438 | 4 | 2.82 | 0.69 |
| 远目标定向 | 438 | 4 | 2.98 | 0.53 |
| 未来目的意识 | 438 | 4 | 2.46 | 0.63 |
| 未来意向 | 438 | 4 | 3.14 | 0.49 |
| 未来时间洞察力总分 | 438 | 4 | 2.85 | 0.40 |
| 一般自我效能感 | 440 | 4 | 2.54 | 0.56 |
| 教育培训要求 | 439 | 5 | 3.62 | 0.77 |
| 个人特质要求 | 439 | 5 | 3.56 | 0.86 |
| 生涯管理 | 439 | 5 | 3.11 | 0.84 |
| 工作职责与特征 | 439 | 5 | 3.64 | 0.76 |
| 职业知识总分 | 439 | 5 | 3.42 | 0.70 |
| 悲观看法 | 436 | 9 | 4.66 | 1.54 |
| 焦虑 | 439 | 9 | 5.49 | 1.66 |
| 自我概念与认同 | 437 | 9 | 5.09 | 1.84 |
| 决策困难总分 | 439 | 9 | 5.09 | 1.40 |
| 成熟度关注 | 437 | 2 | 1.73 | 0.24 |
| 成熟度好奇 | 437 | 2 | 1.49 | 0.24 |
| 成熟度自信 | 437 | 2 | 1.55 | 0.30 |
| 成熟度总分 | 437 | 2 | 1.59 | 0.21 |
| 适应力关注 | 439 | 5 | 3.53 | 0.80 |
| 适应力控制 | 439 | 5 | 3.94 | 0.69 |
| 适应力好奇 | 439 | 5 | 3.78 | 0.67 |
| 适应力自信 | 440 | 5 | 3.58 | 0.70 |
| 适应力总分 | 440 | 5 | 3.71 | 0.59 |

### 三、未来时间洞察力

与之前的研究相对比,高中生对未来的理解和认知要稍弱于大学生(大学生未来时间洞察力总分的平均值为 2.96,各维度得分分别是 2.72,3.13,2.65,2.92 和 3.39),但是在行为承诺面,反而要高于大学生。我们的猜测是,这可能就是高考在起作用:为学生提供了一个非常具体的目标,而这是大学生比较缺乏的。与此同时,高中生的远目标定向高于大学生,但是未来目的意识却低于大学生,这可能说明高中生更多地幻想未来的生活(比如大学生活),但是这种幻想通常是不清晰的、多变的。

通过对比不同维度之间的得分,我们发现,这些维度之间的差距都处于显著水平,得分最高的是未来意向,得分最低的则是未来目的意识。这说明,学生已经对足够长的未来进行了充分的想象,也有了一定的行动力和自信心,但是这种想象却相对来说非常模糊,不够清晰,而且缺乏主动性。因此,如何通过活动促进学生形成对未来的清晰印象,可能是接下来生涯教育的一个主要方向。

以性别和年级作为自变量,我们对未来时间洞察力总分及各维度分为因变量进行了方差分析,结果发现未来目的意识($F = 4.216$,$P = 0.041$)和未来意向($F = 13.216$,$P < 0.001$)在性别上呈现了显著的差异,女生的未来目的意识(女 2.51,男 2.40)和未来意向(女 3.21,男 3.06)远高于男生(具体比较见图 10.1),表明女生会更多地关注自己未来的发展,而且对未来的想象会比男生充实,因此需要在这两方面对男生进行更多的引导。

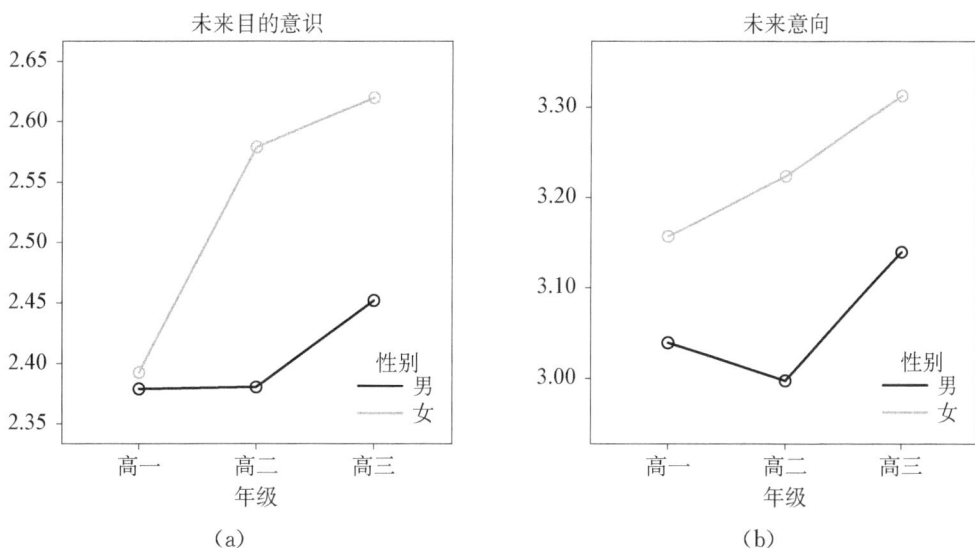

图 10.1　未来目的意识与未来意向的男女生差异

但是,年级却没有表现出任何的差异,也没有与性别之间的互动。考虑到我们收集数据的时间是下学期中期,即便是高一的学生也已经接受了一段时间的生涯教育,这可能表明我们对高中生的生涯意识的启蒙在高一下学期已经达到了初步的效果。

最后,具体到每个班级的得分,我们呈现在表 10.2 中。数据分析的结果显示,各班级在总分及各维度上存在显著的差距(深色标识代表得分相对较高,浅色标识代表得分相对较低,以下诸表皆同)。总分上来看,高二 1 班的时间洞察力得分在所有班级中最低,显著低于其他众多班级(如高三 4 班,高二 2 班等)。具体到各个维度,在行为承诺、未来效能和远目标定向方面,高二 1 班、高三 1 班等班级的得分都较低,而在未来目的意识方面,高一 1 班和 5 班较低。这些结果表明,对于不同的班级来说,生涯意识的启发应该更有针对性。

表 10.2　未来时间洞察力的各班得分

| | 人数 | 行为承诺 | | 未来效能 | | 远目标定向 | | 未来目的意识 | | 未来意向 | | 总分 | |
|---|---|---|---|---|---|---|---|---|---|---|---|---|---|
| | | M | SD | M | SD | M | SD | M | SD | M | SD | M | SD |
| 高一 1 班 | 33 | 2.99 | 0.67 | 3.02 | 0.76 | 3.10 | 0.65 | 2.26 | 0.73 | 3.06 | 0.57 | 2.89 | 0.48 |
| 高一 2 班 | 32 | 2.90 | 0.57 | 2.80 | 0.65 | 2.98 | 0.63 | 2.59 | 0.66 | 3.19 | 0.44 | 2.90 | 0.41 |
| 高一 3 班 | 31 | 2.73 | 0.57 | 2.81 | 0.68 | 3.01 | 0.51 | 2.42 | 0.59 | 3.18 | 0.43 | 2.84 | 0.37 |
| 高一 4 班 | 33 | 2.84 | 0.54 | 2.78 | 0.70 | 2.92 | 0.51 | 2.52 | 0.67 | 3.05 | 0.45 | 2.82 | 0.33 |
| 高一 5 班 | 32 | 2.91 | 0.60 | 2.89 | 0.63 | 3.04 | 0.52 | 2.19 | 0.57 | 3.13 | 0.44 | 2.84 | 0.40 |
| 高二 1 班 | 34 | 2.57 | 0.50 | 2.52 | 0.56 | 2.79 | 0.56 | 2.46 | 0.53 | 3.11 | 0.44 | 2.70 | 0.38 |
| 高二 2 班 | 35 | 2.87 | 0.49 | 2.89 | 0.45 | 2.98 | 0.45 | 2.56 | 0.66 | 3.17 | 0.48 | 2.90 | 0.38 |
| 高二 3 班 | 24 | 2.86 | 0.55 | 3.04 | 0.72 | 2.96 | 0.48 | 2.54 | 0.63 | 3.04 | 0.57 | 2.89 | 0.40 |
| 高二 4 班 | 29 | 3.02 | 0.50 | 2.91 | 0.58 | 2.92 | 0.45 | 2.34 | 0.70 | 3.07 | 0.49 | 2.85 | 0.30 |
| 高二 5 班 | 30 | 2.93 | 0.52 | 2.89 | 0.71 | 2.90 | 0.60 | 2.46 | 0.61 | 3.11 | 0.53 | 2.86 | 0.45 |
| 高三 1 班 | 28 | 2.65 | 0.61 | 2.68 | 0.89 | 3.06 | 0.58 | 2.63 | 0.58 | 3.31 | 0.53 | 2.89 | 0.50 |
| 高三 2 班 | 26 | 2.86 | 0.61 | 2.71 | 0.79 | 3.02 | 0.53 | 2.34 | 0.62 | 3.02 | 0.59 | 2.80 | 0.43 |
| 高三 3 班 | 20 | 2.85 | 0.49 | 2.82 | 0.48 | 3.05 | 0.45 | 2.63 | 0.56 | 3.11 | 0.31 | 2.90 | 0.29 |
| 高三 4 班 | 24 | 2.78 | 0.53 | 2.71 | 0.68 | 2.96 | 0.40 | 2.72 | 0.52 | 3.33 | 0.48 | 2.91 | 0.38 |
| 高三 5 班 | 21 | 2.93 | 0.53 | 2.81 | 0.80 | 3.02 | 0.53 | 2.25 | 0.56 | 3.11 | 0.55 | 2.83 | 0.45 |
| 总人数 | 432 | 2.84 | 0.56 | 2.82 | 0.69 | 2.98 | 0.53 | 2.46 | 0.63 | 3.13 | 0.49 | 2.85 | 0.40 |

## 四、 一般自我效能感

学生的一般自我效能感的平均得分为 2.54(标准差 0.55),与其他研究中发现的高中生的一般效能感得分相似(比如以陕西省安康中学 100 名高中生的调查显示,其平均分为 2.62,标准差为 0.47),根据一般自我效能感量表(GSES)的评分细则,这属于偏高的自我效能感水平。说明学校的总体教育带来的结果是非常良好的,建立了学生的自信心。

以性别和年级作为自变量,一般自我效能感为因变量,我们进行了方差分析,结果发现效能感在性别上呈现了显著的差异($F=12.162$,$P=0.001$),女生的效能感(女 2.51,男 2.40)显著低于男生(具体比较见图 10.2),且标准差略大于男生,表明女生的自信程度弱于男生且波动较大,可能需要更多的关注。

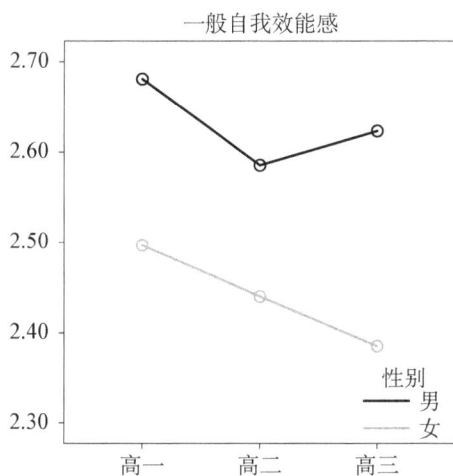

图 10.2 自我效能感的男女生差异

同样,尽管看起来随着年级的增长,一般自我效能感处于逐步下降的趋势,但是这种趋势还没有表现出统计上的差异,属于可接受的范围之内。此外,年级也没有与性别之间的互动。因此,与未来时间洞察力相似,考虑到我们收集数据的时间是下学期中期,即便是高一的学生也已经接受了一段时间生涯教育,这表明我们对高中生的自我效能按的提升至少在高一下学期已经达到了初步的效果。

最后,具体到每个班级的得分,我们呈现在表 10.3 中。数据分析的结果显示,各班级在一般效能感上差距不大,唯有高二 1 班的得分为 2.40,显著低于其他的班级。这表明该班级需要通过生涯教育加强对学生的自信心的培养。

表 10.3 自我效能感的各班得分

|  | | 一般自我效能感 | |
| --- | --- | --- | --- |
|  | 人数 | M | SD |
| 高一 1 班 | 34 | 2.51 | 0.60 |
| 高一 2 班 | 32 | 2.64 | 0.47 |
| 高一 3 班 | 31 | 2.56 | 0.52 |
| 高一 4 班 | 33 | 2.54 | 0.61 |

| | 一般自我效能感 | | |
| --- | --- | --- | --- |
| | 人数 | M | SD |
| 高一5班 | 32 | 2.59 | 0.58 |
| 高二1班 | 34 | 2.40 | 0.43 |
| 高二2班 | 35 | 2.53 | 0.56 |
| 高二3班 | 24 | 2.64 | 0.50 |
| 高二4班 | 30 | 2.56 | 0.45 |
| 高二5班 | 30 | 2.46 | 0.48 |
| 高三1班 | 28 | 2.53 | 0.67 |
| 高三2班 | 26 | 2.52 | 0.61 |
| 高三3班 | 20 | 2.71 | 0.55 |
| 高三4班 | 24 | 2.45 | 0.53 |
| 高三5班 | 21 | 2.52 | 0.80 |
| 总人数 | 434 | 2.54 | 0.55 |

## 五、 职业知识

在另外一个取样自广州的高中生的研究中,我们发现高中的职业知识总分为2.95,四个维度得分分别是2.94,3.17,2.61,3.25。这样的对比显示,继光高级中学的整体职业知识以及各维度上的得分要远高于其他学校,这是生涯教育实施的重要成果之一,表明我们学校的外部探索取得了相当不错的成绩。

通过对比不同维度之间的得分,我们发现,在职业知识的四个维度中,只有生涯管理维度的得分显著低于其他维度。这个维度涉及的是关于职业的总体生涯发展过程的认识,包括进入的渠道和方式、离职率、未来发展趋势、社会地位、对日常生活的影响、劳动力市场状况等。这部分的知识确实离学生比较远,但是对于学生的未来职业选择,又有着重要的影响作用,因此未来的生涯教育中的外部探索部分,应该对这部分的内容予以适当关注。

以性别和年级作为自变量,职业知识总分及各维度分为因变量,我们进行了方差分析,结果发现生涯管理($F=7.484$, $P=0.006$)、工作职责与特征($F=5.777$, $P=0.017$)以及职业知识总分($F=4.236$, $P=0.04$)在性别上呈现了显著的差异,女生的生涯管理(女3.00,男3.23)、工作职责与特征(女3.56,男3.74)和职业知识总分(女3.35,男3.49)都低于男生(具体比较见图10.3),表明女生在这两个具体方面以及职业知识的了解上需要更多的引导。

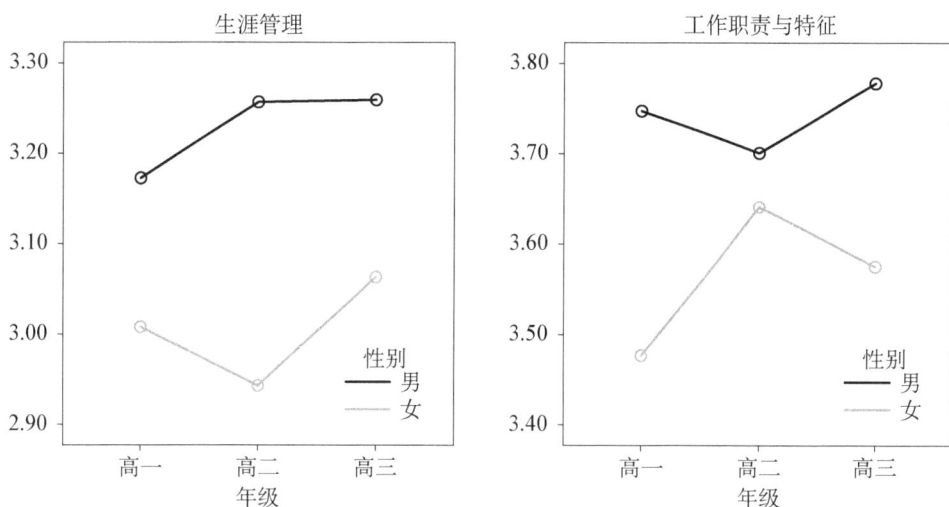

图 10.3　生涯管理、工作职责与特征的男女生差异

但是，年级却没有表现出任何的差异，也没有与性别之间的互动。同样的，考虑到我们收集数据的时间是下学期中期，即便是高一的学生也已经接受了一段时间的生涯教育，这可能表明我们对高中生的职业知识的探索在高一下学期已经达到了初步的效果。

最后，具体到每个班级的得分，我们呈现在表 10.4 中。数据分析的结果显示，各班级在总分及各维度上存在显著的差距。总分上来看，高一 4 班和高三 3 班的职业知识得分在所有班级中较低，显著低于其他众多班级。具体到各个维度，在个人特质要求和生涯管理方面，高三 3 班的得分都较低，而在工作职责与特征方面，高一 4 班则较低。这些结果表明，对于不同的班级来说，职业知识的启发应该更有针对性。

以下结果中，比较值得关注的是高一 1 班在职业知识的各项评分上都高于其他班级。由于高一 1 班的其他问卷得分并未显著增高（比如前面的自我效能感等），只在职业知识上有此表现，初步排除了学生自我评价过高的原因，这可能表明高一 1 班的外部探索尤其出色，其生涯教育方式或许可成为其他班级参考的对象。

表 10.4　职业知识的各班得分

| | 人数 | 教育培训要求 | | 个人特质要求 | | 生涯管理 | | 工作职责与特征 | | 总分 | |
|---|---|---|---|---|---|---|---|---|---|---|---|
| | | M | SD | M | SD | M | SD | M | SD | M | SD |
| 高一 1 班 | 34 | 3.96 | 0.83 | 3.95 | 0.86 | 3.60 | 0.90 | 4.02 | 0.73 | 3.83 | 0.74 |
| 高一 2 班 | 32 | 3.52 | 0.77 | 3.54 | 1.02 | 2.90 | 0.89 | 3.61 | 0.82 | 3.30 | 0.78 |
| 高一 3 班 | 31 | 3.62 | 0.75 | 3.55 | 0.91 | 2.92 | 0.76 | 3.54 | 0.78 | 3.31 | 0.70 |
| 高一 4 班 | 33 | 3.47 | 0.72 | 3.37 | 0.93 | 2.87 | 0.85 | 3.27 | 1.00 | 3.16 | 0.79 |
| 高一 5 班 | 32 | 3.51 | 0.79 | 3.59 | 0.75 | 3.10 | 0.82 | 3.59 | 0.80 | 3.39 | 0.68 |

（续表）

| | 人数 | 教育培训要求 | | 个人特质要求 | | 生涯管理 | | 工作职责与特征 | | 总分 | |
|---|---|---|---|---|---|---|---|---|---|---|---|
| | | M | SD | M | SD | M | SD | M | SD | M | SD |
| 高二1班 | 34 | 3.65 | 0.64 | 3.68 | 0.72 | 3.08 | 0.83 | 3.68 | 0.68 | 3.44 | 0.60 |
| 高二2班 | 35 | 3.60 | 0.76 | 3.57 | 0.76 | 3.32 | 0.84 | 3.85 | 0.64 | 3.55 | 0.63 |
| 高二3班 | 24 | 3.58 | 0.69 | 3.50 | 0.75 | 3.11 | 0.75 | 3.72 | 0.57 | 3.42 | 0.56 |
| 高二4班 | 30 | 3.56 | 0.76 | 3.39 | 0.72 | 3.01 | 0.71 | 3.56 | 0.64 | 3.32 | 0.57 |
| 高二5班 | 30 | 3.58 | 0.88 | 3.43 | 1.09 | 2.97 | 0.82 | 3.54 | 0.77 | 3.31 | 0.76 |
| 高三1班 | 27 | 3.61 | 0.81 | 3.62 | 0.86 | 2.93 | 0.91 | 3.65 | 0.73 | 3.36 | 0.73 |
| 高三2班 | 26 | 3.50 | 0.98 | 3.45 | 1.06 | 3.27 | 0.84 | 3.83 | 0.76 | 3.49 | 0.79 |
| 高三3班 | 20 | 3.71 | 0.87 | 3.24 | 0.99 | 2.80 | 0.83 | 3.43 | 0.87 | 3.20 | 0.78 |
| 高三4班 | 24 | 3.61 | 0.54 | 3.64 | 0.71 | 3.31 | 0.64 | 3.64 | 0.56 | 3.51 | 0.54 |
| 高三5班 | 21 | 3.86 | 0.66 | 3.76 | 0.60 | 3.58 | 0.64 | 3.74 | 0.57 | 3.70 | 0.57 |
| 总人数 | 433 | 3.62 | 0.77 | 3.56 | 0.86 | 3.12 | 0.83 | 3.65 | 0.75 | 3.42 | 0.70 |

## 六、 决策困难

由于缺乏高中数据，我们将学校的得分与大学生进行对比，发现大学生的决策困难总分为4.92，三个维度得分分别是4.80，5.19和4.77。这样的对比显示，继光高级中学的整体决策困难要高于大学生，尤其是在焦虑与自我概念认同这两方面。不过令人欣喜的是，学生的悲观看法要稍好于大学生，这说明我们实施的各项探索，提升了他们在生涯决策方面的控制感和自信心。而且总的来说，学生的决策困难问题并不严重，表明生涯教育起到了一定的作用。

通过对比不同维度之间的得分，我们发现，决策困难的三个维度呈现显著的差距，其中焦虑是最严重的问题，这里面包括了对于决策过程、不确定性、生涯选择和决策结果感到焦虑等，意味着学生更倾向于对不确定性和模糊性的低容忍态度，害怕漏选潜在适合的工作、害怕选择了不合适的工作，以及害怕为错误选择负责，并且害怕自己不能实现自我期望或害怕不够完美而不去选择所造成的焦虑。这为未来的生涯教育提供了一定的启示，比如通过强调未来的可塑性，或者强调自我发展去实现决策的内容，降低学生面对选科或专业选择时的担心选错的焦虑。

以性别和年级作为自变量，职业知识总分及各维度分为因变量，我们进行了方差分析，结果发现只有自我概念与认同（$F=3.851$，$P=0.05$）在性别上呈现了显著的差异，女生的自我概念与认同（女4.90，男5.30）好于男生。不过，这种差别只是刚好显著，而其他维度上的得分，以及同样的年级却没有表现出任何的差异，也没有与性别之间的互动，都表明决策困难问题是一个较为普遍的、需要正视的问题。

最后,具体到每个班级的得分,我们呈现在表10.5中(由于该问卷是得分越高,决策困难越多,所以我们将得分低的以深色标出,得分高的以浅色标出)。数据分析的结果显示,各班级在总分及各维度上存在显著的差距。总分上来看,高一2班和高二3班的决策困难得分在所有班级中较低,显著低于其他众多班级,表明这两个班相对拥有更少的决策上的麻烦,而高三1班和高二5班则需要更多的关注。具体到各个维度,高三1班在三个维度上得分均处于高位,因此可能需要特别的指导。而在悲观看法和焦虑方面,高二4班、高二5班的得分都较高,需要具有针对性的生涯教育。

表10.5 决策困难的各班得分

| | 人数 | 悲观看法 | | 焦虑 | | 自我概念与认同 | | 总分 | |
|---|---|---|---|---|---|---|---|---|---|
| | | M | SD | M | SD | M | SD | M | SD |
| 高一1班 | 34 | 4.76 | 1.92 | 5.22 | 1.75 | 5.25 | 2.27 | 5.10 | 1.81 |
| 高一2班 | 32 | 4.13 | 1.43 | 5.55 | 1.77 | 4.62 | 2.02 | 4.77 | 1.36 |
| 高一3班 | 31 | 4.31 | 1.58 | 5.28 | 1.82 | 4.80 | 1.86 | 4.80 | 1.48 |
| 高一4班 | 33 | 4.28 | 1.38 | 5.26 | 1.96 | 4.97 | 1.85 | 4.84 | 1.45 |
| 高一5班 | 32 | 4.81 | 1.45 | 5.41 | 1.58 | 4.76 | 1.98 | 4.99 | 1.50 |
| 高二1班 | 34 | 4.76 | 1.56 | 5.20 | 1.55 | 5.37 | 1.49 | 5.11 | 1.07 |
| 高二2班 | 35 | 4.56 | 1.91 | 5.36 | 2.15 | 5.01 | 1.96 | 4.98 | 1.61 |
| 高二3班 | 24 | 4.61 | 1.20 | 5.03 | 1.51 | 4.75 | 1.56 | 4.80 | 1.23 |
| 高二4班 | 30 | 5.13 | 1.59 | 5.67 | 1.17 | 5.24 | 1.59 | 5.33 | 1.24 |
| 高二5班 | 30 | 4.94 | 1.34 | 6.11 | 1.44 | 5.26 | 1.85 | 5.45 | 1.29 |
| 高三1班 | 27 | 4.99 | 1.13 | 6.26 | 1.41 | 5.74 | 1.63 | 5.66 | 1.13 |
| 高三2班 | 26 | 4.82 | 1.59 | 5.74 | 1.48 | 5.41 | 1.74 | 5.32 | 1.20 |
| 高三3班 | 20 | 4.63 | 1.46 | 5.49 | 1.75 | 4.84 | 1.81 | 4.99 | 1.47 |
| 高三4班 | 24 | 4.52 | 1.44 | 5.77 | 1.35 | 5.10 | 1.77 | 5.13 | 1.34 |
| 高三5班 | 21 | 4.70 | 1.61 | 5.18 | 1.42 | 5.17 | 2.06 | 5.02 | 1.37 |
| 总人数 | 433 | 4.66 | 1.53 | 5.50 | 1.66 | 5.09 | 1.84 | 5.08 | 1.39 |

## 七、 生涯成熟度

在另外一个取样自广州的高中生的研究中,我们发现高中的生涯成熟度总分为1.58,三个维度得分分别是1.73,1.52和1.56,这与我们的调查结果非常相似。这样的结果表明,继光高级中学的整体生涯成熟度是符合一般水平的,这是生涯教育在学校实施的重要成果。

通过对比不同维度之间的得分,我们发现,成熟度的三个维度呈现显著的差距,其中生涯好奇的得分最低,其次是生涯自信,最高的是生涯关注。结合前面对未来时间洞察力和自我效能感的分析,我们可以进一步确认,学校的生涯教育在启发学生的生涯意识方面取得了非常好的成果,在培养学生自信方面也表现不错,但是在更深入的自我探索和外部探索方面仍然有一定的进步空间,这也为未来的生涯教育提供了一定的启示。

以性别和年级作为自变量,成熟度总分及各维度分为因变量,我们进行了方差分析,结果发现只有成熟度中的关注维度($F=15.743$,$P<0.001$)以及成熟度的总分($F=6.715$,$P=0.01$)在性别上呈现了显著的差异,女生的关注(女 1.77,男 1.68)以及成熟度的总分(女 1.61,男 1.56)好于男生。这与我们之前对未来时间洞察力的分析保持一致,表明女生确实比男生更多地关注未来,也意味着男生可能需要更多的引导(见图 10.4)。

此外,成熟度的关注维度在年级也表现出明显的差异,高二年级的关注显著低于高一和高三(高一 1.75,高二 1.68,高三 1.74),对于男生来说尤其如此。我们猜测,是否高二的某些特别事件,使得他们暂时又失去了对未来的期望? 或者,这一届的高二有什么特别之处? 这可能需要更深入的了解,但不管怎么样,都为我们未来的生涯教育提供了一个方向。

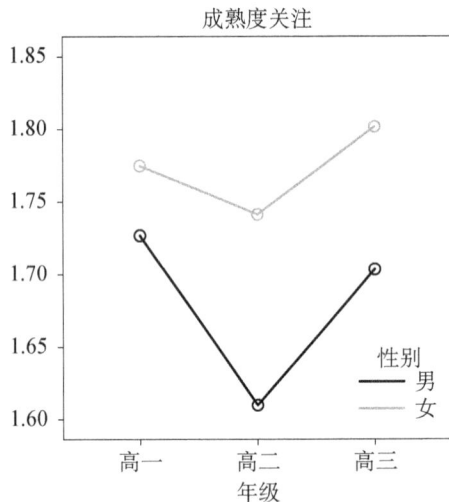

图 10.4　生涯成熟度的男女生差异

最后,具体到每个班级的得分,我们呈现在表 10.6 中。数据分析的结果显示,各班级在总分上差别不大,但是各维度上存在显著的差距。比如,高二 3 班和高一 2 班在关注维度上得分显著高于其他班级,而高二 1 班和 4 班得分较低;高三 5 班的好奇维度得分最高;自信维度上,高三 1 班和高一 2 班得分较低,因此可能需要特别的指导。

表 10.6 生涯成熟度的各班得分

| | 人数 | 关注 | | 好奇 | | 自信 | | 总分 | |
|---|---|---|---|---|---|---|---|---|---|
| | | M | SD | M | SD | M | SD | M | SD |
| 高一 1 班 | 32 | 1.70 | 0.30 | 1.57 | 0.27 | 1.58 | 0.33 | 1.62 | 0.26 |
| 高一 2 班 | 32 | 1.81 | 0.21 | 1.44 | 0.29 | 1.45 | 0.28 | 1.57 | 0.22 |
| 高一 3 班 | 31 | 1.77 | 0.20 | 1.53 | 0.20 | 1.63 | 0.31 | 1.65 | 0.19 |
| 高一 4 班 | 33 | 1.76 | 0.25 | 1.42 | 0.25 | 1.51 | 0.34 | 1.56 | 0.22 |
| 高一 5 班 | 32 | 1.77 | 0.21 | 1.42 | 0.28 | 1.52 | 0.34 | 1.57 | 0.22 |
| 高二 1 班 | 34 | 1.63 | 0.23 | 1.48 | 0.20 | 1.50 | 0.28 | 1.53 | 0.18 |
| 高二 2 班 | 35 | 1.73 | 0.24 | 1.58 | 0.26 | 1.60 | 0.30 | 1.63 | 0.21 |
| 高二 3 班 | 24 | 1.66 | 0.23 | 1.49 | 0.22 | 1.58 | 0.30 | 1.57 | 0.19 |
| 高二 4 班 | 29 | 1.64 | 0.30 | 1.52 | 0.23 | 1.61 | 0.29 | 1.59 | 0.22 |
| 高二 5 班 | 30 | 1.73 | 0.25 | 1.49 | 0.28 | 1.51 | 0.34 | 1.58 | 0.23 |
| 高三 1 班 | 28 | 1.67 | 0.28 | 1.46 | 0.21 | 1.43 | 0.31 | 1.52 | 0.22 |
| 高三 2 班 | 26 | 1.72 | 0.24 | 1.49 | 0.23 | 1.60 | 0.26 | 1.60 | 0.19 |
| 高三 3 班 | 20 | 1.85 | 0.22 | 1.42 | 0.21 | 1.59 | 0.30 | 1.62 | 0.18 |
| 高三 4 班 | 24 | 1.77 | 0.15 | 1.48 | 0.13 | 1.62 | 0.28 | 1.62 | 0.14 |
| 高三 5 班 | 21 | 1.74 | 0.23 | 1.63 | 0.24 | 1.63 | 0.27 | 1.66 | 0.19 |
| 总人数 | 431 | 1.73 | 0.24 | 1.49 | 0.24 | 1.55 | 0.31 | 1.59 | 0.21 |

## 八、生涯适应力

在另外一个取样自广州的高中生的研究中,我们发现高中的生涯适应力总分为 3.69,四个维度得分分别是 3.43、3.93、3.66 和 3.74。对比我们的调查结果,虽然总分和控制维度上的得分非常接近,但是其他维度上表现出了独特性:我们学校的关注和好奇得分略高于广州的数据,而自信的得分稍低。

通过对比不同维度之间的得分,我们发现,适应力的几个维度呈现显著的差距,其中生涯意识和自信的得分最低,其次是生涯好奇,最高的是生涯控制。结合前面对生涯成熟度的分析,我们可以发现,学校的生涯教育在启发学生的生涯意识和培养学生对生涯的好奇方面取得了非常好的成果,既满足了当前的年龄段的特点(成熟度),又高于其他学校,但是这种对未来的关注以及对生涯的好奇仍然有进一步提升的空间(适应力)。目前学校的更主要的工作可能要放在培养学生的生涯自信上,让他们从日常生活和学习中获得对自己生涯的掌控感。

以性别和年级作为自变量,适应力总分及各维度分为因变量,我们进行了方差分析,结果发现性别上不存在显著的差异,只有适应力的关注维度在年级表现出明显的差异($F=3.239$,$P=0.04$),高三年级的关注显著高于高一和高三(高一3.47,高二3.46,高三3.68),说明在高三进行的各项活动(包括高考的临近)提升了学生对未来的关注(见图10.5)。

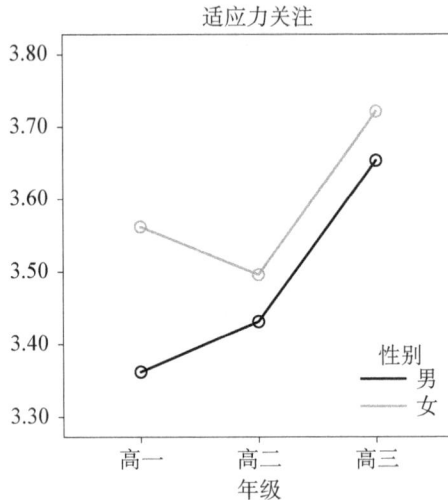

图 10.5　生涯适应力男女生差异

最后,具体到每个班级的得分,我们呈现在表10.7中。数据分析的结果显示,各班级在总分以及各维度上存在显著的差距。在总分上,高三3班的得分最高,而高一4班的得分比较低。在不同的维度上,高二1班在关注维度上得分显著低于其他班级,尤其是高三3班和高一1班;高一5班的控制得分较低,尤其是对比于高三的3班和4班;高一4班的好奇维度得分较低,比最高的高二5班差了0.2分;而自信维度上,高一4班和高三1班比最高的高二5班查了0.4分以上,因此可能需要特别的指导。这些差距都表明,不同的班级需要更加具体化、更有针对性的生涯教育策略。

表 10.7　生涯适应力的各班得分

| | 人数 | 关注 | | 控制 | | 好奇 | | 自信 | | 总分 | |
|---|---|---|---|---|---|---|---|---|---|---|---|
| | | M | SD | M | SD | M | SD | M | SD | M | SD |
| 高一1班 | 34 | 3.81 | 0.87 | 3.88 | 0.79 | 3.70 | 0.81 | 3.70 | 0.86 | 3.77 | 0.71 |
| 高一2班 | 32 | 3.46 | 0.84 | 3.94 | 0.61 | 3.90 | 0.56 | 3.58 | 0.58 | 3.72 | 0.49 |
| 高一3班 | 31 | 3.33 | 0.72 | 4.02 | 0.67 | 3.75 | 0.65 | 3.44 | 0.61 | 3.64 | 0.50 |
| 高一4班 | 33 | 3.49 | 0.75 | 3.91 | 0.62 | 3.64 | 0.66 | 3.31 | 0.78 | 3.59 | 0.58 |
| 高一5班 | 32 | 3.34 | 0.87 | 3.70 | 0.69 | 3.74 | 0.64 | 3.61 | 0.64 | 3.60 | 0.56 |
| 高二1班 | 34 | 3.26 | 0.83 | 3.87 | 0.69 | 3.74 | 0.66 | 3.62 | 0.64 | 3.62 | 0.59 |
| 高二2班 | 35 | 3.45 | 0.78 | 3.92 | 0.60 | 3.84 | 0.64 | 3.46 | 0.69 | 3.67 | 0.54 |

| | 人数 | 关注 | | 控制 | | 好奇 | | 自信 | | 总分 | |
|---|---|---|---|---|---|---|---|---|---|---|---|
| | | M | SD | M | SD | M | SD | M | SD | M | SD |
| 高二3班 | 24 | 3.63 | 0.77 | 3.99 | 0.76 | 3.80 | 0.53 | 3.58 | 0.69 | 3.75 | 0.60 |
| 高二4班 | 30 | 3.46 | 0.68 | 4.01 | 0.62 | 3.68 | 0.58 | 3.64 | 0.55 | 3.70 | 0.47 |
| 高二5班 | 29 | 3.59 | 0.74 | 4.00 | 0.60 | 3.94 | 0.63 | 3.76 | 0.70 | 3.83 | 0.52 |
| 高三1班 | 28 | 3.43 | 0.96 | 3.95 | 0.92 | 3.80 | 0.89 | 3.33 | 0.81 | 3.63 | 0.79 |
| 高三2班 | 26 | 3.66 | 1.02 | 3.83 | 0.93 | 3.83 | 0.90 | 3.72 | 0.76 | 3.76 | 0.84 |
| 高三3班 | 20 | 3.88 | 0.60 | 4.12 | 0.63 | 3.82 | 0.58 | 3.63 | 0.57 | 3.86 | 0.51 |
| 高三4班 | 24 | 3.73 | 0.61 | 4.08 | 0.56 | 3.73 | 0.55 | 3.63 | 0.64 | 3.80 | 0.45 |
| 高三5班 | 21 | 3.70 | 0.75 | 3.86 | 0.69 | 3.86 | 0.75 | 3.67 | 0.77 | 3.77 | 0.69 |
| 总人数 | 433 | 3.53 | 0.81 | 3.93 | 0.69 | 3.78 | 0.67 | 3.57 | 0.70 | 3.70 | 0.59 |

为了评估生涯教育的质量，我们从量化研究的思路入手，在每个重要的生涯教育内容上，都相应地选择了一个或者多个变量，以便全面而综合地考察我们的工作成效。

这次测评的结果为我们提供了更多具有极高价值的信息。比如，数据表明，我们的生涯教育中，最成功的部分在于外部探索。通过 CEPC 等项目，学生对职业世界有了更深入的了解，获得的职业知识明显超过了同龄人平均水平，这也从侧面表明 CEPC 课程的建设是非常成功的。其次，以一般自我效能感为指标的评测表明，我们的生涯教育对于促进和保持学生的自信心有一定的积极作用，但是效果不明显。因此，在最终的生涯适应力评测中，我们的学生对生涯的自信是略低于其他学校的。这为我们接下来的各项活动指明了方向，希望能够以更多的方式培养（而不是打击）学生的自信水平。

综合来说，这次的生涯教育质量评估具有重要的意义，为我们未来的生涯教育提供了极具价值的参考信息。但是，由于这是我们第一次进行专业化的生涯教育评估，这次评估中还是有极大的改进空间，主要体现在三个方面：

第一，选择更多的变量。如果我们能够收集更多的变量，我们将对学生有更清晰的了解。比如，我们可以进一步地测量学生的兴趣水平、多元智能的发展、价值观的演变等，为我们的生涯教育提供方向；再比如说，我们可以测量学生对生涯教育的态度、参与程度等，从而能够更准确地将结果和原因对应起来。

第二，选择更优化的测验方案，主要体现在测评的时间和形式上。比如，本次测评的时间安排在了 3 月份，这时候高一的学生也已经接受了相当长时间的生涯教育，没能检测他们刚入学时候的基线水平。而在形式上，我们目前采用的纸笔测验的方式，也可以更好地融入已有的网络测评系统里面，从而极大方便数据的收集和分析。

第三，坚持长期监测。在数据的解释中我们看到，我们常常将数据结果与其他地区的高中生乃至大学生进行对比，这都是因为缺乏前期数据的结果。因此在后续的生涯教育中,我们要将生涯教育效果测评融入整个体系中,坚持定时(半年一次)测评,追踪数据,从而更好地发现学生的个性化成长,并为后来的学生提供丰富的比较数据库,让我们的学生对自己与同龄人的比较有清晰的认识。

# 第四篇

# 生涯的前路

　　从 2012 年开始到本书完稿之时，继光高级中学的生涯教育旅程，已经走过了将近 7 年的旅程。在这 7 年里，从无到有，从简陋到丰富，我们的生涯教育之路越走越宽，也取得了瞩目的成效。但是，要想在未来取得更多的进展，确实有必要进行总结和反思，通过梳理已经做过的、正在做过的活动和课程，来找到新的突破点。

　　在接下来的部分，我们将先总体回顾一下我们的生涯旅程，为未来学校的生涯教育提供新的努力方向，并且为其他学校的生涯教育开展提供一些建议。

# 第十一章

## 复盘与未来

人不能没有批评和自我批评，那样一个人就不能进步。——毛泽东

## 第一节　本书内容回顾

本书共分四篇十一章，每篇各有主题。

第一篇包含第一章（生涯：一段有目标的漫长旅程）、第二章（生涯教育：全人教育）和第三章（解读新高考），这一篇的主题是：理念。在这一篇中，我们从当前生涯心理学、教育心理学的理论角度，探讨了生涯的概念，分析了生涯教育的本质，总结了生涯教育的主要内容和常见形式，并论述了新高考产生的背景及其与生涯教育的联系，为后续的整合与分析奠定了坚实的基础。

第二篇包含第四章（校情简介）、第五章［辛劳的开始（2012—2014 年）］、第六章［奋勇的前进（2015—2017 年）］、第七章［成熟的转变（2018 年至今）］和第八章（教师的努力），这一篇的主题是：实践。在这一篇中，我们按照时间顺序，总结了 7 年来继光高级中学在生涯教育上进行的各种尝试，不是笼统的介绍，而是更具体地描绘了设计思路，意图向所有读者全方位地展示一所高中在生涯教育领域的全貌。除此之外，我们还附加了教师的反思论文，作为质性的材料，让读者能够看到一线学科教师在生涯教育中的努力，以及这些活动或课程的实际效果。在每一个章节的结尾，我们还细致地分析了各个阶段活动的优劣，让反思贯穿所有的实践活动。

第三篇包含第九章（生涯教育效果评估概述）和第十章（生涯教育成果），这一篇的主题是：效果。为了评估我们所做的各项生涯努力对学生产生的具体影响，我们精心挑选了六个变量（未来时间洞察力、一般自我效能感、职业知识、生涯决策困难、生涯成熟度和生涯适应力），通过全方位的数据收集和分析，并且和其他的群体进行比较，从客观的数据角度衡量我们的生涯教育价值。

第四篇，也就是本篇，包含第十一章（复盘与未来），本篇的主题是：反思。接下来，我们将在总结前面各项活动内容的基础上，结合我们对生涯教育的理解，以及我们的评估结果，全面分析我们目前所采取的生涯教育的优劣之处，为今后几年的生涯教育提供新的着力点，并且为其他学校的生涯教育提供一些建议。

## 第二节　生涯教育复盘

在第一章里面，我们谈到了我们对生涯概念的理解。结合这 7 年来的实践，我们可以骄傲地说：我们的各项生涯教育，是走对了路的。我们所组织的各项课程和活动，都是秉持着促进学生整体生涯发展（而非仅仅是职业选择）的宗旨进行的；我们对学生的引导，都是希望学生能够找到自己的梦想、实现自己的梦想。

从 2014 年开始，我们的生涯教育活动的形式逐渐增多，除了有学校领导的高度重视，最主要的支撑因素之一就是有越来越多的教师参与到生涯教育之中。通过多次的校内外培训，我们目前已经有十几名教师取得了各种生涯教育的证书，而且伴随着对生涯理念理解的加深，老师们对生涯教育活动的兴趣和参与度都显著增高，这共同促成了学校生涯教育的繁荣。

结合第二章中我们谈到的生涯教育的各种内容和形式，我们将之与我们当前的活动进行对比，从而得出了如表 11.1 所示的表格。

表 11.1　生涯教育内容和形式一览

| 时间 | 具体活动 | 生涯教育内容 | 生涯教育形式 |
|---|---|---|---|
| 2012—2014 年 | 筑梦之旅，成长之路——继光高级中学职业生涯征途的探索地图 | 意识觉醒、自我探索 | 生涯专业课程（心理课） |
| | 东方绿舟军训活动 | 意识觉醒 | 校内活动 |
| | 学雷锋爱心拍卖 | 外部探索、生涯技能 | 校内活动 |
| | 职业家谱图绘制 | 外部探索 | 校内活动 |
| | 私人订制 | 意识觉醒、自我探索 外部探索、生涯技能 | 生涯专业课程 |
| | 生涯调查 | 意识觉醒 | |
| | 未来的你，在未来等你 | 意识觉醒 | 生涯讲座 |

（续表）

| 时间 | 具体活动 | 生涯教育内容 | 生涯教育形式 |
|---|---|---|---|
| 2015—2017 年 | 走进继光 | 外部探索、生涯技能 | 校内活动 |
| | 走进大学 | 外部探索 | 校外活动 |
| | 走进社会 | 外部探索、生涯技能 | 校外活动 |
| | 约见自我 | 自我探索 | 生涯课程 生涯平台 |
| | 约见家人 | 外部探索、生涯技能 | 校内活动 |
| | 约见校友 | 外部探索 | 校内活动 |
| | 生命游戏 | 意识觉醒、自我探索 外部探索 | 校外活动 |
| | 私人订制 | 意识觉醒、外部探索 生涯技能 | 生涯专业课程 |
| | 全员导师制 | 意识觉醒、自我探索 | 生涯辅导 |
| | 生涯平台 | 自我探索、外部探索 生涯决策 | 生涯平台 |
| | 怎样正确选择平行志愿 自主招生面试技能训练 高三开学第一课 跨越高三 外面的世界很精彩 变化的世界 决战高考 | 意识觉醒 生涯技能 | 生涯讲座 |
| 2018 | 与企业领袖对话 化学职业见习日 与优秀学生干部面对面 | 外部探索 生涯技能 | 校内活动 |
| | 生涯调查 | 生涯技能 | |

从这个总结中我们可以看到，从形式上来说，在常见的生涯教育方式（生涯平台、学科浸润、实践活动、生涯课程、生涯讲座、生涯辅导）中，我们学校最常使用、最擅长的方式是各种校内外的实践活动，其中以 CEPC 为典型代表；其次是生涯课程和生涯平台，其中以私人订制课为代表；生涯讲座和生涯辅导只是起到辅助的作用，而学科浸润则几乎没有，只是在不同的专业课和拓展课里，由授课老师自发地进行尝试。

从内容上来说，在生涯教育的五大主要内容（意识觉醒、自我探索、外部探索、生涯决策、能力与适应）中，我们学校的生涯教育主要集中在外部探索中，大多数的活动都涉及加深学生对各种职业的了解；紧随其后的是意识觉醒和能力培养，尤其是后者，常常与外部探索联系在一起，即通过"做中学"的方式来培养能力；自我探索的内容相对较少，而专门针对生涯决策的教育更少。

对生涯教育内容的侧重，与我们的数据分析结果保持了一致。在我们选择的各项生涯发展指标中，职业知识的得分是最好的，表明我们学校在帮助学生获取职业信息、了解职业世界方面取得了卓越的成果；得分第二的则是未来时间洞察力以及一般自我效能感，说明通过对生涯意识的激发和能力的培养，提升了学生对未来的认识和自信心。但是，数据分析发现，学生普遍存在一定程度的生涯决策困难，而这种困难可能与在过去的各项活动和课程中可能没有得到足够的重视有关。

# 第三节　未来的方向

通过分析我们当前所采取的教育形式、所侧重的教育内容以及生涯教育质量评估的结果，我们可以看到，未来几年我们学校的生涯教育还有不少潜在的增长点：

## 一、 生涯课程的深度开发

作为最常见、最普遍同时也是性价比最高的生涯教育形式之一，专业的、系统的普及性生涯课程是很多学校生涯教育的首选，而我们目前的精力则放在各种实践活动上，生涯课程只关注自我探索，还没有扩展到其他内容，比如外部探索（常见方法、探索内容）、生涯技能、生涯决策技巧等，而这些相关的技巧都需要在课堂上进行学习。

生涯课程可以和实践式的探索活动相结合，培养学生的各项生涯技能。前面我们提到，在各项校内外活动之前，我们都会对学生进行一些培训，但是大多数培训通常是针对具体的活动内容，因此看起来有些零散，而将这些培训融入生涯课程，则有助于他们形成一个整体，也可以让学生看到丰富多彩的活动与生涯之间的联系。因此，我们需要对各项校内外活动中培养的核心生涯技能（比如观察、访谈、情绪控制、情绪识别、时间管理等）进行梳理，然后形成相应的课程加入整个体系中，为学生提供专业的训练。

这种训练除了能够切实提高学生在各项生涯探索活动中的表现，还有一个非常重要的作用，就是提升学生的自信心。在生涯教育质量评估中我们提出，我们学校的学生自信心处于较为一般的水平，这是我们后续需要解决的主要问题之一。依照班杜拉的理论，效能感的培养主要从四个方面入手：直接的成功经验（我有没有做成）、替代性成功经验（跟我类似的人有没有做成）、言语劝说（别人告诉我能不能做成）以及生理的状态（比如睡眠、情绪等）。与生涯技能有关的生涯课程，可以通过有意识的流程与任务设计，让学生在课堂上获得直接的成功经验和替代性的成功经验，再辅以教师的引导，最终可以将生涯活动中的效能感传递到一般效能感上，提升学生的自信心，这其中也包括学业自信。

此外,在生涯课程涉及的相关主题中,生涯决策可以说是一个关键因素。我们比较擅长的课内外活动虽然也强调了决策的无处不在,但是较少直接涉及这部分的内容,因此学生在质量评估中也出现了相对较多的决策困难,表明我们目前的教育对于帮助学生应对生涯决策困难显得有些吃力。而专业的、系统的生涯课程可以解决这个问题,在课堂上创造特别的时间和机会,让学生正视"决策"问题,学会并练习各种决策技巧。

此外,决策还有一个作用,就是引导学生统合自我探索和外部探索的各项所得。理性的决策通常需要充分的信息,因此在做决定的过程中,我们也可以帮助学生反思自己还缺乏哪些信息,从而加深学生对自我和对环境的理解。

总的来说,生涯课程作为一种专业化、系统化的生涯教育方式,可以发挥更大的作用。幸运的是,我们已经看到了这一潜在增长点,自 2018 年起我们就联合初中老师着手编写虹口区的生涯教育区本通识教材,以取代我们原有的学习手册,就是这方面的一个尝试和努力。

## 二、　生涯辅导的提升

从 2015 年开始,我们就实行了全员导师制,每位老师都有对应负责的 6 名左右的学生,定期与学生(以及家长)见面,解决他们在学习中、生涯发展中面对的问题。这在生涯教育中是一个重要的补充机制。但是比较遗憾的是,却没有得到充分的回报。目前导师与学生的互动有两方面的问题:第一,交流停留在表层,通常表现为与学生缺乏更深层次的互动;第二,话题比较单一,主要仍然集中在学业、学习技巧、同学关系、心理状态等偏向学科教育、生活教育和心理健康教育的方面,而在生涯发展方面的指导较少,尤其是在非常具体、非常个人化以及非常重要的生涯决策相关问题上(比如高一的选科),生涯导师没有起到相应的作用,这可能也是学生决策困难较多的原因之一。

教师的辅导水平应该是摆在首位的影响生涯辅导效果的因素。有鉴于此,在接下来的生涯教育中,我们需要提升生涯辅导的效果,针对教师进行专门的培训,从而提升他们在生涯辅导中的胜任力。培训可以采取人数少、轮次多的方式进行,主要内容建议包括以下几个方面:

第一,生涯意识的建立。由于生涯导师制辐射面较广,必须依赖学科教师,而他们的专长并不在生涯领域,因此培养教师对于生涯和生涯教育的理解,是导师制的基础,是导师制生长的土壤,尤其要纠正老师"生涯教育不关我的事"的错误理念,强调生涯教育与学校教育的融合。

第二,关系技巧的培养。生涯导师的工作效果,有很大一部分建立在与学生的关系上。导师与班主任是不一样的,新的角色有新的工作方式,其中关系就是非常重要的一部分。因此,培训中要特意区分不同关系的性质,传授与学生建立辅导关系的各项技巧,尤其是倾听技巧。充分的关系建立除了有助于提出各项建议之外，还能在促进学生的自信水平方面发挥一定的作用(言语说服)。

第三，生涯决策的相关技巧。作为个体指导的主力军，生涯导师应该在学生的个人化决策中发挥比现在更强的影响力，这就需要老师们掌握更加专业化的决策工具，比如决策平衡单。此外，教师还需要能够对学生的各种测评结果有一定的解读能力。

第四，还需要加强普通教师和专业生涯教师之间的联系，建立较为正规的督导制度，为解决难题提供专业支持。

## 三、 学科浸润的渗透

我们之前提过，各种校内外活动的优点在于将生涯探索融入实践中，从而实现"润物细无声"的效果。但其实，除了活动之外，还有另外一个重要的领域，那就是学科教学的课堂。

当然，学科教学中最重要的是学科知识。但是从生涯教育的层面上来说，这些学科知识并不是死板的、专门为高考而准备的无意义素材，而是现实生活中可能用到、对学生的未来生活和工作有帮助的知识和技能，这就为生涯与学科的融合提供了基础。

而且，生涯与学科的融合并不占用太多的学科教学时间，主要在于形成一种生涯教育的氛围。初期的目标可以订得小一点，比如"一分钟生涯课堂"，鼓励老师们每节课里面花一分钟的时间设计一个相关的融合点。

融合的方式是多种多样的。比如，可以通过学科中涉及的榜样人物的生涯发展历程，向学生灌输一些生涯发展的基本知识或者主流价值观，比如谈到李白的时候，可以讨论李白的兴趣和能力；可以通过学科中的知识，向学生介绍相关的专业与职业，以及从事这些职业所需要的品质与能力等；可以通过重新设计教学流程，在保证学生了解知识的基础上，掌握关键能力……鉴于我们的校内外活动在外部探索方面的成效，我们学校的学科融合应该以能力和自我探索为主，从而提升学生的生涯意识和自信。

事实上，我们的学科老师已经有一部分在自发地进行类似的尝试，比如第八章中我们有专门的一个章节，就是老师们关于如何进行学科融合生涯的案例。但是，大多数老师还没有这样的意识，因此需要我们进行更有针对性的培训和集体备课，可以让学科浸润取得更大的成效，从而在校园内形成整体的生涯发展氛围，使学科渗透将成为生涯教育的主战场之一。

## 四、 扩大生涯教育的对象

既然在高中已经进行了如此丰富多彩的生涯教育活动，那为什么不把这些经验应用到一墙之隔的初中生身上，帮助他们感受生涯教育的魅力呢？因此从 2018 年开始，我们其实已经在进行这种尝试,比如结合我们的生涯教育优势,举办了三次初高中一体化的活动,取得了不错的效果,为进一步的深化奠定了基础。

但是我们也意识到,生涯教育对象的扩展存在一个关键的问题,就是要认识到初中和高中生涯教育对象的不同。高中生和初中生面对的生涯任务是不同的,所以生涯教育的目标也有所不同:高中生涯教育更有针对性和实用性,内容更具体;但是初中的生涯教育则更像是生涯教育的基础,应该突出广泛性和基础性。此外,高中生的抽象思维水平要高于初中生,联合活动中高中生可能需要更多理论的部分,而初中生则应以活动为主。这使得初高中的联合活动需要更多的设计和思考。

当然,除了校内外活动之外,我们前面提到的多种形式,都可以用于初高中的联合。比如以高中生涯教育为基础,开发适合初中生的生涯课程;比如,将高中的生涯辅导的经验传递到初中;再比如,在初中学科教学中同样加入生涯的因素……这些都是高中生涯资源可以向初中"溢出"的地方,从而打造初中的生涯教育特色。

# 第四节　给其他学校的建议

虽然并不存在所谓"完美"的生涯教育方案,每个学校都有各自的特殊性,应该打造适合各自校情的生涯教育模式,不过通过梳理我校的生涯教育历程,我们也对其他兄弟学校生涯教育的开展,提出了一些我们觉得比较有用的建议:

第一,要对生涯教育有信心。内心真正接纳生涯教育,觉得生涯教育应该在高中开展的人也不多,他们比较常见的顾虑包括:

> 生涯教育在高中就开始进行,是不是有点太早了,应该到了大学再进行?
> 生涯教育到底是学校的责任,还是家长的责任?
> 生涯教育只是搞形式,其实对学生是不是没什么帮助?
> 生涯教育的实施会不会与学科教育产生时间上、精力上的冲突,影响学生的学习成绩?
> 非心理学专业的教师能不能完成生涯教育的任务?

随着新高考的出台,第一和第二个问题已经得到了明确的答案:高中必须进行生涯教育,而且学校应该是生涯教育的主力。后面三个问题让很多老师产生一种"生涯教育只不过是在应付新高考"的感觉,从而更容易对生涯教育失去信心,继而敷衍了事。

然而,继光高级中学的努力正是对这三个问题的积极而有力的回答:

通过对生涯教育效果的评估,我们可以很肯定地说,生涯教育对学生的帮助很大,启发

了学生对未来的思考,提升了学生的总体自信心,促进了学生对职业世界的了解,并最终增强了学生在生涯发展中的适应能力;

通过比较继光高级中学最近几年的学生成绩变化,我们看到,尽管生涯教育如此丰富多彩,客观上占用了学生大量的时间,但是并未造成学生成绩的下滑,反而总体上有所提升,表明生涯教育不是学科教育的"敌人",而是另一种形式的协助。

通过对生涯活动过程的介绍以及教师的心得体会与总结,我们发现,只要经过适当的培训,非心理学专业的老师也能够参与到生涯教育中,利用自己独特的学科知识和丰富的个人阅历为学生提供帮助,而且这种帮助反过来也提升了教师的成就感。

因此,我们希望通过自身的经验,向全国的高中传递我们的态度:尽管生涯教育客观上占用了学生的时间,但是不仅不会对学生的成绩造成负面影响,反而可以为学生当下和未来的发展提供更多的帮助。

第二,从小处切入生涯教育。前面我们看到,生涯教育的实施方式其实是非常多样的,这为我们生涯教育的开展提供了多个抓手,但是选择太多了,也让人有些无所适从,所以就会出现一些比较僵硬的反应。比如,有的学校照本宣科,以普及性的生涯课程为切入点;有的学校则讲究一步到位,将各种形式全部铺开,课程、导师制、活动一起上,从而导致生涯教育的混乱状况。

对于尚未开始或者刚刚开始生涯教育的学校,我们的建议是:不要着急。虽然目前有很多学校已经开展生涯教育,有丰富的经验可以学习和借鉴,但是这只能部分缩短生涯教育的起步阶段(我们花费了将近 3 年,也许后发的学校只需要 2 年甚至 1 年),而不可能一蹴而就地直接形成成熟的模式,因为不管是教师还是学生,都需要一定的时间适应。因此,生涯教育一定要从阻力最小的地方切入,让整个发酵变得更顺利。

那什么地方阻力比较小呢?从我们的经历来说,我们认为校园活动是我们最推荐的方式之一,因为校园活动本身就是必须要进行的,只需要考虑融合生涯元素,而不用另起炉灶。此外,校园活动参与的教师和学生人数众多,能更快速地让老师和学生接触和熟悉"生涯"的概念,为之后其他形式的开展奠定基础。其实,除了校园活动之外,课程教学同样具有类似的特点(必须实行、受众广泛),因此我们认为学科融合生涯的教育方式同样适合作为前期的切入点。

第三,重视生涯教育资源的积累。一方面,与非常正规而"历史悠久"的学科教学不同,生涯教育在国内学校来说算是一个新兴事物,没有相对固定的内容、方式,也缺乏资源的积累。另一方面,生涯教育中的各种形式(比如体验活动、生涯课程)的效果,都高度依赖资源的数量与质量,即便是同一个生涯主题,有没有相应资源的参与,最后造成的教育效果也是有天壤之别的。比如,同样是了解"警察"这个职业,依据资源的不同,可以选择教师讲解、视频观看、从业人员讲授、参观访问、实习体会等多种形式,学生对该职业的理解会因此而造成巨大的不同。

因此,生涯教育的资源是生涯教育中与内容、形式鼎立的第三大因素。具体来说,这些资源包括:

(1) 专业人力资源,指的是接受过专业的生涯培训的教师。这是所有生涯教育形式中都必需的资源。从我们的经验来看,专业人力资源可以分成三个不同的层次:第一层次是熟悉者,这样的人越多越好,他们需要准确了解生涯教育的基本理念,知道生涯教育的多种形式,并有意识地在自己的教学实践中尝试融入生涯元素;第二层次是熟练者,每个学校有5～10人足够,在上一个层次的基础上,他们需要对生涯教育真正的认可和热爱,对生涯领域的基本理论有所了解,掌握各种生涯教育形式的基本技巧和经验(比如授课技巧、团辅技巧、咨询面谈技巧等);第三层次是带头人,每个学校有1～2个就够了,在上两个层次的基础上,他们还需要掌握生涯领域的前沿理论,掌握生涯教育的各项技巧,并有充分的经验,可为其他人提供指导;除此之外,他们还需要具备一定的科研素养,能够以较为科学的思路和方式,全面地思考新的教育形式,不断为学校开拓新的生涯教育内容。这三种层次呈现金字塔形,但是不管是哪个层次,都需要持续的培训资源投入。

(2) 授课辅助资源,包括教材、学生手册、测评工具、教辅用具、多媒体资源等。这是专门针对生涯课、生涯辅导和相关延拓课程的资源。对于有条件的学校,我们建议根据自己学校的特色,建立属于自己的资源库。比如,编制校本化学习手册和学生手册,收录学生和老师自己的案例;也可以将以往学生的活动过程做成视频,供之后的学生探索使用。

(3) 校外支持资源,主要包括各种人脉资源、参观场地和实习场所。其中,对于学校来说最好使用的就是家长资源,通过将家长的职业与学校的生涯教育相结合,不仅促进了学校与家长的联系,加深了家校一体化,而且能够让家长更多地投入到学生的教育中。除了家长资源之外,有组织地使用校友资源也是非常有必要的。通过家长和校友,学校可以为学生建立众多的校外活动场所,同时也扩大了学校的影响力。

(4) 场地硬件资源,主要包括校园建设和专门的生涯教育中心。生涯教育不是一次性完成的,而需要通过潜移默化的影响来实现,因此在校园设计中,就需要有意识地将生涯因素融入,比如于人员集中处摆放相应的大学和专业资料,供学生阅读等。而作为更为贴近现实的教育形式,生涯教育对于教学活动的沉浸度和自由度有着非常高的要求。比如,在生涯教育中广泛使用的讨论式教学,需要学生有更加容易移动的座位;很多体验式活动则需要较为宽敞的室内场所,这些都是传统教室较难提供的。如果没有专门的生涯中心,将会极大地削弱生涯教育的效果。不过幸运的是,目前大多数学校都建设了心理健康中心,稍微改造之后就可以满足生涯教育的要求了。

第四,重视效果评估。在第八章中我们提到,生涯教育效果评估并不是现实工作中我们常说的"生涯成果",后者常常指的是生涯中所进行的各项工作和建立的各项制度,而生涯教育效果,则是对这些工作和制度是否真正对学生造成了改变、造成了多大改变的一种评估。直观的生涯教育效果评估有两大好处:

（1）可以提升学生和老师参与生涯教育的动机。对于学生来说，它不仅仅可以让学生了解生涯教育的重要性，而且能够通过评估结果的对比，直观地看到自己的成长；而对于教师来说，也是如此。在投入了大量的工作之后，相较于学校给予的物质奖励和精神奖励，绝大多数老师更想看到的是学生的直观变化，也让他们对自己的行为更有信心。

（2）可以根据情况，对生涯教育的手段进行相应的调整。尽管大多数生涯教育活动都经过了事先的设计，有着明确的目标，但是大多数时候我们却并不知道目标是否达成，需不需要进行调整，而生涯教育效果评估可以告诉我们这一问题的答案，并且还能够为我们提供调整的方向（就像我们在第九章所呈现的那样）。

传统的学科教学也会进行类似的评估，不过他们解决的方式相当简单粗暴——考试。然而这种方法显然不适用于生涯教育。先不提生涯教育的课时本来就不多，就以生涯教育的目的和内容来说，也无法以分数来衡量。因此，我们推荐另外两种评估的方式：质性评估和量化评估。

质性评估方法是生涯教师们较为熟悉的方式，主要包括观察法和访谈法，前者以教师为主体，观察评估学生在生涯发展上的变化；后者以学生为主体，通过教师与学生之间的互动，由学生说出自己的感悟和收获。这两种方法的优点在于，能够深入地发掘学生的个性化的体验，在生涯教育中是非常重要的评估方式。但是，由于观察和访谈需要耗费大量的人力和时间资源，因此涉及的评估对象不会很多，通常只在几十人以内。这样一来，就有不少教师，会对观察法和访谈法的结果有所疑惑，觉得这种评估会不会受到人为影响。

正是基于这样的疑惑和担忧，在较为普遍的质性评估方法之外，我们更推荐量化评估的方法，因为它有两大优势：第一，较为客观。对于所有人来说，测量题目都是一样的。而且，这些题目都得到了专业学者的验证，保证了稳定性、可靠性、准确性和实用性。第二，较为简易操作。由于题目以纸面（或网络）的方式呈现给学生，老师可以在短时间内收集到大量学生的数据，并根据这些数据，对学生的整体情况得出一个结果。从这点来说，测量法也可以说是生涯领域的特殊"考试"。

在本书的最后一章里，我们总结了全书的大致内容，对我们在 7 年时间中进行的生涯活动进行了总体的回顾和复盘，并结合我们对生涯教育的理解，思考了我们下一步生涯教育的方向，包括生涯课程的深度开发、生涯辅导的提升、学科浸润的渗透以及扩大生涯教育的对象。此外，我们也根据经验，为其他学校提供了一些建议：对生涯教育保持信心，从小处切入，注重生涯教育资源的积累以及重视生涯教育效果评估。我们希望我们的反思能像我们的行动一样，对全国各中学的生涯教育提供有价值的参考。

# 附录　生涯测评问卷（部分）

## 研究说明与同意书

亲爱的同学：

　　你好！欢迎你填写你手上的这份问卷。该问卷是由继光高级中学与香港中文大学的倪竞博士共同开发，目的是调查继光高级中学学生的总体生涯发展情况。你的参与会帮助学校了解学生在生涯发展中的不足，从而对教学进行有针对性的调整或改革。同时，填写这份问卷也可能帮助你更好地了解你自己。

　　该问卷由 7 个部分所组成，填写过程大概需要 15～30 分钟。请你填写的时候保持耐心，根据你的情况认真进行回答，而不要胡乱填写。

　　这份同意书是用来提醒你填写这项问卷是完全自愿的，你可以在任何时间停止参与。拒绝参与不会有任何的负面效果。你的参与意愿不会影响你的成绩或学籍。完成这份问卷也不会带来任何可能影响正常生活的风险。

　　你在问卷中所填写的信息不会被用于除了科研之外的其他目的，也不会被用于对你个人的具体分析。此外，所有提供的答案都会完全匿名，你的学号和名字将不会出现在问卷的最终结果中。我们收集到的资料将会存放在保险柜中，以及通过研究者密码才能登录的计算机里。最终的研究结果可能会发表在学术期刊上，但是我们不会报道任何具体的个人资料，所有的结果会以全校的平均成绩来呈现。

　　如果你对本说明、问卷题目或问卷结果有任何疑问，你可以直接询问老师，或与倪竞博士取得联系（电话：×××××××××××）。

　　个人声明：我同意填写这份问卷。我了解我在问卷上的回答是匿名的。我了解我参与这个研究是出于个人意愿。我可以以任何理由退出研究，且不会受到责罚。

　　　　　　　　　　□同意　　　　　　□不同意

# 生涯发展状况调查

亲爱的同学：

你好！谢谢你同意参与本研究。

本研究调查的是你的生涯发展状况。该调查分为七个部分，请你仔细阅读各个部分的作答说明，并依据你个人的真实情况逐题填写。题目并没有对错之分，请放心作答。

谢谢你的协助！

**请注意不要遗漏题目。**

如果你对知情同意书、问卷或问卷结果有疑问，请直接询问测验老师，或者联系倪竞博士（电话：×××××××××××）。

## 第一部分：个人信息

以下将调查一些你的个人基本信息。请通过填写或勾选的方式，回答以下问题。

1. 年龄：_____

2. 性别：男　　　　女

3. 年级：高一　高二　高三

4. 班级：_____

5. 你上次期末考试的成绩：_____

6. 你对目前的学习成绩的主观评价： 非常不好　不太好　一般　还好　非常好

7. 你父亲的职业：_____；　　母亲的职业：_____

8. 你父亲的受教育水平： 高中以下　中专或高中　大专或大学　硕士　博士

9. 你母亲的受教育水平： 高中以下　中专或高中　大专或大学　硕士　博士

10. 你对自己家庭经济水平的评价：非常不好　不太好　一般　还好　非常好

## 第二部分：一般自我效能感

请仔细阅读下面的一些描述,每个描述后有四个选项,请根据真实情况,在最符合您情况的一项上打√。

| 选项 | 完全不正确 | 有点正确 | 多数正确 | 完全正确 |
|---|---|---|---|---|
| 1. 如果我尽力去做的话,我总是能够解决问题的 | 1 | 2 | 3 | 4 |
| 2. 即使别人反对我,我仍有办法取得我所要的 | 1 | 2 | 3 | 4 |
| 3. 对我来说,坚持理想和达成目标是轻而易举的 | 1 | 2 | 3 | 4 |
| 4. 我自信能有效地应付任何突如其来的事情 | 1 | 2 | 3 | 4 |
| 5. 以我的才智,我定能应付意料之外的情况 | 1 | 2 | 3 | 4 |
| 6. 如果我付出必要的努力,我一定能解决大多数的难题 | 1 | 2 | 3 | 4 |
| 7. 我能冷静地面对困难,因为我信赖自己处理问题的能力 | 1 | 2 | 3 | 4 |
| 8. 面对一个难题时,我通常能找到几个解决方法 | 1 | 2 | 3 | 4 |
| 9. 有麻烦的时候,我通常能想到一些应付的方法 | 1 | 2 | 3 | 4 |
| 10. 无论什么事在我身上发生,我都能够应付自如 | 1 | 2 | 3 | 4 |

## 第三部分：职业知识

以下将调查你对职业知识的掌握程度。

首先，请仔细思考你未来最想从事的一个职业，将职业的名称分别填在下面的空格里。

之后，依照最左边一栏所列出的职业知识的不同方面，根据你对该职业的了解进行评分。1代表你完全不了解该职业的这一方面，5代表非常了解该职业的这一方面。

比如，你最想从事的职业是"警察"，那么在相关专业一行，1代表你不了解要当警察可以就读哪些专业，5代表你非常了解要当警察可以就读哪些专业；

具体的例子见下表。

| 职业知识 | 最想从事的职业 | | | | |
| --- | --- | --- | --- | --- | --- |
| | 警察 | | | | |
| | 完全<br>不知 | 不太<br>了解 | 一般<br>了解 | 比较<br>了解 | 非常<br>了解 |
| 1. 相关专业 | 1 | 2 | 3 | 4 | ⑤ |

这些题目的答案并没有对错之分，我们只是想了解你对职业知识的掌握情况，请根据你的真实情况细心填写。

| 与该职业有关的不同方面的知识 | 最想从事的职业 | | | | |
| --- | --- | --- | --- | --- | --- |
| | 完全不了解 | 不太了解 | 一般了解 | 比较了解 | 非常了解 |
| 1. 相关专业 | 1 | 2 | 3 | 4 | 5 |
| 2. 所需的受教育程度 | 1 | 2 | 3 | 4 | 5 |
| 3. 所需的专业知识 | 1 | 2 | 3 | 4 | 5 |
| 4. 所需的资格证 | 1 | 2 | 3 | 4 | 5 |
| 5. 对身体状况的要求 | 1 | 2 | 3 | 4 | 5 |
| 6. 所需技能 | 1 | 2 | 3 | 4 | 5 |
| 7. 对性格特征的要求 | 1 | 2 | 3 | 4 | 5 |
| 8. 所需的工作经验 | 1 | 2 | 3 | 4 | 5 |
| 9. 工作内容 | 1 | 2 | 3 | 4 | 5 |
| 10. 收入情况 | 1 | 2 | 3 | 4 | 5 |
| 11. 工作场所 | 1 | 2 | 3 | 4 | 5 |
| 12. 工作环境 | 1 | 2 | 3 | 4 | 5 |
| 13. 工作中的人际关系 | 1 | 2 | 3 | 4 | 5 |

(续表)

| 与该职业有关的不同方面的知识 | 最想从事的职业 | | | | |
|---|---|---|---|---|---|
| | 完全不了解 | 不太了解 | 一般了解 | 比较了解 | 非常了解 |
| 14. 工作压力 | 1 | 2 | 3 | 4 | 5 |
| 15. 可能的职业损害 | 1 | 2 | 3 | 4 | 5 |
| 16. 转行方式 | 1 | 2 | 3 | 4 | 5 |
| 17. 升职方式 | 1 | 2 | 3 | 4 | 5 |
| 18. 劳动力市场状况(比如,从业人数,市场需求) | 1 | 2 | 3 | 4 | 5 |
| 19. 离职率 | 1 | 2 | 3 | 4 | 5 |
| 20. 未来发展趋势 | 1 | 2 | 3 | 4 | 5 |
| 21. 入职方式 | 1 | 2 | 3 | 4 | 5 |
| 22. 社会地位 | 1 | 2 | 3 | 4 | 5 |
| 23. 对日常生活的影响 | 1 | 2 | 3 | 4 | 5 |

## 第四部分：生涯适应力(部分)

每个人在建立自己的生涯时,都有不同的优势。没有人擅长所有的事,我们每个人都会具备其他人没有的某些优势。请在下面的量表中评定你在每项能力上的发展程度,并在合适的选项上打√("1"表示你这个方面的优势不强,"5"表示这个方面的优势非常强,请你在从"1"到"5"的尺度上找到适合描述你的数字)。

| 不强 | | | | 非常强 |
|---|---|---|---|---|
| 1 | 2 | 3 | 4 | 5 |

| 题项 | 选择 | | | |
|---|---|---|---|---|
| | 不强 | | | 非常强 |
| 1. 思考我的未来会是什么样 | 1 | 2 | 3 | 4 | 5 |
| 2. 知道现在的选择会塑造我的未来 | 1 | 2 | 3 | 4 | 5 |
| 3. 为未来做准备 | 1 | 2 | 3 | 4 | 5 |
| 4. 知道我必须要做出的教育和职业选择 | 1 | 2 | 3 | 4 | 5 |
| 5. 计划如何实现我的目标 | 1 | 2 | 3 | 4 | 5 |
| 6. 关注我的职业生涯 | 1 | 2 | 3 | 4 | 5 |

## 第五部分: 生涯成熟度(部分)

　　以下有 24 个题目,是关于你如何选择那些毕业后可能从事的职业的。请仔细阅读每一条陈述。如果你同意或者基本同意陈述的内容,就在"同意"上画个圈或打钩。如果你不认同陈述的内容,就在"不同意"上画圈或打钩。

| 题项 | 回答 | |
|---|---|---|
| 1. 当未来很不确定的时候,决定做什么职业是没有任何意义的 | 同意 | 不同意 |
| 2. 关于职业对人的各项要求,我一无所知 | 同意 | 不同意 |
| 3. 我的兴趣很广泛,很难只选择一份职业 | 同意 | 不同意 |
| 4. 选择一份职业,是你自己的事情 | 同意 | 不同意 |
| 5. 我不太关心我的未来职业 | 同意 | 不同意 |
| 6. 我不知道如何进入我想要从事的职业 | 同意 | 不同意 |
| 7. 似乎每个人告诉我的东西都不一样,所以我也不知道该选择什么样的职业 | 同意 | 不同意 |
| 8. 如果你不清楚自己想做什么,你该去向你的父母或朋友寻求建议 | 同意 | 不同意 |
| 9. 我很少思考我想要从事的职业 | 同意 | 不同意 |
| 10. 在为我想要做的职业做准备的过程中,我碰到了一些困难 | 同意 | 不同意 |

## 第六部分：生涯决策困难（部分）

请根据你能否完成以下行为，填写相应的数字。1 代表你认为你肯定不能完成该行为，5 代表你认为你肯定能完成该行为。

| 题项 | 非常不同意 | | | | | | | | 非常同意 |
|---|---|---|---|---|---|---|---|---|---|
| 1. 最近我一直在考虑选择一个职业 | 1 | 2 | 3 | 4 | 5 | 6 | 7 | 8 | 9 |
| 2. 我无法获取所有职业的足够信息以便做出正确选择的信息 | 1 | 2 | 3 | 4 | 5 | 6 | 7 | 8 | 9 |
| 3. 当选择一个职业时，我无法考虑到所有相关因素 | 1 | 2 | 3 | 4 | 5 | 6 | 7 | 8 | 9 |
| 4. 只有很少职业真的有趣 | 1 | 2 | 3 | 4 | 5 | 6 | 7 | 8 | 9 |
| 5. 大多数职业你都无法得到与你投入相对等的回报 | 1 | 2 | 3 | 4 | 5 | 6 | 7 | 8 | 9 |
| 6. 选择正确的职业生涯主要靠运气 | 1 | 2 | 3 | 4 | 5 | 6 | 7 | 8 | 9 |

## 第七部分：未来时间洞察力(部分)

　　下面的描述是关于一个人对未来和现在的看法,请将你的实际情况与感受和下面的各种描述相对照,评估你在每个描述上的符合程度(1 为非常不同意,4 为非常同意),在相应的选项上划圈"○"。

| 题项 | 非常不同意 | | | 非常同意 |
| --- | --- | --- | --- | --- |
| 1. 我是通过逐步地推进,准时完成计划的 | 1 | 2 | 3 | 4 |
| 2. 我对自己的未来充满了信心 | 1 | 2 | 3 | 4 |
| 3. 我经常想象在以后的生命历程中自己会怎样变化 | 1 | 2 | 3 | 4 |
| 4. 我相当关注别人对我今后发展的否定性评价 | 1 | 2 | 3 | 4 |
| 5. 展望未来我要做的事非常多 | 1 | 2 | 3 | 4 |
| 6. 一旦确定目标,我就会采取达到目标的具体措施 | 1 | 2 | 3 | 4 |
| 7. 我认为自己的未来是美好的 | 1 | 2 | 3 | 4 |
| 8. 我经常反省自己长远的人生目标是什么 | 1 | 2 | 3 | 4 |
| 9. 我生活的轨迹是由我不能控制的力量决定的 | 1 | 2 | 3 | 4 |
| 10. 我知道未来有很多任务要去完成 | 1 | 2 | 3 | 4 |

──────── 问卷到此结束,谢谢你的配合!! ────────